Sicher im

Abi

Oberstufen-Wissen

Geschichte

Deutschland nach 1945

Walter Göbel

Klett Lerntraining

Ihre Meinung zählt!

Hallo, wir sind das Redaktions-Team.
Unser Ziel ist es, die besten Abi-Lernhilfen zu machen.

Helfen Sie uns dabei!

SIND SIE ZUFRIEDEN MIT DIESEM BUCH?

Dann freuen wir uns über Ihre **Weiterempfehlung**. Erzählen Sie es Ihrem Freundeskreis, dem Buchhändler Ihres Vertrauens oder schreiben Sie eine **Rezension** bei Onlinekauf.
Das hilft nicht nur uns, sondern auch anderen Kunden bei der Suche nach einer passenden Lernhilfe für das Abitur.

SIE HABEN FRAGEN BZW. KRITIK ZU DIESEM BUCH?

Wir freuen uns über Ihre Anregungen.
Schreiben Sie uns eine Nachricht an **kundenservice@klett-lerntraining.de**.

So können wir mit Ihrem Feedback in Zukunft noch bessere Bücher anbieten.

Vielen Dank und viel Erfolg im Abitur!

Ihre Redaktion von Klett Lerntraining

Deutschlandpolitik in den Fünfzigerjahren

5

Deutschlandpolitik zwischen Konfrontation und Kooperation (1960–1989)

6

Die innere Entwicklung der beiden deutschen Staaten

7

Die Vereinigung Deutschlands

Deutschland und Europa seit 1990

Liebe Abiturientin, lieber Abiturient,

dieses Buch erklärt Ihnen **ausführlich** den **kompletten** Abiturstoff. Es ist der **ideale Begleiter** für die gesamte Oberstufenzeit und bestens geeignet für eine gründliche Wiederholung des Prüfungswissens. Schaffen Sie mit diesem Buch die Basis für eine **gute Note** und gehen Sie **sicher** durch jede Klausur und die Abiturprüfung!

Hilfreiche **Elemente** strukturieren den Lernstoff. Sie machen das Lernen mit diesem Buch komfortabel und sorgen für einen **optimalen**, **nachhaltigen Lernerfolg**.

AUF EINEN BLICK	Diese Doppelseiten dienen dem raschen Einstieg, indem sie die wesentlichen Lerninhalte des Kapitels optisch übersichtlich und in gegliederter Form präsentieren.
KURZINFO	Jedes Kapitel beginnt mit einer kurzen Zusammenfassung. Sie führt ins Thema ein und nennt das Wichtigste.
KAPITEL-TEXTE	Sie enthalten das umfassende und detaillierte Prüfungswissen. Dieses ist so aufbereitet und gegliedert, dass es auch in prüfungstechnischer Form (z. B. Ursachen, Verlauf, Ergebnisse, Bewertung) bei Klausuren und im Abitur angewandt bzw. wiedergegeben werden kann.
ZUSAMMENFASSUNGEN	bringen am Kapitel-Ende das Grundwissen auf den Punkt und schaffen die Voraussetzung für das Verständnis der folgenden Kapitel.
RANDSPALTENTEXTE	Sie enthalten die wichtigsten Lerninhalte in komprimierter Form und können als "Schnelllernstraßen" zur raschen Wiederholung genutzt werden.
PORTRÄTS	Wichtige Personen der Geschichte werden in separaten Porträts vorgestellt.
BEGRIFFSVERZEICHNIS	Zentrale Begriffe sind blau hervorgehoben und werden im Begriffsverzeichnis ab S. 200 erläutert.

Zusätzlich können Sie sich kostenlos passende Lernvideos ansehen. Sie stützen den nachhaltigen Lernerfolg durch die visuelle Aufbereitung. Zum Ansehen der Videos scannen Sie einfach mit einer QR-Code-App den Code. Sie gelangen dann zur Video-Übersicht. Alternativ können Sie auch die Seite www.abitur.klett-lerntraining.de aufrufen und in der Reihe „Oberstufen-Wissen" Ihr Buch anklicken. Sie sehen die Video-Übersicht und können dann per Klick ein Video starten.

Viel Erfolg im Abitur wünscht Ihnen
Ihr Team von Klett Lerntraining

Die Entstehung der Allianz der Alliierten

Bereits vor ihrem Kriegseintritt (8.12.1941) unterstützten die USA die Westmächte propagandistisch und militärtechnisch. Präsident Roosevelt verkündete am **6.1.1941** die **„Vier Freiheiten"** als Grundlage einer künftigen Weltfriedensordnung: freie Meinungsäußerung, Religionsfreiheit, Freiheit von materieller Not und Freiheit von Furcht (vor militärischer Bedrohung). Das „Leih- und Pachtgesetz" (**Lend Lease Act**, 11.3.**1941**) ermächtigte den Präsidenten, die Westmächte und seit August 1941 auch die UdSSR mit kriegsnotwendigem Material und Waffen ohne Bezahlung zu beliefern.
In der **Atlantikcharta** (14.8.**1941**) vereinbarten Roosevelt und Churchill ein Kriegszielprogramm, dessen Prinzipien die Grundlage der weltweiten Nachkriegspolitik bilden sollten: Verzicht auf Annexionen; territoriale Veränderung nur mit Zustimmung der betroffenen Völker; politisches Selbstbestimmungsrecht aller Völker, freier Welthandel; Freiheit der Meere; Schaffung einer umfassenden Friedensordnung; allgemeine Rüstungsreduzierung, Entwaffnung und Entmilitarisierung von Aggressorstaaten; umfassendes System der allgemeinen Sicherheit.
Die Atlantikcharta, der unter Vorbehalten im September 1941 auch die UdSSR beitrat, hatte zweifache Bedeutung: Verpflichtung der USA zum Kampf gegen Nazi-Deutschland und Grundlage der Vereinten Nationen.

Die Entstehung der Allianz der Alliierten

Europäische und weltpolitische Folgen des Zweiten Weltkriegs

Menschenverluste: ca. 55 Millionen.
Wirtschaftliche Folgen: Riesige kriegsbedingte Folgelasten; Europa verlor seine wirtschaftliche Führungsrolle an die USA und entwickelte sich nach amerikanischem bzw. sowjetischem Vorbild.
Territoriale Folgen: Die Neuordnung Europas brachte neue, meist konfliktträchtige Grenzen (z.B. Oder-Neiße-Grenze).
Politische Folgen: Europa verlor seine Macht und Bedeutung. Die ehemaligen europäischen Großmächte wurden abhängig von den beiden Supermächten; das bipolare Gleichgewicht (USA - UdSSR) ersetzte das Gleichgewicht der europäischen Großmächte. Beide Führungsmächte sahen ihre gegensätzlichen gesellschaftspolitischen und ideologischen Systeme als Grundlage einer neuen Weltordnung an; ihre machtpolitische und ideologische Rivalität löste den Ost-West-Konflikt aus, der die Welt in zwei verfeindete Lager spaltete und bis 1990 den Rahmen der deutschen, europäischen und globalen Politik bildete. Im Zentrum des Ost-West-Konfliktes stand bis in die 70er-Jahre die deutsche Frage. Die Uno spiegelte diese Machtverhältnisse wider. Die Entkolonialisierung löste – vor allem in Afrika und Asien – zahlreiche nationale, ethnische, territoriale und politische Probleme, Konflikte und Kriege aus.

1 Deutschlandpläne der Anti-Hitler-Koalition

Alliierte Deutschlandpläne

Die Deutschlandproblematik erwies sich für die Alliierten als ebenso komplex wie kompliziert, da eine Reihe umstrittener Fragen zu klären waren: Staatliche Einheit Deutschlands oder Zerschlagung? Künftige Grenzen, Reparationsmodalitäten, Grundzüge des politischen Neuaufbaus, Einbindung Deutschlands in eine künftige Nachkriegsordnung. Diese Fragen bildeten den Kern aller alliierten Kriegszielkonferenzen.

Casablanca (14.–24.1.1943)

Die „Großen Drei" (Roosevelt, Churchill, Stalin) vereinbarten die zweite Front und die bedingungslose Kapitulation der Achsenmächte als vorrangiges Kriegsziel.

Moskau (19.–30.10.1943)

Festlegung der Behandlung Nachkriegsdeutschlands: Besetzung durch alliierte Truppen; Übernahme der Regierungsgewalt; Entmilitarisierung; Entnazifizierung; Demokratisierung; Zerstörung der Kriegsindustrie; Verbot und Auflösung der NSDAP; Bestrafung der Kriegsverbrecher; Errichtung der Demokratie; Reparationsleistungen; territoriale Behandlung Deutschland durch die EAC (European Advisory Commission).

Teheran (28.11.–1.12.1943)

Die „Großen Drei" trafen zwei langfristig bedeutsame Entscheidungen: Westverschiebung Polens, Errichtung der zweiten Front (wie von Stalin gefordert) in Nordfrankreich. Die grundlegenden Differenzen der „unheiligen Allianz" verdeutlicht das kontrovers diskutierte Deutschlandproblem.

Alliierte Deutschlandpläne 1943–1945

Das Londoner Protokoll (12.9.1944)

Die EAC (European Advisory Commission), die für die territoriale Behandlung Nachkriegsdeutschlands zuständig sein sollte, beschloss die Aufteilung Deutschlands in drei Besatzungszonen und die von Groß-Berlin in Sektoren sowie deren gemeinsame Verwaltung.

Churchill, Roosevelt und Stalin auf der Konferenz von Jalta

Jalta (4.–12.2.1945)

Die wesentlichen Ergebnisse waren die Erklärung über das befreite Europa (= Verantwortung der Sieger für eine freiheitliche Ordnung der europäischen Staaten); baldige Gründung der UNO (United Nations Organization); Bildung einer provisorischen polnischen Regierung; Westverschiebung Polens bis zur Oder und Neiße; Festlegung der Besatzungspolitik (Beseitigung des Nationalsozialismus, Entnazifizierung, Entwaffnung und Entmilitarisierung, Umerziehung der Deutschen; Einteilung Deutschlands in vier Besatzungszonen; Verwaltung durch den Alliierten Kontrollrat. Die Beurteilung Jaltas ist kontrovers. Kritiker behaupten, die Westmächte hätten durch ihre nachgiebige Haltung gegenüber Stalin die „Teilung der Welt" ermöglicht. Andere betonen, dass diese Teilung bereits vor Kriegsbeginn aufgrund der Entstehung der UdSSR existiert habe und dass es angesichts der Kriegslage keine Alternative gegeben habe.

KURZINFO

1 Deutschlandpläne der Anti-Hitler-Koalition

- Die USA unterstützten die Westmächte schon vor ihrem Kriegseintritt propagandistisch und militärtechnisch massiv.
- Die europäischen und weltpolitischen Folgen des Zweiten Weltkriegs, die sich bereits 1943 abzeichneten, bildeten den Rahmen der Kriegszielkonferenzen. Sie bestimmten die Pläne und Ziele, die die Anti-Hitler-Koalition für die Nachkriegszeit entwickelte.
- Die wichtigsten Kriegszielkonferenzen der Anti-Hitler-Koalition waren die von Casablanca (Jan. 1943), Moskau (Okt. 1943), Teheran (Nov./Dez. 1943) und Jalta (Febr. 1945).
- Die sehr unterschiedlichen Deutschlandpläne und die dahinter stehenden Langzeitkonzeptionen der „Großen Drei" (Roosevelt, Churchill, Stalin) verdeutlichen die Brüchigkeit der Anti-Hitler-Koalition, die ein reines Zweckbündnis zwischen den demokratischen angelsächsischen Mächten und der kommunistischen UdSSR war.

Die Entstehung der Allianz der Alliierten

Schon vor ihrem Kriegseintritt hatten die USA die Westmächte, vor allem Großbritannien, propagandistisch durch die Verkündigung der **„Vier Freiheiten"** (6.1.1941) und militärtechnisch durch das **Leih- und Pachtgesetz** (Lend Lease Act, 11.3.1941) massiv unterstützt. Auch die UdSSR erhielt seit Sommer 1941 militärtechnische Unterstützung.

Bereits vor Kriegseintritt (8.12.1941) hatten sich die USA trotz ihres Neutralitätsgesetzes von 1935 eindeutig und stark für die Westmächte engagiert und vor allem Großbritannien militärtechnisch und ideologisch-propagandistisch massiv unterstützt. Am 6.1.**1941** verkündete der amerikanische Präsident Franklin D. Roosevelt die wesentlichen menschlichen **„Vier Freiheiten"**, auf deren weltweite Geltung eine künftige Weltfriedensordnung gegründet sein sollte. Er nannte die freie Meinungsäußerung, Religionsfreiheit, Freiheit von (materieller) Not und Freiheit von Furcht (durch militärische Bedrohung). Damit betonte er indirekt die Notwendigkeit materieller Unterstützung für Großbritannien bzw. für die Gegner der Achsenmächte Deutschland, Italien und Japan. Wenige Wochen später erließ der Kongress am 11.3. das **Leih- und Pachtgesetz** (Lend Lease Act). Es ermächtigte den Präsidenten, die Alliierten, also die Westmächte und (seit August 1941) auch die UdSSR mit kriegsnotwendigem Material und mit Waffen, auch ohne Bezahlung, zu beliefern.

Nach dem deutschen Überfall auf die Sowjetunion trafen sich Churchill und Roosevelt am 14. August 1941 auf einem britischen Schlachtschiff im Atlantik. Sie beschlossen und veröffentlichten ein gemeinsames Kriegszielprogramm, die **Atlantikcharta**. Sie enthielt acht **Prinzipien** für eine künftige weltweite Nachkriegspolitik:

- Verzicht auf Annexionen;
- territoriale Veränderungen nur mit Zustimmung der betroffenen Völker;
- Selbstbestimmungsrecht aller Völker, vor allem bei der Wahl ihrer Herrschaftsform;
- freier und gleicher Zugang für alle Nationen zum Welthandel und zu den Rohstoffen der Welt;
- internationale wirtschaftliche Zusammenarbeit;
- Freiheit der Meere;
- Aufbau einer umfassenden Friedensordnung;
- allgemeine Reduzierung der Rüstung, Entwaffnung der Aggressorstaaten und Schaffung eines „umfassenden und dauernden Systems der allgemeinen Sicherheit" unter vollständiger Entmilitarisierung von aggressiven Staaten.

Die Atlantikcharta hatte **zweierlei Bedeutung**: Die USA verpflichteten sich Monate vor ihrem offiziellen Kriegseintritt zum Kampf gegen das Hitlerregime und die Atlantikcharta, der die UdSSR im September 1941 beitrat, wurde zur Grundlage der Vereinten Nationen (UNO).

Die UdSSR entwertete ihren Beitritt durch den Vorbehalt, dass die Anwendung dieser Prinzipien sich „notwendigerweise den Umständen, Bedürfnissen und historischen Besonderheiten bestimmter Länder" anzupassen habe.

Trotz der erheblichen ideologischen Gegensätze zwischen der kommunistischen UdSSR und den demokratischen angelsächsischen Mächten bildeten die drei nach dem Eintritt der USA in den Krieg eine Allianz mit dem Ziel, Hitler-Deutschland zu besiegen und den Nationalsozialismus zu beseitigen. Diese **„unheilige Allianz"** führte zu einer Fülle von Kriegszielkonferenzen, deren wichtigste die von Casablanca, Moskau, Teheran, Jalta und Potsdam waren (→ S. 15 ff. bzw. 37).

In der **Atlantikcharta** (14.8.1941) beschlossen Roosevelt und Churchill die **acht Prinzipien** einer künftigen weltweiten Nachkriegspolitik:
- Verzicht auf Annexionen
- territoriale Veränderung nur mit Zustimmung der betroffenen Völker
- politisches Selbstbestimmungsrecht aller Völker
- freier Welthandel
- internationale wirtschaftliche Zusammenarbeit
- Freiheit der Meere
- Schaffung einer Friedensordnung
- Entwaffnung der Aggressorstaaten und Schaffung eines dauerhaften Systems der allgemeinen Sicherheit

Die **Atlantikcharta**, der die UdSSR beitrat, hatte zweifache Bedeutung:
1. Verpflichtung der USA zum Kampf gegen das Hitlerregime
2. Grundlage der Vereinten Nationen (UNO)

Die **„unheilige Allianz"** (demokratische Westmächte - kommunistische UdSSR) führte zu zahlreichen Kriegszielkonferenzen. Die wichtigsten sind die von Casablanca, Moskau, Teheran, Jalta und Potsdam.

Europäische und weltpolitische Folgen des Zweiten Weltkriegs

Europäische und weltpolitische Auswirkungen des Zweiten Weltkriegs:

Der 8. Mai 1945 steht nicht nur für den Zusammenbruch des Deutschen Reichs und das Ende der nationalsozialistischen Diktatur, er markiert auch den Niedergang Europas als weltpolitisch bestimmende Kraft und hatte langfristige und nachhaltige weltpolitische **Auswirkungen**:

Menschenverluste: Ca. 55 Mio. Menschen verloren ihr Leben im Krieg.

Menschenverluste: Die Menschenverluste des Zweiten Weltkriegs waren ungeheuer und übertrafen die des Ersten Weltkriegs (ca. 16 Mio.) um ein Mehrfaches. Ca. 55 Mio. Menschen, davon ca. 30 Mio. Soldaten, verloren als Folge des Kriegs ihr Leben. Sie kamen auf den Schlachtfeldern oder in Kriegsgefangenenlagern um, sie wurden in Konzentrationslagern ermordet, starben im Bombenhagel der feindlichen Luftangriffe, auf der Flucht oder an den Folgen von Hunger, Entbehrungen oder extremen physischen und psychischen Belastungen.

Wirtschaftliche Folgen: Enorme wirtschaftliche Folgelasten für alle kriegsbeteiligten Staaten. Europa verlor seine wirtschaftliche Führungsrolle und entwickelte sich nach amerikanischem bzw. sowjetischem Vorbild.

Wirtschaftliche Folgen: Der Zweite Weltkrieg, der weite Teile Deutschlands und Europas in Schutt und Asche gelegt hatte und dessen Kosten sich auf astronomische 1500 Mrd. Dollar beliefen, belastete nicht nur die Verlierer, sondern (mit Ausnahme der USA) auch die Sieger erheblich. Europa verlor seine wirtschaftliche Führungsrolle und die europäische Wirtschaft entwickelte sich gegensätzlich nach amerikanischem bzw. sowjetischem Vorbild (freie Markwirtschaft bzw. zentral gelenkte sozialistische Planwirtschaft).

Territoriale Folgen: Die Neuordnung Ost- und Mitteleuropas bewirkte neue Grenzen (z. B. Oder-Neiße-Grenze), die meist umstritten und konfliktträchtig waren.

Territoriale Folgen: Die Neuordnung Mittel- und Osteuropas, vor allem Deutschlands und Polens, machte neue Grenzen erforderlich (z. B. die Oder-Neiße-Grenze, → S. 40), die meist sehr umstritten waren und neue, langfristige Konflikte in sich bargen.

Politische Folgen: Europa verlor seine bisherige Macht und Bedeutung. Die ehemaligen europäischen Großmächte wurden abhängig von den beiden Supermächten USA und UdSSR.

An die Stelle des europäischen Gleichgewichts trat das

Politische Folgen:

- **Europa verlor** aufgrund zweier Weltkriege in nur 30 Jahren **seine bisherige** Macht und **Bedeutung**. Bedingt durch den Niedergang Europas spielte das Gleichgewicht der europäischen Großmächte nun keine Rolle mehr.
- Das europäische und globale Kräfteverhältnis veränderte sich grundlegend. Die **entscheidenden Machtfaktoren** wurden die **USA** und die **UdSSR**, die Zentren der Macht Washington und Moskau. Die ehemaligen europäischen Großmächte wurden (unterschiedlich stark) von den beiden Supermächten abhängig.
- An die Stelle des europäischen Gleichgewichts, das bereits durch den Ersten Weltkrieg erschüttert worden war, trat jetzt das bipolare Gleichgewicht der Supermächte USA und UdSSR (**Bipolarität**). Beide Staaten stiegen un-

terschiedlich schnell zu weltpolitischen Führungs- bzw. Supermächten auf, die ihre antagonistischen (=unversöhnlichen) Ideologien als Basis für eine neue Weltordnung ansahen. Die USA begründeten ihren Führungsanspruch als „Hort der Demokratie“, als konkurrenzlose Wirtschafts- und alleinige Atommacht. Die UdSSR beanspruchte die Führung (zunächst nur in ihrem Einflussbereich) als „Mutterland des Kommunismus“, als ideologische Führerin der sozialistischen bzw. kommunistischen Welt und seit den Fünfzigerjahren auch weltweit als den USA ebenbürtige Militärmacht.

bipolare Gleichgewicht der Supermächte, die ihre antagonistischen gesellschaftspolitischen und ideologischen Systeme als Basis einer neuen Weltordnung ansahen.

- Die beiden Führungsmächte vertraten völlig **gegensätzliche Modelle der Friedens- und Machtsicherung**: Die USA wollten die Errichtung einer liberal-kapitalistischen und (westlich) demokratischen Weltwirtschaftsordnung und damit die Erhaltung ihrer Führungsrolle in einer einheitlich strukturierten Welt („one-world“-Konzeption). Die UdSSR strebte eine Sicherung des Friedens durch Verständigung der Siegermächte über Kriegsgewinne und klar definierte Interessensphären und Hegemonien an.

Beide Führungsmächte vertraten völlig gegensätzliche Modelle der Friedens- und Machtsicherung.

- Der **Ost-West-Konflikt**: Mit dem machtpolitischen Aufstieg der UdSSR und dem Ausbau des sowjetischen Satellitensystems entwickelte sich unmittelbar nach Kriegsende der Ost-West-Konflikt (→ S. 64) bzw. als dessen Höhepunkt der **Kalte Krieg** (→ S. 66). Was die Sowjetisierung Osteuropas bedeutete, erklärte Stalin im April 1945 einem jugoslawischen KP-Funktionär: „Dieser Krieg ist nicht wie in der Vergangenheit; wer immer ein Gebiet besetzt, erlegt ihm auch sein eigenes gesellschaftliches System auf. Jeder führt sein System ein, so weit seine Armee vordringen kann. Es kann gar nicht anders sein.“[1]

Mit dem machtpolitischen Aufstieg der UdSSR entstand der **Ost-West-Konflikt**. Er spaltete die Welt in zwei verfeindete Lager und bildete den Rahmen der Weltpolitik bis Anfang der Neunzigerjahre.

- Der Ost-West-Konflikt bestimmte nicht nur das Verhältnis der Führungsmächte, ihrer Bündnispartner und der sympathisierenden Staaten, sondern teilte die Welt in zwei verfeindete Lager, bildete den Rahmen der Weltpolitik und bestimmte diese bis zum Zerfall der UdSSR (Beginn der Neunzigerjahre → S. 186) maßgeblich. **Folgen** dieses Gegensatzes waren die Verschärfung der Propaganda, eine risikoreiche Prestigepolitik, technische und wirtschaftliche Rivalität, Entstehung und Ausbau der Bündnissysteme NATO (→ S. 90) und Warschauer Pakt (→ S. 91) sowie eine extreme Aufrüstung, die wiederum das gegenseitige Misstrauen und das subjektive Gefühl permanenter Bedrohung verstärkten. Das militärische „Gleichgewicht des Schreckens“, das „atomare Patt“ der Supermächte zwang diese seit Mitte der Fünfzigerjahre zur friedlichen Koexistenz (→ S. 112) und seit Beginn der Sechziger zur Kooperation und zur Entspannung, die zu zahlreichen bi- und multilateralen Abkommen und Verträgen führte.

Folgen des Ost-West-Konflikts waren propagandistische Auseinandersetzungen, risikoreiche Prestigepolitik, technische und wirtschaftliche Rivalität, Entstehung und Ausbau von Bündnissystemen (NATO, Warschauer Pakt) und eine extreme Aufrüstung.

Das **„atomare Patt“** der Supermächte erzwang Anfang der Sechzigerjahre die Entspannung.

Im Zentrum des Ost-West-Konflikts stand zwischen 1945 und 1990 die **deutsche Frage**.
Die 1945 gegründete UNO wurde zur Plattform der Weltpolitik und spiegelte die Teilung der Welt in zwei Blöcke wider.
Die **Entkolonialisierung** in Afrika und Asien löste zahlreiche nationale, ethnische, territoriale und politische Konflikte und Kriege aus, in die die Supermächte verwickelt wurden. Dadurch wurde ihre Rivalität zu einem globalen Problem.

- Die **deutsche Frage** stand zwischen 1945 und 1990 **im Zentrum des Ost-West-Konflikts**. Sie beeinflusste diesen und war gleichzeitig von ihm abhängig.
- Die 1945 gegründete **UNO** (United Nations Organization) wurde zur Plattform der Weltpolitik, spiegelte jedoch trotz der Entstehung der „blockfreien“ Staaten bis zum Niedergang der UdSSR die Teilung der Welt in zwei Blöcke wider.
- Die unmittelbar nach Kriegsende einsetzende **Entkolonialisierung** brachte nicht nur zahlreiche neue Staaten – vor allem in Afrika und Asien – hervor, sondern löste noch zahlreichere nationale, ethnische, territoriale und politische Probleme, Konflikte und Kriege aus (z. B. israelisch-arabischer Konflikt, indisch-pakistanischer, Indochina-Krieg) und machte die Rivalität der beiden Supermächte zu einem globalen Problem.

„Entwurf für ein Siegerdenkmal“

Die Sieger – Stalin auf der einen, Roosevelt und Churchill auf der anderen Seite – nach der Tötung der Schlange (Hitler) uneins über den weiteren Weg. (Schweizer Illustrierte Zeitung, 11.4.1945)

Alliierte Deutschlandpläne 1943 – 1945

Das Deutschlandproblem

Seit Stalingrad (2.2.1943) und der Kapitulation der deutschen Truppen in Nordafrika (13.5.1943) wurden von britischen und amerikanischen Stellen zahlreiche Überlegungen entwickelt, die bewirken sollten, dass die Welt in Zukunft in Sicherheit vor den Deutschen leben könne. Die entscheidende Frage hierbei war, ob **Deutschland als Einheitsstaat** erhalten bleiben sollte, **oder** ob es besser sei, es in **unabhängige Einzelstaaten** zu zerstückeln. Der amerikanische Finanzminister Henry Morgenthau schlug 1944 einen extremen Deutschlandplan vor. Er sah die Umwandlung Deutschlands in ein vorwiegend agrarisch strukturiertes Land vor und dessen Teilung in einen protestantischen Nordstaat und einen katholischen Südstaat. Das Ruhrgebiet sollte internationalisiert und seine Industrieanlagen zerstört werden. Obwohl sich Roosevelt nach heftigem Widerstand in der Regierung und der amerikanischen Öffentlichkeit von dem „Morgenthau-Plan" distanzierte, bestimmte er dennoch die US-Besatzungspolitik bis Mitte 1946.

Für die späteren Siegermächte USA, Großbritannien und die UdSSR erwies sich die **Deutschlandfrage** als **komplexes und kompliziertes Problem**, da eine Reihe von wichtigen Fragen geklärt werden mussten:

- Erhaltung oder Zerschlagung der staatlichen Einheit;
- künftige Grenzen;
- Ausmaß und Modalitäten der Reparationen;
- Grundzüge des politischen und wirtschaftlichen Neuaufbaus;
- Einbindung in eine zu schaffende europäische Nachkriegsordnung.

Diese Fragen bildeten zwischen 1943 und 1945 den **Kern zahlreicher Kriegszielkonferenzen** auf unterschiedlichen politischen Ebenen und bestimmten auch das Verhältnis der Alliierten.

Die sich abzeichnende Niederlage des Dritten Reichs löste unter den Alliierten das **Deutschlandproblem** aus. Dabei ging es um folgende Kernfragen, die seit 1943 auf zahlreichen Kriegszielkonferenzen kontrovers diskutiert wurden:

- Erhaltung oder Zerschlagung der staatlichen Einheit
- Grenzen
- Reparationen
- wirtschaftlicher Neuaufbau
- Einbindung in eine europäische Nachkriegsordnung

Casablanca (14. – 24.1.1943)

Der amerikanische Präsident Franklin D. Roosevelt und der britische Premierminister Winston Churchill beschlossen die von Stalin geforderte Errichtung einer zweiten Front durch eine Landung auf Sizilien und verkündeten die bedingungslose Kapitulation („**unconditional surrender**") der Achsenmächte als vorrangiges Kriegsziel.

In **Casablanca** (14.–24.1.1943) verkündeten Roosevelt und Churchill die bedingungslose Kapitulation Deutschlands („unconditional surrender").

Moskau (19. – 30. 10. 1943)

In **Moskau** (19. – 30. 10.1943) einigten sich die USA, Großbritannien und die UdSSR auf die Grundlagen der Behandlung Nachkriegsdeutschlands:
- Besetzung
- Übernahme der Regierungsgewalt
- Entmilitarisierung
- Entnazifizierung
- Demokratisierung
- Zerstörung der Kriegsindustrie
- Verbot und Auflösung der NSDAP
- Bestrafung der Kriegsverbrecher
- Wiedererrichtung der Demokratie
- Reparationen
- territoriale Behandlung Deutschlands durch die Europäische Beratende Kommission (European Advisory Commission, EAC)

Die Außenminister der drei führenden alliierten Mächte USA, Großbritannien und UdSSR koordinierten die weitere Zusammenarbeit, vereinbarten den Eintritt der UdSSR in den Krieg gegen Japan und die Grundlagen ihrer europäischen und weltpolitischen Kooperation nach Kriegsende. Sie einigten sich auf folgende **Grundlagen der Behandlung Nachkriegsdeutschlands**:

- Besetzung ganz Deutschlands durch alliierte Truppen;
- Übernahme der vorläufigen Regierungsgewalt durch eine alliierte Kontrollkommission;
- Entmilitarisierung, Entnazifizierung und Demokratisierung Deutschlands;
- Zerstörung der Kriegsindustrie;
- Verbot und Auflösung der NSDAP;
- Bestrafung der Kriegsverbrecher;
- Wiedererrichtung der Demokratie;
- Reparationsleistungen Deutschlands;
- territoriale Behandlung Deutschlands durch die zu gründende Europäische Beratende Kommission mit Sitz in London (**European Advisory Commission, EAC**). Die EAC sollte der „Sicherung engster Zusammenarbeit zwischen den drei Regierungen bei der Prüfung europäischer Fragen, die mit der Fortentwicklung des Kriegs auftauchen", dienen.

Aufgrund ihrer unterschiedlichen Nachkriegsziele konnten die Alliierten die zentrale Frage (Zerstückelung oder Einheit Deutschlands) nicht lösen.

Die Aufschiebung des Kernproblems, nämlich der territorialen Behandlung Deutschlands, resultierte vor allem aus den **Meinungsverschiedenheiten** unter den Alliierten und in der amerikanischen Führung: Präsident **Roosevelt** und die Militärs wollten eine extreme Schwächung Deutschlands durch Zerstückelung, das State Department (=Außenministerium) bevorzugte die Einheit eines föderalistischen Deutschlands und dessen politische Dezentralisierung.
Der britische Außenminister **Eden** betrachtete den Zerstückelungsvorschlag als „einen nützlichen Beitrag". Sein sowjetischer Amtskollege **Molotow** stimmte ihm zu, bezeichnete den Plan allerdings als Minimallösung. Außerdem wies er darauf hin, dass die UdSSR angesichts ihrer militärischen Belastung „mit dem Studium der Behandlung Deutschlands nach dem Kriege noch nicht weit genug sei". Diese Taktik änderte die UdSSR bis zum Kriegsende nicht. Sie legte zu keinem Zeitpunkt einen detaillierten Deutschlandplan vor. Sie überließ den westlichen Partnern die Initiative, reagierte oft zustimmend und vermittelte den angelsächsischen Mächten so die Überzeugung, ihre Vorschläge weitgehend durchgebracht zu haben.

Teheran (28.11.–1.12.1943)

Diese Konferenz, an der die **„Großen Drei"** (Roosevelt, Churchill und Stalin) teilnahmen, hatte aufgrund der militärischen Situation eine große Bedeutung. Da der Sieg der Alliierten im Prinzip feststand, ging es hier bereits um die Kriegsgewinne und die Aufteilung der Kriegsbeute. Die „Großen Drei" trafen zwei Grundsatzentscheidungen, die die europäische Nachkriegsgeschichte langfristig und maßgeblich beeinflussten.

1. Die zukünftigen Grenzen Polens: Roosevelt und Churchill akzeptierten die Curzon-Linie als polnische Ostgrenze und damit die Entschädigung Polens auf Kosten Deutschlands (=**Westverschiebung Polens**).
2. Die **„zweite Front"**: Nach der Vorstellung Churchills sollte sie von der Adria nach Wien und von da in Richtung Ostsee verlaufen. Damit verband er die Hoffnung, die Westmächte würden vor der UdSSR in Zentraleuropa präsent sein, das Vordringen der Roten Armee nach Mitteleuropa verhindern und damit günstige Voraussetzungen schaffen für endgültige territoriale Regelungen nach Kriegsende. Stalin dagegen forderte die „zweite Front" in Nordfrankreich. Da Roosevelt von der Dominanz der USA nach Kriegsende ausging und Stalin als Partner einer internationalen Nachkriegsordnung gewinnen wollte, unterstützte er dessen Vorschlag und Stalin setzte sich einmal mehr durch.

Das **Kernproblem** der Konferenz war die **territoriale Behandlung Deutschlands**. Hier zeigten sich bereits erste grundlegende Differenzen innerhalb der Anti-Hitler-Koalition, die jedoch bis Kriegsende von den gemeinsamen und vorrangigen Zielen der Ausschaltung Deutschlands als Großmacht und der Ausrottung des Faschismus überlagert wurden. Während Roosevelt Deutschland als Versuchsfeld einer friedlichen Zusammenarbeit mit der UdSSR ansah, erkannte Churchill früh die (nach Kriegsende) unvermeidliche Auseinandersetzung zwischen der UdSSR und den Westmächten und wollte ein starkes Süddeutschland (und Österreich) als Bollwerk gegen die UdSSR aufbauen. Stalins Ziel bestand darin, den Kommunismus bzw. seine Macht nach dem Kriege über ganz Europa auszudehnen. Die **Deutschlandpläne der „Großen Drei"** spiegelten ihre unterschiedlichen Vorstellungen wider.

Roosevelts Plan

beinhaltete die Aufteilung Deutschlands in fünf völlig souveräne Länder:

- Preußen, so klein und schwach wie möglich;
- Hannover und Nordwestdeutschland;
- Sachsen;
- Hessen-Darmstadt, Hessen-Kassel und das hessische Gebiet südlich des Mains;
- Bayern, Baden und Württemberg.

Außerdem sollten die zwei **Wirtschaftszentren** Kiel, Nord-Ostsee-Kanal und

In **Teheran** (28.11.–1.12.1943) trafen die „Großen Drei" (Roosevelt, Churchill, Stalin) zwei Grundsatzentscheidungen:
1. die **Westverschiebung Polens** und
2. die von Stalin geforderte **zweite Front** in Nordfrankreich.

Churchill wollte die zweite Front von der Adria an die Ostsee, um das Vordringen der Roten Armee nach Mitteleuropa zu verhindern.
Stalin forderte sie in Nordfrankreich, damit die Rote Armee möglichst weit in Mitteleuropa vordringen konnte. Stalin setzte sich durch.

Die Deutschlandfrage, vor allem die **territoriale Behandlung Nachkriegsdeutschlands**, offenbarte die grundlegenden Differenzen innerhalb der „unheiligen Allianz". Sie zeigten sich besonders in den **Deutschlandplänen der „Großen Drei"**.

Roosevelts Plan: Roosevelt wollte die Aufteilung Deutschlands in fünf souveräne Länder (Preußen, Hannover und Nordwestdeutschland, Sachsen, die hessischen Gebiete nördlich und südlich des Mains sowie Bayern, Baden und Württemberg).

Ferner forderte er die Unterstellung der Wirtschaftszentren (u. a. Ruhrgebiet) unter eine internationale Kontrollbehörde. Sein Deutschlandplan hätte einen **politischen Dezentralismus** wie im frühen 19. Jahrhundert bedeutet und den souveränen deutschen Staaten wenig Überlebenschancen gegeben.

Hamburg sowie das Ruhrgebiet plus Saarland abgetrennt und einer internationalen Kontrollbehörde unterstellt werden.
Roosevelt begründete seinen Plan mit der Feststellung, dass alle Deutschen gleich seien, man also keine Unterschiede bei ihrer Behandlung machen müsse und damit, dass die Idee der nationalen Einheit in Deutschland noch nicht alt sei, weshalb Widerstände nicht zu erwarten seien. Sein Plan hätte einen politischen Dezentralismus nach dem Vorbild des frühen 19. Jahrhunderts bedeutet, den fünf Ländern geringe Überlebenschancen gegeben und starke Wiedervereinigungsbestrebungen ausgelöst.

Churchills Plan:
- Zweiteilung Deutschlands
- Isolierung Preußens
- Zusammenschluss von Sachsen, Bayern, der Pfalz, Baden und Württemberg zu einem Donaubund

Churchills Plan

- Isolierung Preußens als des Hauptübels
- Abtrennung von Sachsen, Bayern, der Pfalz, Baden und Württemberg vom Rest Deutschlands

Diese Gebiete sollten zu einem Donaubund zusammengeschlossen werden. Churchill begründete seinen Plan mit ethnisch-charakterlichen Unterschieden zwischen der Bevölkerung Preußens und Süddeutschlands. Außerdem wollte er ein permanentes Wiedervereinigungsbestreben isolierter deutscher Staaten vermeiden.

Stalin legte keinen eigenen Plan vor. Er lehnte Churchills Plan ab und akzeptierte Roosevelts Plan lediglich als Minimallösung.

Stalin

legte **keinen konkreten Plan** vor. Seine deutschlandpolitischen Vorstellungen ergaben sich aus seiner Haltung gegenüber den beiden anderen Plänen. Den Churchill-Plan lehnte er unter Hinweis auf die Gefährlichkeit aller Deutschen ab, den Roosevelt-Plan akzeptierte er als Minimallösung, da eine „richtige Zerstückelung" nicht nur fünf Staaten und zwei Wirtschaftsgebiete bedeute. Eine Föderation zu bilden lehnte er als „unklug" ab, da es keine Unterschiede zwischen den Deutschen gebe.

Die **deutschlandpolitischen Langzeitkonzeptionen** der „Großen Drei": **Roosevelt** wollte die politische und wirtschaftliche Schwächung Deutschlands, **Churchill** ein starkes Süddeutschland als Bollwerk gegen den Kommunismus, **Stalin** die Zerstückelung Deutschlands („Sprungbrett zum Atlantik").

Wichtiger als die Deutschlandpläne sind die **Langzeitkonzeptionen der „Großen Drei"**, die hinter ihren Plänen standen. Roosevelt wollte die dauerhafte wirtschaftliche und politische Schwächung, Churchill ein relativ starkes Deutschland als Bollwerk gegen den Kommunismus. Stalin, der seine wirklichen langfristigen deutschlandpolitischen Ziele nie konkret äußerte, sah ein stark zerstückeltes Deutschland als „Sprungbrett zum Atlantik" an.

Die Deutschlandpläne der EAC

Mitte Januar 1944 schlug das britische Mitglied der Kommission, Sir William Strang, seinen beiden Kollegen „mit größtem Unbehagen“, wie er insgeheim zugab, einen Plan vor, mit dem die britische Führung auf die Befürchtung der Militärs reagierte, die Rote Armee könne schneller voranrücken als die westlichen Armeen und ohne geregelte Absprachen in Deutschland vollendete Tatsachen schaffen. Der Plan sah die **Aufteilung Deutschlands in drei Besatzungszonen** für eine Übergangsphase vor. In jeder Zone sollten jedoch Truppen der beiden anderen Mächte stationiert sein. Die drei Zonen wurden so festgelegt, dass in ihnen gleich viele Menschen leben sollten. Die unterschiedliche Bevölkerungsdichte führte jedoch dazu, dass die UdSSR fast die Hälfte Deutschlands als Zone erhielt (47 %, ursprünglich gehörten zur sowjetischen Zone auch die Gebiete östlich von Oder und Neiße).

Großbritannien wollte verbindliche deutschlandpolitische Absprachen und schlug deshalb die **Aufteilung Deutschlands in drei Besatzungszonen für eine Übergangszeit** vor. In jeder Zone sollten in etwa gleich viele Menschen leben. Die unterschiedliche Bevölkerungsdichte führte dazu, dass die Zone der UdSSR fast die Hälfte Deutschlands umfasste.

Tatsächlich rückten die amerikanischen Truppen schneller als erwartet bis an die Elbe vor. Deshalb räumten die USA die von ihnen eroberten Gebiete in Thüringen, Sachsen und Anhalt und zogen sich am 1. Juli 1945 hinter die vereinbarte Zonengrenze zurück. Als Gegenleistung räumte die Rote Armee 12 der 20 Bezirke Berlins für die Stationierung der Truppen der Westalliierten.

Damit hatte sich bewahrheitet, was der Vorsitzende des britischen Planungsausschusses der EAC, Gladwyn Jebb, im Januar 1944 bereits befürchtet hatte: „Diese Karte, in diesem Moment vorgelegt, wird sich möglicherweise als besonders bedeutend für die zukünftige Geschichte Europas erweisen.“[2]

Eine Änderung der Zoneneinteilung war nun nicht mehr möglich.

„Was lediglich als Demarkationslinie gegenüber der von den Sowjets zu besetzenden Zone für eine Übergangszeit gedacht war, wurde später zu jener Grenze, die Deutschland in zwei Staaten und Europa in zwei Blöcke spaltete.“[3] Dadurch hatte Stalin mehr erhalten, als er erhofft hatte, zumal er die westlichen Partner dazu bringen konnte, auf die gemeinsame Besetzung der Zonen zu verzichten.

In ihrem **Londoner Protokoll** vom 12. 9. 1944 vereinbarte die EAC **Beschlüsse**, die zu den entscheidenden Voraussetzungen für die spätere Teilung Deutschlands wurden:

- Aufteilung Deutschlands (in den Grenzen vom 31. 12. 1937) in drei Zonen;
- Aufteilung Groß-Berlins als „besonderes Gebiet“ in Sektoren und gemeinsame Verwaltung durch eine interalliierte Regierungsbehörde (Kommandantur).

Im **Londoner Protokoll** (12. 9. 1944) vereinbarten die EAC-Mitglieder die Aufteilung Deutschlands (in den Grenzen vom 31. 12. 1937) und Berlins in drei Zonen. Berlin sollte durch eine interalliierte Regierungsbehörde (Kommandantur) gemeinsam verwaltet werden.

Die Konferenz von Jalta (4.–12.2.1945)

Die Konferenz von Jalta (4.–12.2.1945): Stalin stellte „berechtigte“ deutschlandpolitische Forderungen, um sein Ziel der sowjetischen Hegemonie in Europa zu erreichen. Roosevelt sah ihn zu positiv. Churchill misstraute ihm zwar, gab aber öfters nach, um die Einheit der Anti-Hitler-Koalition nicht zu gefährden.

Dies führte dazu, dass entscheidende Fragen (territoriale, wirtschaftliche Behandlung Deutschlands, deutsch-polnische Grenze) offenblieben oder durch Formelkompromisse mehr schlecht als recht entschieden wurden. Sie bewirkten letztlich die unterschiedliche Entwicklung der Besatzungszonen und die Teilung Deutschlands.

Diese Konferenz der „Großen Drei“ sollte für Stalin vollendete Tatsachen im ganzen von der UdSSR besetzten Gebiet schaffen und die politischen Machtverhältnisse in Europa zugunsten der UdSSR verändern. **Stalins Ziel** war die **Hegemonie in Europa**. Die Situation war günstig für ihn. **Roosevelt** schätzte ihn („Uncle Joe“) viel zu positiv ein und hatte kein klares, durchdachtes außen- und sicherheitspolitisches Konzept. Er akzeptierte bereitwillig „berechtigte“ Forderungen der UdSSR in Ost- und Südosteuropa, ging davon aus, die Rote Armee im Krieg gegen Japan zu brauchen und sah die europäische und weltpolitische Nachkriegssituation mitunter reichlich vereinfacht. Außerdem hatte er ein gespanntes Verhältnis zu Churchill, der seiner Meinung nach zu sehr Idealist und zu wenig Realist war. Zudem verfügte Stalin über zuverlässige Quellen in der unmittelbaren Umgebung Roosevelts und war über dessen Überlegungen und Absichten bestens informiert. **Churchill** gab trotz seines Misstrauens gegenüber dem Diktator öfters widerstrebend nach, um die Einheit der Koalition und den dadurch verbürgten Sieg nicht zu gefährden.

Dieses Verhältnis der führenden Staatsmänner hatte langfristige **Auswirkungen**: Entscheidende Fragen blieben offen, die kurz vor Kriegsende hätten entschieden werden müssen (territoriale und wirtschaftliche Behandlung Deutschlands, deutsch-polnische Grenze), und wurden durch Formelkompromisse mehr schlecht als recht geregelt bzw. auf die lange Bank geschoben. Sie blieben damit Streitpunkte, die letztendlich zur unterschiedlichen Behandlung und damit zur unterschiedlichen gesellschaftspolitischen Entwicklung der beiden Teile Deutschlands führten.

Ergebnisse der Konferenz:
- „Erklärung über das befreite Europa“
- Gründung der UNO
- Bildung einer provisorischen polnischen Regierung auf der Grundlage freier Wahlen
- Westverschiebung Polens: Polen verlor die Gebiete östlich der Curzon-Linie und wurde dafür mit den deutschen Gebieten östlich von Oder und Neiße entschädigt.

Ergebnisse der Konferenz:

- Die „**Erklärung über das befreite Europa**“, die an die „Vier Freiheiten“ und die Atlantikcharta anknüpfte, betonte die Verantwortung der Siegermächte für eine freiheitliche Ordnung der europäischen Staaten und bestätigte allen Völkern das Recht auf freie Selbstbestimmung sowie die Bildung pluralistisch-demokratischer Regierungen.
- Die baldige **Gründung der Vereinten Nationen** wurde **beschlossen** und Vorfragen hierfür geklärt.
- **Bildung einer provisorischen polnischen Regierung** der Nationalen Einheit, die sich aus Mitgliedern der Londoner Exilregierung und der in Lublin von der UdSSR installierten kommunistischen Regierung zusammensetzen und durch freie Wahlen zustande kommen sollte.
- **Westverschiebung Polens**: Als Ostgrenze Polens wurde die Curzon-Linie festgelegt und Polen Entschädigung durch die deutschen Gebiete östlich von Oder und Neiße zugesagt. Churchill hatte vergeblich versucht, diese Entscheidung zu verhindern. Als Begründung sagte er, es „wäre ein Jammer,

die polnische Gans mit deutschem Futter so vollzustopfen, dass sie an Verdauungsstörungen eingeht."[4] Die endgültige Festlegung blieb der Potsdamer Konferenz (Juli/August 1945 → S. 37) vorbehalten.

- **Grundzüge der Besatzungspolitik für Deutschland**: Vereinbart wurden die Beseitigung des Nationalsozialismus, die Entnazifizierung der Deutschen und ihre Umerziehung zur Demokratie, die Entwaffnung und Entmilitarisierung, die Einteilung Deutschlands in vier Besatzungszonen und seine Verwaltung durch den Alliierten Kontrollrat, ferner Demontage, Reparationen sowie Gebietsabtretungen Deutschlands an Polen. Der Errichtung der vierten Zone für Frankreich hatte Stalin unter der Voraussetzung zugestimmt, dass sie aus der britischen und amerikanischen herausgelöst werden müsse.
- **Keine Zerstückelung Deutschlands**, da inzwischen keiner der „Großen Drei" mehr daran interessiert war, die Besatzungszonen durch deutsche Staaten zu ersetzen. Am 9. Mai erklärte Stalin: „… Die Sowjetunion feiert den Sieg, wenn sie sich auch nicht anschickt, Deutschland zu zerstückeln oder zu vernichten."[5] Sein Maximalziel bestand seit Jalta nun in einem gesamtdeutschen sozialistischen Einheitsstaat, sein Minimalziel in einem sozialistischen Teilstaat. Für diese radikale Änderung der sowjetischen Deutschlandpolitik von größtmöglicher Zerstückelung hin zu einem Einheitsstaat gab es folgende Gründe: Stalin versprach sich von einem Gesamtdeutschland größere wirtschaftliche und technologische Gewinne und einen Prestigegewinn bei den Deutschen als (angeblicher) Vorkämpfer der deutschen Einheit.
- Deutschland soll **Reparationen** (Naturalleistungen, Demontagen, Warenlieferungen) in Höhe von 20 Mrd. Dollar leisten, von denen 50 % an die UdSSR gehen.

- Festlegung der Besatzungspolitk (Beseitigung des Nationalsozialismus, Entnazifizierung, Entwaffnung und Entmilitarisierung, Umerziehung der Deutschen, Einteilung Deutschlands in vier Besatzungszonen, Verwaltung durch den Alliierten Kontrollrat, Demontage, Reparationen, Gebietsabtretungen)

Keine Zerstückelung Deutschlands; Stalins Maximalziel bestand nun in einem gesamtdeutschen sozialistischen Einheitsstaat, sein Minimalziel in einem sozialistischen Teilstaat.

Deutschland muss Reparationen (Naturalleistungen, Demontagen, Warenlieferungen) in Höhe von 20 Mrd. Dollar leisten, von denen die UdSSR 50 % erhält.

Mit Jalta wird auch heute noch oft die Vorstellung von der „Teilung der Welt" verbunden. Urheber dieser Legende ist General de Gaulle, der in seinen Memoiren 1959 behauptete, dass die Westmächte ein „großes Stück von Europa" in Jalta der UdSSR „von vorneherein" überlassen hätten. „Tatsache ist, dass in Jalta Europa bzw. die Welt nicht aufgeteilt wurde. Es wurde im Gegenteil von Roosevelt und Churchill der Versuch gemacht, diese Teilung zu überwinden, die angesichts der militärischen Realität längst existierte."[6] Da dieser Versuch scheiterte, wurde in den Fünfzigerjahren, nach Veröffentlichung der Konferenzprotokolle Roosevelt vorgeworfen, er habe Ost- und Südosteuropa „verraten" und die dort ansässigen Völker dem Bolschwismus preisgegeben. „Die Anklagen … treffen daneben – sie verkennen die Realitäten in der Endphase des Kriegs und die widerstreitenden Interessen, die zwangsläufig zur Kollision führen mussten. Roosevelt und Churchill hatten jedenfalls 1945 die Teilung der Welt nicht zu verantworten. Es begann mit Hitler und dem Hitler-Stalin-Pakt.

Jalta wurde (und wird auch heute noch) kontrovers beurteilt. Die Kritik bezieht sich auf den Vorwurf, die Westmächte wären der UdSSR gegenüber zu nachgiebig gewesen, hätten ihr zuviel überlassen und so die „Teilung der Welt" ermöglicht. Dieser Vorwurf ist unzutreffend, da die eigentlichen Ursachen der „Teilung der Welt" schon vor Beginn der Anti-Hitler-Koaliton existierten.

… Hitler hatte dann durch seinen Überfall auf die Sowjetunion den Sowjets die Tore nach Mitteleuropa geöffnet. ... Dass im Laufe des Krieges auf anglo-amerikanischer Seite gegenüber Stalin viel ‚Blauäugigkeit', Opportunismus und auch Illusionen im Spiel waren, ist eine andere Sache. War Roosevelt ein allzu großer Illusionist mit Blick auf Stalin? ... Anders als Churchill war er gegenüber „Uncle Joe" [wie er ihn nannte] wohl zu naiv, wenn er glaubte, mit ihm wie mit einem Kongressabgeordneten umgehen zu können.[7]

Deutschlandpläne der Anti-Hitler-Koalition

Trotz ihrer erheblichen ideologischen Gegensätze schlossen die **USA**, **Großbritannien** und die **UdSSR** die **„unheilige" Allianz** der **Anti-Hitler-Koalition**, um Nazi-Deutschland zu besiegen.

Der **Zweite Weltkrieg** hatte zahlreiche langfristige **europäische und weltpolitische Folgen**: Europa verlor seine wirtschaftliche Führungsrolle und seine Bedeutung als weltpolitisch bestimmende Kraft. An die Stelle des europäischen Gleichgewichts der Großmächte trat die Bipolarität der Führungsmächte USA und UdSSR. Ihre machtpolitische und ideologische Rivalität löste den Ost-West-Konflikt aus, in dessen Zentrum die deutsche Frage stand, ferner den Kalten Krieg und eine extreme Aufrüstung. Die Entkolonialisierung überlagerte den Ost-West-Konflikt und verschärfte ihn immer wieder. Die 1945 geschaffene UNO spiegelte die Teilung der Welt wider.

Vor diesem Hintergrund entwickelten die USA, Großbritannien und die UdSSR auf **zahlreichen Kriegszielkonferenzen** Pläne, die die Niederwerfung und Behandlung Deutschlands und seiner Verbündeten, die territoriale Neuordnung Europas nach dem Krieg und eine dauerhafte Friedensordnung zum Ziel hatten.

Die **wichtigsten Kriegszielkonferenzen** waren die von **Casablanca** (Jan. 1943; **Moskau** (Okt. 1943), **Teheran** (Nov./Dez. 1943), **London** (Sept. 1944) und **Jalta** (Febr. 1945).

Zu **Casablanca** beschlossen Roosevelt und Churchill die bedingungslose Kapitulation Deutschlands, zu **Moskau** die Grundlagen der Behandlung Nachkriegsdeutschlands, dessen Entmilitarisierung, Entnazifizierung und Demokratisierung, die Übernahme der Regierungsgewalt, Reparationsleistungen Deutschlands und die Errichtung der European Advisory Commission (EAC), die eine Lösung für das Hauptproblem, die territoriale Behandlung Deutschlands, finden sollte.

In **Teheran** vereinbarten die „Großen Drei" (Roosevelt, Churchill, Stalin) die Westverschiebung Polens und eine zweite Front in Nordfrankreich. Ihre unterschiedlichen Deutschlandpläne und Langzeitkonzeptionen verdeutlichen die Brüchigkeit der Anti-Hitler-Koalition.

Im **Londoner Protokoll** (Sept. 1944) legte die EAC die Einteilung Deutschlands in drei Besatzungszonen und die gemeinsame Verwaltung Berlins fest.

Die Konferenz von **Jalta** brachte folgende wichtige Beschlüsse: Die Erklärung über das befreite Europa, die Gründung der Vereinten Nationen, die Bildung einer provisorischen polnischen Regierung, die Einteilung Deutschlands in vier Besatzungszonen; die Westverschiebung Polens, die Grundlagen der Besatzungspolitik und die Konkretisierung der deutschen Reparationszahlungen. Über die entscheidenden Fragen (territoriale Behandlung Deutschlands, Oder-Neiße-Grenze) konnten sich die Alliierten nicht einigen. Sie blieben damit Streitpunkte, die die Teilung Deutschlands langfristig und maßgeblich beeinflussten.

Die Kapitulation Deutschlands

Am 7. Mai 1945 kapitulierte das Oberkommando der Wehrmacht in Reims gegenüber den Westmächten, in der Nacht vom 8. auf den 9. Mai in Berlin-Karlshorst gegenüber der UdSSR. Aufgrund der totalen Niederlage (Zerstörung, Gefangennahme der gesamten deutschen Streitkräfte, Besetzung eines ganzen Staatsgebietes) konnte, anders als 1918, eine Dolchstoßlegende auch nicht ansatzweise entstehen.

Folgen der Kapitulation

Staatliche Folgen: Untergang des Deutschen Reiches, keine staatliche Repräsentanz, Deutschland war ausschließlich Objekt der Sieger, die politisch-ideologische und territoriale Teilung zeichnete sich früh ab.
Soziale Folgen: Menschenverluste, Gefangennahme, Evakuierung, Flucht und Vertreibung, Verlust der Heimat, große Sach- und Geldwertverluste, bittere Armut, Integration von ca. 12,4 Mio. Flüchtlingen und Vertriebenen. Trümmerfrauen mussten das Überleben ihrer Familien durch härteste körperliche Arbeit sichern. Die Schuldfrage löste eine lang anhaltende Diskussion um die Teil- oder Kollektivschuld der Deutschen aus.

Die Charakteristika

Die „Stunde Null"

Dieser schwammige Begriff bezeichnet eine diffuse Stimmungslage:
a) Die **unmittelbare Nachkriegssituation Deutschlands**, gekennzeichnet durch hohe Menschenverluste, Flucht und Vertreibung, Zerstörung, Besitzverluste, Wohnraumprobleme, zerstörte Wirtschaft und Infrastruktur, Ernährung, Lebensverhältnisse, staatliche, soziale und familiäre Folgen, Schuldfrage und
b) die **Befreiung von der NS-Diktatur** und **die Chance der Neugestaltung**.

Die Charakteristika der „Stunde Null"

- **Menschenverluste** (Soldaten und Zivilisten) ca. 7,4 Mio. **Zerstörung und Besitzverluste** waren vor allem in Groß- bzw. -Industriestädten extrem hoch.
- **Teilung des knappen Wohnraums** mit Flüchtlingen und Vertriebenen.
- **Wirtschaft und Infrastruktur** waren weitgehend zerstört bzw. zusammengebrochen.
- **Die Ernährung der Bevölkerung** war nicht mehr gesichert. Folgen: Hungersnot, Unterernährung, Leben am Existenzminimum, Schwarzmarkt.

Flüchtlinge in Berlin 1945

Flucht und Vertreibung

Der Zweite Weltkrieg zwang 25 bis 30 Mio. Menschen, darunter ca. 12,4 Mio. Deutsche, zur Flucht; ca. 2 Mio. Deutsche kamen dabei ums Leben. Noch während des Krieges begann in den von der Roten Armee besetzten Gebieten die Vertreibung. Obwohl die Sieger im Potsdamer Abkommen (Juli/August 1945) die „geordnete Umsiedlung" der Deutschen vereinbart hatten, wurde die „Aussiedlung", wie sie nach Kriegsende beschönigend genannt wurde, von schrecklichen Ereignissen begleitet: Brutale Übergriffe sowjetischer Soldaten (Misshandlung, Ermordung, Vergewaltigung, Raub, Plünderung) sowie Racheakte und unmenschliches Verhalten der vom Dritten Reich unterworfenen und misshandelten Völker. Erst 1947 entsprach die Vertreibung der „geordneten Umsiedlung". Diese Gräueltaten veranlassten Churchill noch im Jahre 1945 von einer „Tragödie unvorstellbaren Ausmaßes" zu sprechen.

der „Stunde Null"

Deutschland 1918 und 1945

Karikatur: „Ich bin's nicht gewesen, er war's!"

Beide Weltkriege endeten mit der bedingungslosen Kapitulation Deutschlands und dem von den Siegern erzwungenen neuen politischen System der Demokratie. Dennoch war die Lage 1945 wesentlich problematischer. 1918 blieb das Deutsche Reich bestehen und wurde nicht besetzt. 1945 ging das Dritte Reich unter, Deutschland wurde besetzt und war Objekt der Sieger. Die Menschen- und Gebietsverluste waren 1945 ca. dreimal größer als 1918. Aufgrund der Dolchstoßlegende stellte sich die Schuldfrage 1918 den Deutschen nicht. Nach 1945 mussten sich die Deutschen mit ihrer Schuld auseinandersetzen. 1918 war Deutschland außenpolitisch isoliert, hatte seit dem Rapallo-Vertrag (1922) aber außenpolitische Möglichkeiten und war 1926 (Aufnahme in den Völkerbund) wieder ein gleichberechtigter europäischer Staat. Nach 1945 waren Ost- und Westdeutschland lange Zeit unterschiedlich stark abhängig von den Siegermächten.

KURZINFO

2 Deutschland in der „Stunde Null"

- Die offensichtliche Niederlage Deutschlands und die Besetzung durch die Westmächte und die UdSSR verhinderten eine Dolchstoßlegende wie 1918.
- Die „Stunde Null" bezeichnet einerseits den absoluten Tiefpunkt der neueren deutschen Geschichte, andererseits die Befreiung von der nationalsozialistischen Diktatur und die Chance eines Neuanfangs.
- Die „Stunde Null" wurde geprägt von hohen Menschen- und Besitzverlusten, Zerstörung, einer extrem geschwächten Wirtschaft, einer fast völlig zerstörten Infrastruktur, einem Leben am Existenzminimum, extremen sozialen und familiären Belastungen sowie von dem Untergang des Reichs und dessen Besetzung.
- Der Zweite Weltkrieg löste die bis dahin größte Fluchtbewegung in der Geschichte der Menschheit aus. Ca. 12,4 Mio. Deutsche flohen oder wurden vertrieben, mehr als 2 Mio. kamen auf der Flucht um.
- Flucht und Vertreibung wurden oft begleitet von der Brutalität der Roten Armee und grausamen Vergeltungsmaßnahmen der vom Deutschen Reich unterworfenen Völker. Erst 1947 verlief die Zwangsumsiedlung in geordneten Bahnen.
- Die Lage Deutschlands war 1945 wesentlich problematischer als 1918. Dies verdeutlichen folgende Charakteristika: Untergang des Deutschen Reichs, Besetzung Deutschlands, weitgehend zerstörte Großstädte, wesentlich größere Menschen- und Gebietsverluste, Teilung Deutschlands und völlige Abhängigkeit beider Teile von den Siegermächten.

Die Kapitulation Deutschlands

Die Kapitulation
Am 7. Mai 1945 kapitulierte das Oberkommando der Deutschen Wehrmacht in Reims gegenüber den Westmächten bedingungslos, am folgenden Tag in Berlin-Karlshorst gegenüber der UdSSR.

Am 30. April 1945 heroisierte der Reichsrundfunk den Selbstmord Hitlers durch die Meldung, dass der Führer in seinem Befehlsstand in der Reichskanzlei, bis zum letzten Atemzuge gegen den Bolschewismus kämpfend, für Deutschland gefallen sei. Mit der bedingungslosen Kapitulation am 8. Mai war, wie Reichspropagandaminister Goebbels in seiner letzten Rundfunkansprache am 19. 4. 1945 verkündet hatte, „der letzte Akt eines gewaltigen tragischen Dramas" zu Ende gegangen. Deutschland und weite Teile Europas boten ein Bild der Zerstörung und des Grauens, die Welt hatte sich durch die zwölf Jahre des „tausendjährigen Reichs" grundlegend und nachhaltig verändert.
Die besiegte, kampfmüde und demoralisierte deutsche Wehrmacht ergab sich den Siegern auf Gedeih und Verderb. Am 7. Mai kapitulierte das Oberkommando der Deutschen Wehrmacht (OKW) in Reims gegenüber dem Obersten Befehlshaber der amerikanischen und britischen Alliierten Expeditionsstreitkräfte, General Eisenhower, und gegenüber der UdSSR. Da Stalin aus Prestigegründen dar-

auf bestand, wurde der Kapitulationsakt in der Nacht vom 8. auf den 9. Mai in Berlin-Karlshorst gegenüber dem Oberkommando der Roten Armee wiederholt. Damit hatten die Alliierten ihr bereits Anfang 1943 festgelegtes Ziel der **„unconditional surrender“** (bedingungslose Kapitulation, → S. 15) erreicht. Im Gegensatz zum Ende des Ersten Weltkriegs war die **Niederlage** des Deutschen Reiches 1945 so **offensichtlich und** so **total**, dass sich diesmal eine zweite „Dolchstoßlegende“ auch nicht ansatzweise ausbilden konnte. Zum ersten Mal in der neueren Geschichte wurden die gesamten Streitkräfte des Hauptkriegsgegners (Deutschland) zu Kriegsgefangenen gemacht, zum ersten Mal wurde dessen ganzes Staatsgebiet besetzt und die gesamte politische Macht von den Besatzungsmächten ausgeübt. Dies bedeutete weit mehr als nur eine nationale Niederlage und eine demütigende Kapitulation, die auch in früheren Zeiten (z.B. 1866, 1871, 1918) die militärischen Auseinandersetzungen zwischen Großmächten beendet hatten. Der unmittelbare Eindruck des Kriegsendes im zerstörten Deutschland veranlasste deshalb viele Zeitgenossen vom „Ende der bisherigen deutschen Geschichte“ zu sprechen.

Die **bedingungslose Niederlage** war so offensichtlich (Zerstörung, Besetzung, Gefangennahme der gesamten deutschen Streitkräfte), dass eine zweite Dolchstoßlegende auch nicht ansatzweise entstehen konnte.

Die „Stunde Null“

Obwohl viele Deutsche das Kriegsende als Stunde der Befreiung von einem menschenverachtenden Regime begrüßten, bedeutete die unmittelbare Nachkriegszeit für die meisten Deutschen die **„Stunde Null“**. Dieser 1945 entstandene, schwammige Begriff bezeichnet eine **diffuse Stimmungslage**. Er beinhaltet den absoluten Tiefpunkt der neueren deutschen Geschichte und den täglichen Kampf um die nackte Existenz, bedeutete aber gleichzeitig für viele die Befreiung von der nationalsozialistischen Diktatur und auch die Chance, mit der Gestaltung der Zukunft bei Null anfangen zu können.

Die **„Stunde Null“** hatte für die Deutschen zwei Bedeutungen:
1. Sie bezeichnete den absoluten Tiefpunkt der neueren deutschen Geschichte und den täglichen Kampf um die nackte Existenz,
2. die Befreiung von der NS-Diktatur und die Chance des Neuanfangs.

Die bedingungslose Kapitulation hinterließ ein Deutschland, das nicht nur in materieller Hinsicht einem Trümmerfeld glich. Folgende Faktoren bestimmten die unmittelbare Nachkriegszeit:

- **Menschenverluste und körperliche Schäden**: Ca. 7,4 Mio. Deutsche hatten als Soldaten oder Zivilisten ihr Leben verloren, Hunderttausende waren verletzt oder verkrüppelt worden. Millionen gerieten in Gefangenschaft, wurden interniert, inhaftiert, verschleppt (meist nach Russland) oder vertrieben.
- **Zerstörung und Besitzverluste**: Millionen hatten ihren gesamten Besitz verloren, standen buchstäblich vor den Trümmern ihrer Existenz. Die totale Niederlage, deren Ausmaß dem totalen Eroberungs- und Vernichtungswillen Hitlers entsprach, schuf chaotische Zustände in fast allen Bereichen des privaten und öffentlichen Lebens. Zahlreiche deutsche Städte waren stark zerstört, manche bis zu 80 Prozent. Trümmerwüsten bestimmten das

Die unmittelbare Nachkriegszeit wurde von folgenden **Faktoren** bestimmt:

- **Menschenverluste:** Ca. 7,4 Mio. Deutsche verloren als Soldaten oder Zivilisten ihr Leben.
- **Zerstörung und Besitzverluste**, vor allem in den Städten. Der knappe Wohnraum musste mit Flüchtlingen, Vertriebenen und „Displaced Persons“ geteilt werden.

städtische Straßenbild. Der Verlust an Wohnraum (ca. 50 %) führte zu extrem beengten Wohnverhältnissen, zumal der vorhandene Wohnraum mit mehr als 10 Mio. Flüchtlingen und Vertriebenen und in der unmittelbaren Nachkriegszeit mit zusätzlich ca. 8 Mio. „Displaced Persons“ geteilt werden musste. Dies führte zu einer erhöhten Seuchengefahr, erschwerte die Familienzusammenführung und löste eine starke Binnenwanderung aus.

- **Wirtschaft und Infrastruktur**: Transport-, Verkehrs- und Kommunikationssysteme waren weitgehend zerstört bzw. zusammengebrochen, die Kohleförderung betrug ca. ein Viertel der durchschnittlichen Kriegsproduktion und brach im Winter 1946/47 fast völlig zusammen. 1945 erreichte die wirtschaftliche Gesamtproduktion 15 % der von 1939, 1946 30 %.
- **Ernährung**: Die Versorgung der Bevölkerung mit lebenswichtigen Gütern konnte nicht mehr gesichert werden. Die Folgen waren Hungersnot, Unterernährung und geringe körperliche Widerstandsfähigkeit. Der durchschnittliche Kalorienwert, der einem Deutschen in der unmittelbaren Nachkriegszeit pro Tag zur Verfügung stand, betrug ca. 800 bis 1300 Kcal. (=8 bis 13 Scheiben Brot), das durchschnittliche Gewicht eines Erwachsenen in der US-Zone 51 kg. Fleisch, Gemüse, Fett und andere Grundnahrungsmittel wurden für Hunderttausende von Familien zu unerschwinglichen Luxusgütern. Auch Care-Pakete aus den USA, „Schulspeisung“, das „Organisieren“ lebensnotwendiger Dinge, „Hamsterfahrten“ bzw. „Kartoffeltrecks“ aufs Land, um im Tausch gegen Schmuck, Bilder und teure Haushaltsgegenstände Lebensmittel zu ergattern, konnten nicht verhindern, dass Hunderttausende von Familien jahrelang ein Leben am Existenzminimum führen mussten. Der Schwarzmarkt wurde für viele zur einzigen Überlebensmöglichkeit.
- **Staatliche Folgen**: Das Reich Bismarcks war untergegangen, es gab keine deutsche staatliche Repräsentanz mehr. Deutschland wurde zum Objekt der Siegermächte, die alleine die politische Macht ausübten. Die politisch-ideologische und territoriale Teilung zeichnete sich früh ab. Die zahlreichen und grundlegenden Probleme in Deutschland mussten deshalb von den rivalisierenden Alliierten oder den auf sich allein gestellten Deutschen gelöst werden. Der Verlust der deutschen Ostgebiete und die Einbeziehung der Sowjetischen Besatzungszone (SBZ) in den sowjetischen Machtbereich verschlimmerten die wirtschaftliche Situation zusätzlich.

- **Wirtschaft und Infrastruktur:** Transport-, Verkehrs- und Kommunikationssysteme waren weitgehend zerstört bzw. zusammengebrochen; die Kohleförderung brach um Winter 1946/47 fast völlig zusammen.
- Die **Ernährung** der Bevölkerung konnte nicht mehr gesichert werden. Folgen waren: Hungersnot, Unterernährung, Leben am Existenzminimum, Entstehen eines Schwarzmarkts.

Staatliche Folgen:
- Es gab keinen deutschen Staat mehr und damit auch keine staatliche Repräsentanz.
- Deutschland war ein Objekt der Siegermächte.
- Die politisch-ideologische und territoriale Teilung zeichnete sich ab.
- Verlust der Ostgebiete
- Einbeziehung der Sowjetischen Besatzungszone in den sowjetischen Machtbereich

Rückkehr von einer erfolgreichen „Hamsterfahrt"

- **Soziale Folgen** resultierten aus Menschenverlusten, der Gefangennahme von ca. 11 Mio. deutscher Soldaten, aus körperlichen Kriegsfolgen, Evakuierung, Flucht, Vertreibung und starker Zerstörung. Die Westmächte internierten zunächst einen Großteil ihrer ca. 7,6 Mio. Gefangenen unter katastrophalen Verhältnissen in einem riesigen Massenlager an Rhein und Nahe. Die meisten wurden nach kurzer Zeit entlassen, andere mussten für die Westmächte arbeiten. Von den ca. 3,1 Mio. Soldaten, die von der Roten Armee gefangen genommen wurden, kamen ca. 1,5 Mio. in russischen Arbeits- und Straflagern um.
  Die sozialen Folgen bedeuteten auch zerrissene Familien, Verlust der Heimat, Entwurzelung, große Verluste an Sach- und Geldwerten und das Absinken großer Teile der städtischen Bevölkerung in bittere Armut. Außerordentlich hoch belastet waren die Frauen, die, oft auf sich allein gestellt, nicht nur für ihre Familien sorgen, sondern als „Trümmerfrauen" auch härteste körperliche Strapazen auf sich nehmen mussten. Die Integration der Flüchtlinge und Vertriebenen verschärfte die prekäre Situation zusätzlich.
- **Die Schuldfrage**: Die Auseinandersetzung mit den Gräueltaten des Dritten Reichs nach der Öffnung der Konzentrationslager und aufgrund des Nürnberger Kriegsverbrecherprozesses (→ S. 45) sowie die Entnazifizierung (→ S. 42) und die Behandlung dieses Themas durch die Alliierten in den Medien und in der Literatur bewirkten eine lang anhaltende Diskussion um die Teil- oder Kollektivschuld der Deutschen.

Soziale Folgen:
- Menschenverluste
- Gefangennahme
- Evakuierung, Flucht, Vertreibung
- Zerstörung
- zerrissene Familien
- Verlust der Heimat, Entwurzelung
- große Verluste an Geld- und Sachwerten
- bittere Armut
- Integration der Flüchtlinge und Vertriebenen
- Die „Trümmerfrauen" mussten härteste körperliche Arbeit akzeptieren, um ihre Familien durchzubringen.

Die **Schuldfrage** löste eine lang anhaltende Diskussion um die Teil- oder Kollektivschuld der Deutschen aus.

Flucht und Vertreibung

Flucht und Vertreibung
Ca. 20 Mio. Deutsche mussten aufgrund von Evakuierung, Flucht oder Vertreibung ihre Heimat aufgeben und einen neuen Wohnort suchen. Ca. 2 Mio. der insgesamt 12,4 Mio. deutschen Flüchtlinge und Vertriebenen kamen auf der Flucht um. Die Vertreibung der Deutschen aus Polen, der Tschechoslowakei und Ungarn war oft begleitet von brutalen Übergriffen der Roten Armee und/oder von Racheakten und unmenschlichem Verhalten der vom Dritten Reich unterworfenen und misshandelten Völker. Erst 1947 entsprach die Vertreibung der zu Potsdam vereinbarten „geordneten Umsiedlung".

Der Zweite Weltkrieg löste die **bis dahin größte Fluchtbewegung in der Geschichte der Menschheit** aus, da er insgesamt 25 bis 30 Mio. Menschen, von denen mehr als 12 Mio. Deutsche waren, zur Flucht zwang. Bereits Anfang 1945 flohen über fünf Mio. Deutsche aus den deutschen Ostgebieten vor der Roten Armee. Noch während des Kriegs begann in den von der Roten Armee besetzten Gebieten die Vertreibung der Deutschen. Obwohl die Siegermächte im Potsdamer Abkommen die „geordnete Umsiedlung" der Deutschen aus Polen, der Tschechoslowakei und Ungarn festgeschrieben und bestimmt hatten, dass sie auf „humane Weise" erfolgen sollte, wurde die „Aussiedlung", wie die **Vertreibung** offiziell genannt wurde, nach Kriegsende **von schrecklichen Ereignissen begleitet**. Die Brutalität der Roten Armee und der lange angestaute Hass der vom Dritten Reich unterworfenen und misshandelten Völker entluden sich nun in oft unmenschlicher Weise gegenüber Zivilisten. Morde, Vergewaltigungen, schwerste Misshandlungen, Raub, Plünderung und andere Verbrechen waren an der Tagesordnung. Hunderttausende von Deutschen wurden in die UdSSR verschleppt. Erst 1947 entsprach die Vertreibung der zu Potsdam vereinbarten „geordneten Umsiedlung".

Ca. **12,4 Mio.** Deutsche aus den Ostgebieten mussten als **Flüchtlinge oder Vertriebene** kriegsbedingt ihre Heimat verlassen, mehr als 2 Mio. von ihnen kamen auf der Flucht ums Leben. Ausmaß und Ablauf der Vertreibung veranlassten Churchill noch im Jahre 1945 von einer „Tragödie unvorstellbaren Ausmaßes" zu sprechen. Auch in den USA stieß die Vertreibung auf Kritik. 1946 erklärte der Kongressabgeordnete K. Armstrong: „...Ihr [der Vertriebenen] einziges Verbrechen war, dass sie 300 bis 750 Jahre in ihren Geburtsländern ansässig waren. Wenn irgendeine Maßnahme ein Verbrechen gegen die Menschlichkeit darstellt, dann sicher diese. Dass irgendein Vertreter der amerikanischen Regierung, Zivil oder Militär, sein Einverständnis zu dieser erstaunlichen Gräueltat geben konnte, ist mehr, als ich verstehen kann."[1]

Insgesamt mussten ca. 20 Mio. Deutsche aufgrund von Evakuierung, Flucht und Vertreibung einen neuen Wohnort suchen bzw. ihre Heimat verlassen. Dass nach riesigen anfänglichen wirtschaftlichen und gesellschaftlichen Problemen (Konkurrenz um Wohnraum, Arbeitsplätze, Nahrung etc.) die Integration der Flüchtlinge und Heimatvertriebenen gelang, gehört zu den großen menschlichen und politischen Leistungen in den ersten Nachkriegsjahren.

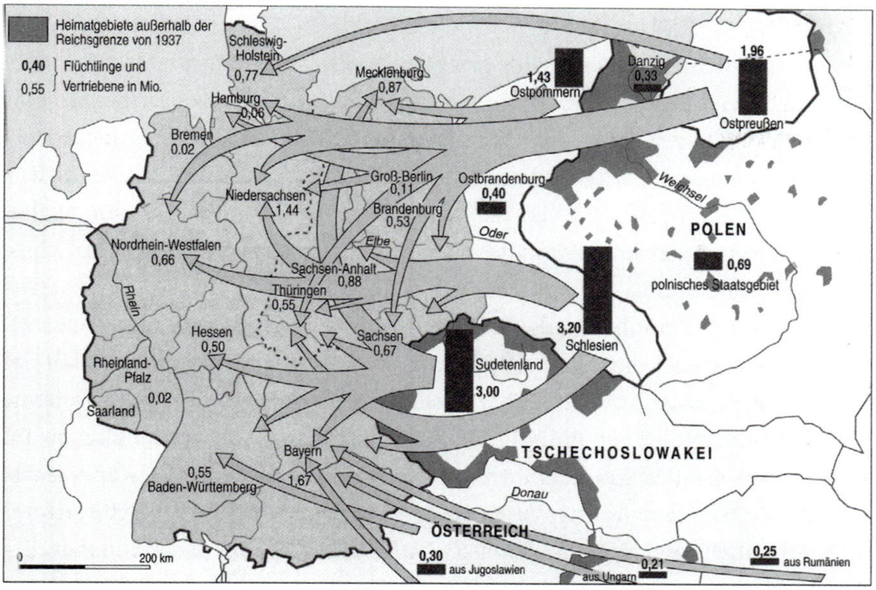

Herkunft und Aufnahme von Flüchtlingen und Vertriebenen

Deutschland 1918 und 1945

Vergleicht man die unmittelbaren Ergebnisse des Ersten und des Zweiten Weltkriegs und damit die Ausgangsbedingungen der beiden deutschen Staaten 1918 und 1945, so wird offensichtlich, dass die Lage Deutschlands 1945 trotz wesentlicher Gemeinsamkeiten deutlich problematischer war als 1918. Dies ergibt sich aus folgenden Vergleichskomponenten:

Gemeinsamkeiten:

1918 wie 1945 war Deutschland das Produkt einer totalen Niederlage und einer bedingungslosen Kapitulation. In beiden Fällen wurde das neue politische System der Demokratie von den Siegern erzwungen bzw. installiert.

Unterschiede:

- 1918 bestand das Deutsche Reich weiter, es wurde nicht besetzt und blieb souverän. Die neuen politischen Verhältnisse wurden ausschließlich von den Deutschen selbst gestaltet. 1945 ging das Deutsche Reich unter, es wurde besetzt und geteilt, hatte keine staatliche Souveränität und war reines Objekt der Sieger, die ihre politischen Vorstellungen auf ihre Zonen übertrugen.
- Die Einheit des Reiches blieb 1918 bestehen, wohingegen die Teilung Deutschlands nach 1945 rasch offensichtlich wurde.
- Menschen- und Gebietsverluste waren 1945 ca. dreimal so groß wie 1918.
- Die Belastungen (Versailler Vertrag, Gebietsverluste, Reparationen, Dolchstoßlegende etc.) waren 1918 vor allem von emotionaler, 1945 (extreme Zer-

Deutschland 1918 und 1945
Beide Weltkriege endeten mit einer bedingungslosen Kapitulation Deutschlands. Dennoch war die Lage 1945 wesentlich problematischer als 1918:

- 1918 bestand das Deutsche Reich weiter, wurde nicht besetzt und blieb souverän. 1945 ging das Deutsche Reich unter; Deutschland wurde besetzt und geteilt und verlor die staatliche Souveränität.

- Die Menschen- und Gebietsverluste waren 1945 ca. dreimal größer als 1918.

- Aufgrund der „Dolchstoßlegende" stellte sich 1918 für die Deutschen die Schuldfrage nicht. Nach 1945 mussten sich die Deutschen immer wieder mit ihrer Schuld auseinandersetzen.
- Nach 1945 war das geteilte Deutschland ein Objekt der Sieger. Sowohl die Bundesrepublik Deutschland als auch die Deutsche Demokratische Republik waren weitgehend bzw. völlig abhängig von den Supermächten.

störung, Not, Vertreibung etc.) von existentieller Art. Die Deutschen waren sich 1918 einig, schuldlos am Kriegsausbruch gewesen und deshalb „ungerecht" behandelt worden zu sein; die Frage nach der deutschen Schuld bzw. die Auseinandersetzung mit der jüngsten Vergangenheit fand nicht statt. 1945 zwangen der Zusammenbruch des Staates, die Besetzung, die Kriegsverbrecherprozesse und die Offenlegung der NS-Verbrechen die Deutschen zur Auseinandersetzung mit dem Nationalsozialismus, mit ihrer Beteiligung und ihrer Schuld.

- 1918 war Deutschland außenpolitisch lediglich isoliert und hatte seit 1922 (Rapallo) wieder die Option zwischen Ost, West oder Neutralität; ferner hatte es die Chance, auf lange Sicht Großmacht zu bleiben. 1945 hatte Deutschland keinerlei außenpolitische Wahlmöglichkeiten, war von Anfang an Teil des Ost-West-Konfliktes, der seine Auseinanderentwicklung bestimmte und die Teilung zementierte. Auch nach 1949 waren beide deutsche Staaten stark (BRD) bzw. völlig abhängig (DDR) von der jeweiligen Supermacht.

Deutschland in der „Stunde Null"

Am 8. Mai endete der Zweite Weltkrieg, den Hitler entfesselt hatte, mit einer totalen Niederlage Deutschlands. Deren unmittelbare Auswirkungen machten die Niederlage von 1945 wesentlich gravierender als 1918. Das Kriegsende, die **„Stunde Null"** bedeutete für die Deutschen den täglichen Kampf um die nackte Existenz, für viele aber auch die Befreiung von der NS-Diktatur und die Chance der Neugestaltung Deutschlands.

Menschenverluste
- Soldaten 4,35 Mio.
- Zivilbev. 3,05 Mio.

Wohnraumprobleme
- ca. 8,5 Mio. zerstörte bzw. schwer beschädigte Wohnungen
- extrem beengte Wohnverhältnisse besonders in Großstädten

Wirtschaft, Ernährung, Lebensverhältnisse
- völlig unzureichende Versorgung und Ernährung
- stark beschädigte Infrastruktur
- Überleben oft durch „organisieren", „hamstern" bzw. den Schwarzmarkt

Staatliche Folgen
- zerstörter Nationalstaat
- Deutschland ist Objekt der Sieger
- Zonengrenzen
- Verlust der Ostgebiete

Soziale Folgen
- zerrissene Familien
- physische Kriegsfolgen
- Verlust der Heimat
- materielle Verluste
- bittere Armut
- Trümmerfrauen
- Integration der Flüchtlinge und Vertriebenen

Schuldfrage
- Konfrontation mit den Gräueltaten des Dritten Reichs
- Schuldfrage
- Nürnberger Prozess
- Entnazifizierung

Die Konferenz von Potsdam 1945

Besetzt, nicht befreit

Die amerikanische „Proklamation Nr. 1" vom 3.4.1945 bekräftigte die zu Moskau und Jalta festgelegten Ziele der Besatzungspolitik und am 26.4.1945 stellte die amerikanische „**Direktive JCS 1067**" fest, dass Deutschland nicht befreit, sondern als besiegter Feindstaat besetzt werde. Die Besatzungsmächte übernahmen durch die „Berliner **Erklärung**" vom 5.6.1945 die „Oberste Regierungsgewalt hinsichtlich Deutschlands".

Die Konferenz von Potsdam

Die Konferenz von Potsdam

Die wichtigste Konferenz der Anti-Hitler-Koalition (17.7.–2.8.1945) hatte eine Doppelfunktion: Ende der gemeinsamen, Beginn der divergierenden Deutschlandpolitik. Die Spannungen zwischen den Siegermächten waren unübersehbar, weshalb oft nur Kompromisse zustande kamen und die Lösung der Hauptstreitpunkte (Reparationen, wirtschaftliche Einheit, territoriale und politische Gestaltung Deutschlands) offenblieben.

Politische Bestimmungen: Ausübung der obersten Gewalt durch den Alliierten Kontrollrat; gleiche Behandlung der Bevölkerung, „soweit praktisch durchführbar"; Demilitarisierung, Denazifizierung; Umgestaltung des gesellschaftspolitischen Lebens auf demokratischer Grundlage; Bestrafung der Kriegsverbrecher; Zulassung demokratischer Parteien; Gewährung der Grundrechte; Berlin wird Viermächtestadt.

Wirtschaftliche Bestimmungen: Vernichtung des deutschen Kriegspotenzials; Verbot und Demontage der Rüstungsindustrie; Dezentralisierung der Wirtschaft; Betonung der Landwirtschaft und Konsumgüterindustrie; wirtschaftliche Einheit.

Reparationen: Entnahme aus der jeweiligen Besatzungszone; die UdSSR erhält zusätzlich 10% der westdeutschen Reparationen.

Territoriale Bestimmungen: Das nördliche Ostpreußen fällt an die UdSSR; provisorische (vorläufige) Oder-Neiße-Grenze. Endgültige Regelung durch einen Friedensvertrag.

Langfristig wirkende Bestimmungen: Die gemeinsame Verwaltung scheitert am Ost-West-Konflikt, die wirtschaftliche Einheit an Reparationsstreitigkeiten. Konträre Demokratievorstellungen führen zur Bundesrepublik Deutschland bzw. zur sozialistischen Deutschen Demokratischen Republik.

Die Beurteilung: Sehr unterschiedliche Bewertung des Potsdamer Abkommens in Ost und West. Ostblock: Das Abkommen ist rechtsverbindlich und Grundlage der „wahrhaft" demokratischen DDR. Westen: Es schafft als Abkommen keine rechtsverbindlichen, normativen Grundlagen.

3 Die Besatzungspolitik der Alliierten

Entnazifizierung

Hauptziel war die Entfernung von Nationalsozialisten aus dem öffentlichen Leben und deren Bestrafung. Sie verlief in den vier Besatzungszonen unterschiedlich und erwies sich bald als problematisch, weshalb sie in den Westzonen bereits 1948/49 eingestellt bzw. der Bundesrepublik übertragen wurde, die sie großzügig handhabte und 1954 beendete. In der SBZ missbrauchte die UdSSR die Entnazifizierung unter dem Deckmantel der „antifaschistisch-demokratischen Umwälzung" zur Ausschaltung von politischen Gegnern und als entscheidendes Mittel der Etablierung des Sozialismus.

Der Nürnberger Kriegsverbrecherprozess

Der „Internationale Gerichtshof" klagte an: 24 Hauptangeklagte, NSDAP, Gestapo, SD, SA, Reichsregierung, Generalstab, Oberkommando der Wehrmacht und 177 Personen (NSDAP-Funktionäre, Militärs, Unternehmer, Fachleute). Der Prozess war problematisch: Es gab für manche Hauptanklagepunkte keine Rechtsgrundlage, alliierte, vor allem sowjetische Verbrechen und der Hitler-Stalin-Pakt wurden ausgeklammert, ein stalinistischer Richter sprach im Namen eines totalitären Führerstaates Recht. Zwölf Todesurteile wurden gefällt, zehn vollstreckt.

Die Besatzungspolitik der Alliierten

Der politische Neuaufbau in der SBZ

Er verlief, von der UdSSR initiiert und gelenkt, bereits 1945/46 rasch und zielgerichtet.
Maßnahmen: Zulassung antifaschistisch-demokratischer Parteien und deren erzwungener Zusammenschluss zum „antifaschistisch-demokratischen Block"; zwangsweise Vereinigung von SPD und KPD zur Sozialistischen Einheitspartei Deutschlands (SED); Bildung von Massenorganisationen, die im Sinne der SED die Bevölkerung lenkten und kontrollierten; Genehmigung der Volkspolizei; Schaffung von 5 Ländern und 11 „deutschen Zentralverwaltungen"; umfassende, gesellschaftsverändernde Maßnahmen": Bodenreform, Enteignung und Verstaatlichung von Kohlebergbau, Handels- und Industriebesitz; „Säuberung" der Gesellschaft, vor allem in den Bereichen Justiz, Schule und Kultur.

Der politische Neuaufbau in den Westzonen

Er verlief unterschiedlich:
Amerikanische Zone: Rascher, zielgerichteter Neuaufbau 1945–1947 durch Zulassung von Parteien, Konstituierung von Ländern, Schaffung des „Länderrats des amerikanischen Besatzungsgebiets".
Britische Zone: Langsamer Aufbau. Hauptproblem: Die Aufteilung Preußens und die Schaffung neuer Länder erwies sich als kompliziert.
Französische Zone: Langsamster Verlauf wegen antideutscher Ziele. Schaffung von Ländern 1946/47.
Die Herausbildung eines differenzierten Parteiensystems verlief 1945 bis Anfang der 60er-Jahre mühsam.

KURZINFO

3 Die Besatzungspolitik der Alliierten

- Im Juni 1945 übernahmen die Besatzungsmächte die oberste Regierungsgewalt in Deutschland.
- Die Behandlung der Deutschen war unterschiedlich, am härtesten in der Sowjetischen Besatzungszone (SBZ).
- Das Potsdamer Abkommen legte die politischen, wirtschaftlichen und territorialen Grundlagen der Behandlung Deutschlands fest, ließ jedoch Kernprobleme aufgrund der wachsenden Spannungen zwischen den Westmächten und der UdSSR offen.
- Die Entnazifizierung erwies sich als schwierig und ineffektiv und wurde 1948/49 den Deutschen übertragen.
- Der Nürnberger Hauptkriegsverbrecherprozess war aufgrund der Hauptanklagepunkte und der Beteiligung eines sowjetischen Richters problematisch, zwang die Deutschen jedoch, sich mit ihrer Vergangenheit auseinanderzusetzen.
- Tempo und Intensität des politischen Neuaufbaus waren in den vier Zonen unterschiedlich.

Besetzt, nicht befreit

Die **„Proklamation Nr. 1"** der Alliierten vom 3.4.1945 verkündete als grundlegende Ziele der Besatzungspolitik die Ausschaltung des Nationalsozialismus, die Bestrafung der Kriegsverbrecher, die Abrüstung und Entmilitarisierung sowie den Wiederaufbau des deutschen politischen Lebens auf demokratischer Grundlage.

In seiner **Proklamation Nr. 1** vom 3. April 1945 („An das deutsche Volk") verkündete der Oberste Befehlshaber der Alliierten Streitkräfte, General Eisenhower: „Wir kommen als ein siegreiches Heer, aber nicht als Unterdrücker"[1], und nannte die auf den Konferenzen von Moskau und Jalta festgelegten grundlegenden Ziele der alliierten Besatzungspolitik:

- Ausschaltung des Nationalsozialismus;
- sofortige Bestrafung der Kriegsverbrecher;
- Abrüstung und Entmilitarisierung;
- Wiederaufbau des deutschen politischen Lebens auf demokratischer Grundlage.

Die amerikanische **„Direktive JCS 1067"** vom 26.4.1945 stellte fest, dass Deutschland nicht befreit, sondern als besiegter Feindstaat besetzt werde. Das Fraternisierungsverbot für die amerikanischen Truppen regelte deren Verhältnis zu den Deutschen.

Die Alliierten waren sich einig in der Absicht, Deutschland als Machtfaktor ein für alle Mal auszuschalten und hart zu bestrafen. Die von Präsident Truman am 26. April 1945 gebilligte **Direktive JCS 1067** der Vereinigten Stabschefs der USA (Joint Chiefs of Staff) stellte unmissverständlich fest: „Deutschland wird nicht besetzt zum Zwecke der Befreiung, sondern als besiegter Feindstaat."[2] Dementsprechend galt in den ersten Nachkriegsmonaten ein striktes „Fraternisierungsverbot" für die Truppen der Westalliierten. Es schrieb z.B. den amerikanischen GIs bei Strafe bis zu 6 Monaten Arrest mit Zwangsarbeit vor, den Umgang mit den Deutschen auf freundlichem, vertrautem oder intimen Fuße, ob einzeln oder in Gruppen, ob offiziell oder inoffiziell zu vermeiden bzw. auf das Nötigste zu beschränken, und verbot jedes private Gespräch. Jeder GI erhielt einen didaktischen Auftrag: „Die Deutschen haben eine Lektion zu lernen. Sie müssen die Lektion gut lernen. Jeder von uns muss lehren.“[3] Das Fraternisierungsverbot wich nach wenigen Monaten einer realistischeren Einschätzung der Lage und wurde am 1. Oktober 1945 aufgehoben, um „die Truppe bei der Erfüllung ihrer Pflichten im Besatzungsgebiet zu unterstützen“.

Die Behandlung der Deutschen durch die Siegermächte war trotz aller demonstrativen Einheitlichkeit der Alliierten in der unmittelbaren Nachkriegszeit sehr unterschiedlich. In der amerikanischen und der britischen Zone war sie, von Ausnahmen abgesehen, fair und human, in der französischen ausgeprägt repressiv. Die Soldaten der Roten Armee verübten dagegen im Osten Deutschlands „wahllos und willkürlich Rache für die deutschen Grausamkeiten seit Juni 1941. Die Deutschen wurden misshandelt, vergewaltigt und tausendfach in den Selbstmord getrieben. Von den Betroffenen konnte dies nicht als Befreiung empfunden werden.“[4]

Die Behandlung der Deutschen war in der unmittelbaren Nachkriegszeit sehr unterschiedlich. In der amerikanischen und britischen Zone war sie hart, aber fair, in der französischen ausgeprägt repressiv; in der SBZ litt die Bevölkerung sehr unter der Willkür der Roten Armee.

Am 23. Mai 1945 wurde in Mürwik nahe Flensburg die letzte deutsche Regierung unter Admiral Dönitz verhaftet. Eine staatliche deutsche Repräsentanz gab es nicht mehr. Deshalb übernahmen die vier Besatzungsmächte in der **Berliner Deklaration** vom **5. Juni 1945** die **„oberste Regierungsgewalt** hinsichtlich Deutschlands“, erklärten jedoch ausdrücklich, dass dies nicht die Annexion Deutschlands bewirke.

Nach der Verhaftung der letzten deutschen Regierung unter Admiral Dönitz (23.5.1945) übernahmen die Besatzungsmächte durch die **„Berliner Deklaration“** vom 5. Juni die „oberste Regierungsgewalt hinsichtlich Deutschlands“.

Die Konferenz von Potsdam (17.7. – 2.8.1945)

Grundsätze und Streitpunkte

Wenige Wochen nach Kriegsende versuchten Stalin, Churchill, der während der Konferenz von Clement Attlee als Premierminister abgelöst wurde, und Harry S. Truman als Nachfolger des am 12.4.1945 verstorbenen Roosevelt zum letzten Mal, für die noch offenen Fragen Lösungen zu finden. Dies erwies sich in wesentlichen Bereichen als nicht mehr möglich, weil Stalin die Westmächte mehrfach trotz klarer Absprachen in Osteuropa vor vollendete Tatsachen gestellt hatte. Er hatte z.B. die deutschen Gebiete östlich von Oder und Neiße unter polnische Verwaltung gestellt, obwohl sie zu Jalta als Teil der Sowjetischen Besatzungszone vereinbart worden waren. Ferner war die provisorische polnische Regierung (→ S. 20) entgegen den Vereinbarungen nur aus Kommunisten gebildet worden. Die USA hatten deshalb die Hoffnung aufgegeben, Deutschland gemeinsam mit der UdSSR verwalten zu können.

Konferenz von Potsdam (17.7.–2.8.1945): Die führenden Staatsmänner waren Truman (USA), Attlee (GB) und Stalin (UdSSR).

Erhebliche Differenzen zwischen den Westmächten und der UdSSR belasteten die wichtigste Konferenz der Anti-Hitler-Koalition.

Sie hatte eine Doppelfunktion: Ende der gemeinsamen und Beginn der divergierenden Deutschlandpolitik der Besatzungsmächte.

Potsdam war die **wichtigste Konferenz** der Anti-Hitler-Koalition, da sie in ihrer **Doppelfunktion** sowohl das **Ende der gemeinsamen** als auch den **Beginn der divergierenden Deutschlandpolitik** der Siegermächte bildete.

Die Grundsätze der Behandlung Deutschlands waren unumstritten: Demilitarisierung, Denazifizierung, Demokratisierung, Dezentralisierung (der Verwaltung) und Dekartellisierung (Zerschlagung von Großunternehmen).

Streitpunkte waren die Reparationsfrage und die endgültige territoriale Gestaltung Deutschlands.

Wesentliche Beschlüsse waren bereits durch die Konferenz von Jalta vorgegeben. Eine schnelle Einigung wurde deshalb über die politischen **Grundsätze der Behandlung Deutschlands** erzielt. Diese waren Demilitarisierung, Denazifizierung, Demokratisierung, Dezentralisierung der Verwaltung und Dekartellisierung (Zerschlagung von Großunternehmen). **Streitpunkte** waren vor allem die Reparationen und die territoriale Frage. Stalin forderte Reparationen in Höhe von 10 Mrd. Dollar, die aus allen Zonen, also auch aus dem industriell hoch entwickelten Ruhrgebiet entnommen werden sollten. Beide Westmächte lehnten die sowjetischen Vorstellungen ab und schlossen mit der UdSSR einen (laut US-Außenminister Byrnes) „kleinen Kuhhandel“: Die UdSSR akzeptierte die Reparationsvorstellungen der beiden Westmächte, d.h. Entnahme der Reparationen aus der jeweiligen Zone, erhielt dafür die Anerkennung der von ihr gewünschten Oder-Neiße-Grenze – und zwar mit der westlichen Neiße. Diese Grenze sollte durch einen Friedensvertrag „endgültig“ festgelegt werden. Da die USA jedoch gleichzeitig der Umsiedlung der deutschen Bevölkerung aus den „früher deutschen Gebieten“ zustimmten, wurden auch hier faktische Verhältnisse geschaffen. Mit der Teilung Deutschlands in ein westliches und ein östliches Reparationsgebiet wurde im Prinzip die Teilung Deutschlands beschlossen, was auf britischer Seite auch deutlich erkannt wurde.

Terminologische und inhaltliche Kompromisse bzw. ungenaue Formulierungen ermöglichten im Nachhinein eine oft konträre Interpretation wesentlicher Vereinbarungen. Daraus ergab sich eine in wesentlichen Punkten gegensätzliche Deutschlandpolitik.

Die Aufschiebung der territorialen Frage, die die Bildung eines künftigen deutschen Staates in der Schwebe ließ, sowie terminologische und inhaltliche Ungenauigkeiten bzw. Kompromisse ermöglichten später eine **unterschiedliche**, oft konträre **Interpretation des Abkommens** (offizieller Titel: „Bericht über die Drei-Mächte-Konferenz von Potsdam“). Damit waren die Voraussetzungen geschaffen für eine in ihren wesentlichen Punkten völlig gegensätzliche Deutschlandpolitik der Sieger. Im Einzelnen wurde Folgendes festgelegt:

Politische Bestimmungen:
- Der Rat der Außenminister (USA, GB, F, UdSSR und China) bereitet einen Friedensvertrag mit Deutschland vor und erarbeitet Lösungsvorschläge für territoriale Probleme.

Politische Bestimmungen

- Ein **Rat der Außenminister** (USA, Großbritannien, UdSSR, China, Frankreich) hat zwei wesentliche Aufgaben:
  1. Vorbereitung der Friedensverträge im Allgemeinen und Vorbereitung des Friedensvertrags mit Deutschland im Besonderen;
  2. Unterbreitung von Vorschlägen für alle ungelösten territorialen Fragen, die sich aus dem Krieg ergeben haben.

- Der **Alliierte Kontrollrat** mit Sitz in Berlin (und in Wien) übt die „oberste Gewalt" im besetzten Deutschland (und im besetzten Österreich) aus. Er setzt sich aus den Oberbefehlshabern der vier Besatzungszonen zusammen und erlässt Gesetze (Kontrollratsgesetze), Proklamationen, Direktiven, Befehle und Instruktionen für ganz Deutschland. Problematisch war die Bestimmung, dass der Kontrollrat zwar einstimmig entscheiden musste, dass aber jeder Oberbefehlshaber derartige Beschlüsse in seiner Zone nach eigenem Ermessen ausführen konnte:
- gleiche Behandlung der deutschen Bevölkerung, „soweit praktisch durchführbar";
- völlige Abrüstung und Demilitarisierung;
- Denazifizierung;
- Umgestaltung des gesellschaftspolitischen Lebens auf demokratischer Grundlage;
- Dezentralisierung der Verwaltung;
- Reorganisation eines demokratischen Gerichts- und Erziehungswesens;
- Bestrafung aller Kriegsverbrecher;
- Zulassung demokratischer Parteien und freier Gewerkschaften sowie
- Gewährung der Grundrechte unter Berücksichtigung der militärischen Sicherheit.

Wirtschaftliche Bestimmungen

- Vernichtung des deutschen Kriegspotenzials
- Verbot und Demontage der Rüstungsindustrie
- Dezentralisierung der deutschen Wirtschaft in kürzester Zeit
- Betonung der Landwirtschaft und der Konsumgüterindustrie bei der Neuorganisation Deutschlands
- Während der Besatzungszeit ist Deutschland als wirtschaftliche Einheit zu betrachten.

Reparationen

Deutschland sollte „in größtmöglichem Ausmaß" für die von ihm verursachten Verluste einstehen. Stalin hatte bis zuletzt **Reparationen** aus ganz Deutschland und damit aus dem industriell hoch entwickelten Westdeutschland gefordert. Damit konnte er sich nicht durchsetzen. Per Kompromiss wurde schließlich festgelegt: Reparationen werden **aus der jeweiligen Besatzungszone** entnommen und nicht aus ganz Deutschland; zusätzlich erhält die UdSSR 10 % der westdeutschen Reparationen. Diese wurden im Mai 1946 aufgrund des Ost-West-Konfliktes beendet.

- Der Alliierte Kontrollrat (Oberbefehlshaber der vier Zonen, Sitz in Berlin) übt die „oberste Gewalt in Deutschland" aus. Beschlüsse müssen einstimmig getroffen werden, binden die Oberbefehlshaber jedoch nicht. Bestimmungen:
- gleiche Behandlung der Deutschen
- Demilitarisierung und Abrüstung
- Denazifizierung
- Umgestaltung des gesellschaftspolitischen Lebens auf demokratischer Grundlage
- Dezentralisierung der Verwaltung
- Reorganisation eines demokratischen Gerichts- und Erziehungswesens
- Bestrafung der Kriegsverbrecher
- Zulassung demokratischer Parteien und Gewerkschaften
- Gewährung eingeschränkter Grundrechte

Wirtschaftliche Bestimmungen:
- Vernichtung des deutschen Kriegspotenzials
- Verbot und Demontage der Rüstungsindustrie
- Dezentralisierung der Wirtschaft und Betonung der Agrarwirtschaft
- wirtschaftliche Einheit Deutschlands während der Besatzungszeit

Reparationen:
- Sie werden aus der jeweiligen Zone entnommen.
- Die UdSSR erhält zusätzlich 10 % der westdeutschen Reparationen.

Territoriale Bestimmungen

Territoriale Bestimmungen:
- Das nördliche Ostpreußen um Königsberg geht an die UdSSR; endgültige Regelung durch einen Friedensvertrag.
- Festlegung der provisorischen polnischen Westgrenze (Oder-Neiße-Grenze). Die „früher deutschen Gebiete“ östlich dieser Grenze kommen bis zu einer Regelung durch einen Friedensvertrag unter polnische Verwaltung (provisorischer Charakter).
- Die Umsiedlung der deutschen Bevölkerung aus Polen, der CSR und Ungarn soll in „geordneter und humaner Weise“ erfolgen.

Drei wesentliche territoriale Beschlüsse wurden getroffen:

- Das **nördliche Ostpreußen** um Königsberg fällt **an** die **UdSSR**, „vorbehaltlich der endgültigen Bestimmung der territorialen Fragen bei der Friedensregelung.“
- **Festlegung der vorläufigen polnischen Westgrenze**, die von der Ostsee unmittelbar westlich von Swinemünde an der Oder und der westlichen (=Görlitzer) Neiße entlang bis zur tschechischen Grenze verlaufen sollte. Auch hier setzte sich Stalin durch, denn die Westmächte hatten ursprünglich als Grenze die Oder und die östliche (=Glatzer) Neiße als Grenzlinie gefordert. Dieser Verlauf hätte den Verbleib von Stettin, Swinemünde und des Gebietes um Breslau bei Deutschland bedeutet. Die „früher deutschen Gebiete“ östlich der Oder und der Görlitzer Neiße sollten bis zur endgültigen Regelung durch einen Friedensvertrag unter polnische Verwaltung gestellt (=provisorischer Charakter) und nicht als Teil der sowjetischen Besatzungszone betrachtet werden. Damit sanktionierten die Westmächte, dass Stalin trotz klarer Absprachen bereits vor der Konferenz die deutschen Gebiete östlich von Oder und Neiße aus der SBZ herausgelöst und an Polen als Kompensation für das im September 1939 von der UdSSR besetzte Ostpolen gegeben hatte. Die Oder-Neiße-Linie bildete nun trotz ihres provisorischen Charakters de facto die Westgrenze Polens.
- Ferner wurde vereinbart, dass die **Umsiedlung deutscher Bevölkerung** aus Polen, der Tschechoslowakei und Ungarn nach Deutschland in **„geordneter und humaner Weise“** erfolgen sollte.

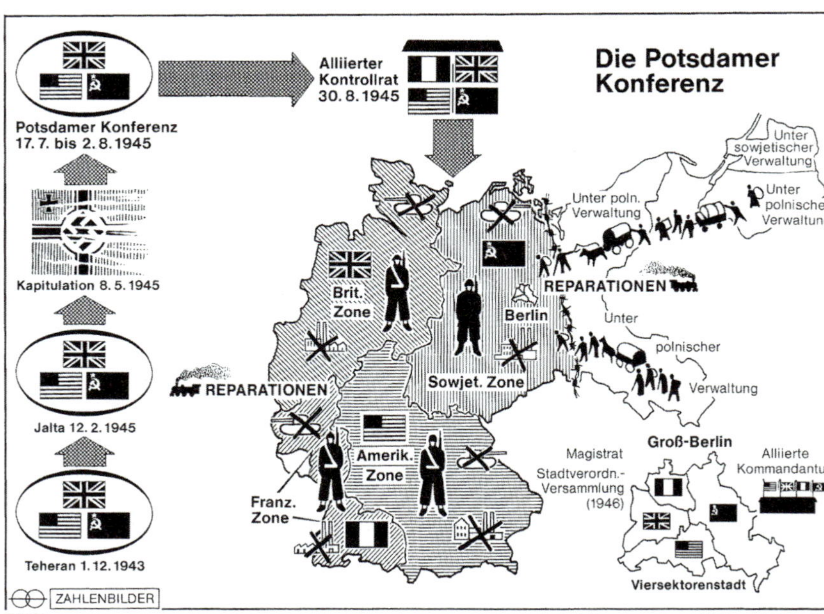

© Bergmoser + Höller Verlag AG

Bestimmungen, die die Entwicklung Deutschlands langfristig beeinflussten

- Die **gemeinsame Verwaltung** Deutschlands durch den Rat der Außenminister bzw. den Alliierten Kontrollrat **scheiterte** an der geforderten Einstimmigkeit der Beschlüsse. Eine koordinierte, gemeinsame Besatzungs- bzw. Deutschlandpolitik war aufgrund des entstehenden Ost-West-Konfliktes (→ S. 64) von Anfang an nicht möglich.
- Die **wirtschaftliche Einheit Deutschlands** wurde unmittelbar nach der Konferenz **aufgegeben**, da bezüglich der Entnahme der Reparationen keine Einigung erzielt werden konnte. Deshalb ging auch die wirtschaftliche Entwicklung Deutschlands, die ein Bindeglied hätte sein können, unterschiedliche Wege (freie Marktwirtschaft bzw. sozialistische Planwirtschaft → S. 76 bzw. 84).
- **Konträre Vorstellungen von „Demokratie"** verhinderten den gemeinsamen Aufbau des gesellschaftspolitischen Lebens auf demokratischer Grundlage und **führten** 1949 **zur** Entstehung der westlich-demokratischen Bundesrepublik Deutschland (**BRD**) **und** der volksdemokratischen Deutschen Demokratischen Republik (**DDR** → S. 75 bzw. 83).
- **Territoriale** (provisorische) **Bestimmungen** wurden von der UdSSR bzw. dem Ostblock bald als rechtsverbindlich und definitiv angesehen. Damit blieb die Oder-Neiße-Grenze bis 1990 ein **Kernproblem der Deutschlandpolitik** bzw. der europäischen Politik (→ S. 178).

Langfristig wirkende deutschlandpolitische Bestimmungen:
- Die gemeinsame Verwaltung Deutschlands scheitert aufgrund des Ost-West-Konflikts.
- Die wirtschaftliche Einheit wird wegen Reparationsstreitigkeiten nicht realisiert.
- Konträre Vorstellungen von Demokratie führen 1949 zur Entstehung der (westlich) demokratischen BRD und der (sozialistischen) Volksdemokratie DDR.
- Provisorische territoriale Bestimmungen sieht die UdSSR als definitiv an. Damit bleibt die Oder-Neiße-Grenze ein deutsches und europäisches Kernproblem bis 1990.

Die Beurteilung des Abkommens

Juristisch gesehen war das Abkommen nur ein Protokoll der Konferenzbeschlüsse und band lediglich die sie unterzeichnenden Regierungen. Es setzte zwar den Schlusspunkt unter den Zweiten Weltkrieg, schuf jedoch keine Grundlagen für einen dauerhaften Frieden. Das Potsdamer Abkommen wurde innerhalb der Siegerkoalition, aber auch in Ost und West und insbesondere in den beiden deutschen Staaten **sehr unterschiedlich bewertet**. Während offizielle Kommentare der drei Siegermächte die „Erhaltung der Einheit der Alliierten" als wichtigstes Ergebnis betonten, kritisierten westliche Experten die Kurzsichtigkeit bzw. Konzessionsbereitschaft der Westmächte und betonten die negativen Langzeitfolgen. Für die **Bundesrepublik und** den **Westen** hatte das Abkommen keinerlei legitimatorische Bedeutung, da es kein Vertrag, sondern lediglich eine Absprache zwischen den alliierten Regierungen für eine Übergangszeit war. Es schuf deshalb nach westlichem Verständnis **keinerlei normative staatliche Grundlagen**. Diese wurden ausschließlich in der freiheitlich-demokratischen Grundordnung (fdGO) gesehen. Die **DDR und der Ostblock** bewerteten dagegen das Abkommen als rechtsverbindlich und als **einzig**

Die Beurteilung des Abkommens:
Westliche Experten betonten, dass zu viele Zugeständnisse gegenüber der UdSSR gemacht wurden, um die „Einheit der Alliierten" zu erhalten. Außerdem betonten sie die sich daraus ergebenden negativen Langzeitfolgen.

Nach Ansicht des Westens und der Bundesrepublik schuf das Abkommen keine wesentlichen, rechtsverbindlichen staatlichen Grundlagen. Der Ostblock und die DDR hingegen bewerteten es als verbindliche rechtliche Grundlage für die Entstehung eines „wahrhaft“ demokratischen deutschen Staates.

rechtliche Basis für die Entstehung eines „wahrhaft“ demokratischen deutschen Staates. Durch die gesamte Innen- und Deutschlandpolitik der DDR zieht sich die immer wieder erhobene Forderung: „Zurück zu Potsdam!“ So erklärte Walter Ulbricht, Generalsekretär der SED (→ S. 123), 1959: „Der erste deutsche Arbeiter- und Bauernstaat ist der rechtmäßige deutsche Staat, weil in ihm die Grundsätze der Anti-Hitler-Koalition verwirklicht ... worden sind, ... weil er die Ziele ... für die die Staaten der Anti-Hitler-Koalition gekämpft haben, zum Staatsgesetz erhoben hat.“[5]

Die Entnazifizierung

Grundlagen

Die Entnazifizierung
- Hauptziel: Entfernung von Nationalsozialisten aus dem öffentlichen Leben und deren Bestrafung
- Maßnahmen: Verhaftung, Internierung, Überprüfung von Ämtern und Einzelpersonen, geistige Umerziehung (Re-education), Errichtung einer pluralistischen Gesellschaft

Die Problematik: Zu Potsdam beschlossen die Alliierten zwar allgemeine Grundsätze der Entnazifizierung, einigten sich aber nicht auf konkrete Ziele und Verfahrensweisen.

Die Entnazifizierungspraxis hing deshalb von den unterschiedlichen Zielen der jeweiligen Besatzungsmacht ab.

Im Potsdamer Abkommen hatten die Alliierten zwar allgemeine Grundsätze der Entnazifizierung, jedoch keine gemeinsamen Ziele und Verfahrensweisen vereinbart. Ihr Hauptziel, die Entfernung von Nationalsozialisten aus dem öffentlichen Leben und deren Bestrafung, wollten die Siegermächte mit Hilfe folgender **Entnazifizierungsmaßnahmen** erreichen: Verhaftung, Einweisung in Internierungslager, Überprüfung von Ämtern, Behörden und Einzelpersonen, Einleitung einer geistigen Umerziehung (Re-education) sowie Errichtung und Sicherung einer pluralistischen Gesellschaft.

In den vier Zonen gab es **kein einheitliches Vorgehen**. In der amerikanischen Zone bedeutete Entnazifizierung, dass sich alle Deutschen über 18 Jahren, die sich im Dritten Reich für den Nationalsozialismus „mehr als nominell“ engagiert hatten, bzw. alle, die nach 1945 ein höheres Amt oder eine sonstige höhere Position innehatten oder anstrebten, aufgrund von ausführlichen Fragebögen und Entnazifizierungsprozessen vor einer amerikanischen Spruchkammer (deutsches Laiengericht mit amerikanischem Vorsitzenden) verantworten mussten. Von der Einstufung in eine der fünf Kategorien (Hauptschuldige, Belastete, d. h. aktive Nationalsozialisten, Minderbelastete, Mitläufer, Entlastete) hing die Freisprechung bzw. Bestrafung ab. Diese reichte von der Aberkennung des Wahlrechts über Geldbußen, Berufsverbot, Amtsverlust, Vermögenseinziehung, bis zu zehn Jahren Gefängnis oder Arbeitslager. Erst im Januar 1946 erklärte der Alliierte Kontrollrat die amerikanischen Entnazifizierungskategorien für verbindlich. Die **sehr unterschiedliche Durchführung der Entnazifizierung** in den vier Zonen machte rasch deutlich, dass die Besatzungsmächte mit ihr unterschiedliche Ziele anstrebten.

Die Entnazifizierung in den Westzonen

Die **Amerikaner** betrieben in den unmittelbaren Nachkriegsmonaten die Entnazifizierung sehr **bürokratisch**, **streng** und **mit** großem **missionarischen Eifer**. Aufgrund der großen Probleme (Zahl der zu Entnazifizierenden, schwierige Klassifizierung etc.) gaben die Amerikaner die Entnazifizierung bereits 1946 an deutsche Spruchkammern ab.

Die USA betrieben die Entnazifizierung bürokratisch, streng und missionarisch.

Die **britischen Besatzungsbehörden** waren aufgrund der eigenen Probleme (Kriegsbelastungen, Entkolonialisierung) nicht an einer intensiven Entnazifizierung interessiert. Für sie stand der schnelle Aufbau deutscher Verwaltungen im Vordergrund. Sie beschäftigten zahlreiche ehemalige Beamte des Deutschen Reiches, ordneten die Entnazifizierung dem raschen Aufbau einer effektiven deutschen Verwaltungsbehörde unter und gingen **pragmatischer** vor. **Entnazifizierung bedeutete** deshalb in ihrer Zone in erster Linie die rasche **Auswechslung von Eliten**.

Die britische Besatzungsmacht ordnete die Entnazifizierung dem raschen Aufbau einer deutschen Verwaltung unter. Entnazifizierung bedeutete hier die rasche Auswechslung von (bisherigen) Eliten.

Frankreich sah die Wirtschaftsunternehmer als wichtigste Wegbereiter und Stützen der Nationalsozialisten an. Deshalb wurden in erster Linie die **Wirtschaftseliten überprüft**. Dies geschah von Anfang an durch deutsche Entnazifizierungsgremien, die aus Gegnern und Verfolgten des NS-Regimes bestanden und von der Besatzungsmacht eingesetzt wurden. In der französischen Zone bestimmte in erster Linie die politische Zweckmäßigkeit die Entnazifizierung.

In der französischen Zone wurden vor allem die Wirtschaftseliten von deutschen Gremien überprüft, deren Zusammensetzung die Besatzungsmacht genehmigte.

In den **Westzonen** verlief die **Entnazifizierung in drei Phasen**. Die **erste** (Juli 1945 – Frühjahr 1946) war geprägt von Massenverhaftungen und Entnazifizierungsausschüssen (Spruchkammern) unter Verantwortung der jeweiligen Besatzungsmacht. Die Spruchkammern führten die Untersuchungen mit teilweise subjektiven und zweifelhaften Mitteln. Im März 1946 übertrugen die USA die Entnazifizierung in ihrer Zone deutschen Stellen.

Auch die **zweite** Phase (1946–1949) brachte keine besseren Ergebnisse. Die Klassifizierung und die angewandten Kriterien wurden oft als willkürlich empfunden und hatten keine ausreichende Trennschärfe. Schriftliche Entlastungszeugnisse von Geistlichen, politisch oder rassisch Verfolgten, von Vorgesetzten, Untergebenen oder Geschäftsfreunden, so genannte „Persilscheine", waren (vor allem gegen Naturalien) leicht zu erhalten. Allein in Bayern wurden für Spruchkammern ca. 2,5 Mio. „Persilscheine" ausgestellt. Problematisch war, dass aufgrund der hohen Zahl von Verfahren erst die leichteren Fälle entschieden wurden, sodass bei Einstellung der Entnazifizierung (1948) die schweren noch nicht entschieden worden waren. Von den ca. 3,6 Mio. Entnazifizierten der amerikanischen Zone wurden ca. 10 % verurteilt, jedoch nur knapp ein Prozent tatsächlich bestraft. Zudem mussten oft Kompromisse geschlossen werden, wenn z. B. Belastete als Spezialisten beim Neuaufbau der Wirtschaft, der Verwaltung etc. gebraucht wurden. All dies führte in der Bevölkerung zu harter Kritik („Die Kleinen hängt man, die Großen lässt man laufen.") und stieß auch bei erklärten Gegnern des Nationalsozialismus auf Ablehnung. Als die Entnazifizierung

Die **Entnazifizierung verlief in den Westzonen** in drei Phasen:
1. Phase (Juli 1945 – Frühjahr 1946): Massenverhaftungen, Bildung und Tätigkeit von Entnazifizierungskammern. Im März 1946 übertrugen die USA die Entnazifizierung in ihrer Zone deutschen Stellen.
2. Phase (1946–1949): Der unbefriedigende und von den Deutschen hart kritisierte Verlauf der Entnazifizierung veranlasste die Westmächte, die Entnazifizierung 1948 einzustellen.

3. Phase (1949–1954): Die Entnazifizierung wurde von Behörden der Bundesrepublik großzügig durchgeführt und 1954 beendet.

Bewertung: Die Entnazifizierung hatte aufgrund ihres ineffizienten und oft ungerechten Verlaufs viel Verbitterung bei den „kleinen Leuten" ausgelöst. Deshalb hatte sie die Auseinandersetzung mit dem Nationalsozialismus mehr verhindert als gefördert.

offensichtlich immer mehr zu einem undifferenzierten, ineffizienten und in vielen Fällen ungerechten Prozess personaler Säuberung verkam, beendeten sie die Westmächte 1948, zumal der Ost-West-Konflikt bzw. der Kalte Krieg zahlreiche neue, gravierende Probleme mit sich brachte.

In der **dritten Phase** (1949–1953) wurde die Entnazifizierung auf die öffentlichen Organe der Bundesrepublik übertragen. Die restlichen Fälle wurden nun von den deutschen Behörden rasch abgewickelt und eine großzügigere Handhabung ermöglichte in der Verwaltung, der Justiz, der Wirtschaft und in den freien Berufen die Rückkehr zahlreicher ehemaliger Nationalsozialisten in Amt und Würden. Am 15.12.1950 verabschiedete der Bundestag Empfehlungen an die Bundesländer für die einheitliche Beendigung des Entnazifizierungsverfahrens. Bis Ende 1954 stellten die Länder daraufhin die Entznazifizierung ein.

Als **Fazit** lässt sich feststellen, dass die Entnazifizierung eine wirkliche Auseinandersetzung mit dem Nationalsozialismus eher verhindert als gefördert hat. Sie hat stattdessen vor allem bei den „kleinen Leuten" eine Welle der Verbitterung ausgelöst und insgesamt die Bereitschaft minimiert, sich kritisch mit der Vergangenheit auseinander zu setzen.

Die Entnazifizierung in der SBZ

Die Entnazifizierung in der SBZ
Die UdSSR missbrauchte unter dem Deckmantel der „antifaschistisch-demokratischen Umwälzung" die Entnazifizierung zur Ausschaltung potenzieller oder tatsächlicher Gegner des Sozialismus. Sie wurde dadurch zum entscheidenden Mittel der Etablierung des Sozialismus in der SBZ („strukturelle Entnazifizierung").

Offiziell wurde die Entnazifizierung in der SBZ im Februar 1948 beendet. Aufgrund der von der SMAD verordneten Antifaschismus-Doktrin fand keine Auseinandersetzung mit dem Nationalsozialismus statt.

Die UdSSR benutzte die Entnazifizierung unter dem Motto der „antifaschistisch-demokratischen Umwälzung" in erster Linie zur Schaffung des Sozialismus und zur Ausschaltung potenzieller oder tatsächlicher Gegner. Entnazifizierung wurde als verdecktes **Mittel der gesellschaftspolitischen Umstrukturierung** angewandt („strukturelle Entnazifizierung"). Der „Befehl Nr. 2" der Sowjetischen Militäradministration (SMAD → S. 47), der obersten sowjetischen Verwaltungsbehörde in der SBZ bis 1949, vom 10.6.1945, erlaubte z.B. „die Schaffung und Tätigkeit aller antifaschistischen Parteien, die sich die endgültige Ausrottung der Reste des Faschismus und die Festigung der demokratischen Grundlagen und bürgerlichen Freiheiten in Deutschland zum Ziel setzen und in dieser Richtung die freie Betätigung der breiten Massen der Bevölkerung fördern."[6]

Die **UdSSR** führte in ihrer Zone eine **schnelle und radikale Entnazifizierung** durch, die allerdings nicht die ganze Bevölkerung, sondern vorwiegend ehemalige Nationalsozialisten und politische Gegner betraf. Nicht nur Nationalsozialisten, sondern viele Gegner der Kommunisten wurden interniert (insgesamt mehr als 150 000) oder in die UdSSR deportiert. Fast die Hälfte dieser Menschen starb an den furchtbaren Haftbedingungen. Als Mitläufer Eingestufte wurden von Sühnemaßnahmen befreit, wenn sie sich öffentlich zur Politik der Besatzungsmacht und der von ihr gestützten KPD bzw. ab April 1946 zu der Sozialistischen Einheitspartei (SED) bekannten. Um diese Gruppe politisch zu integrieren, wurde im März 1948 sogar die National-Demokratische Partei Deutschlands (NDPD) mit Billigung der Besatzungsmacht gegründet.

Am 26. 2. 1948 beendete die Sowjetische Militäradministration (SMAD) die Entnazifizierung. Eine Auseinandersetzung mit dem Dritten Reich fand in der SBZ aufgrund der offiziellen Antifaschismus-Doktrin ebenso wenig statt wie in den Westzonen.

Der Nürnberger Kriegsverbrecherprozess

(Nov. 1945 – Okt. 1946)

In dem Ziel, die Schuldigen am Krieg und an den während des Kriegs begangenen Verbrechen zu bestrafen, waren sich die Siegermächte einig. Im Vorgehen, in der Härte und Konsequenz der Bestrafung gab es allerdings unter ihnen und in den vier Zonen deutliche Unterschiede.

Vom **November 1945 bis Oktober 1946** wurde in **Nürnberg**, der Stadt der Reichsparteitage, von einem alliierten Gericht, dem „Internationalen Militärgerichtshof", der **Prozess** gegen 24 „Hauptkriegsverbrecher" geführt, da die Sieger die Ahndung von Verbrechen nicht mehr – wie 1918 – den Besiegten überlassen wollten. Der „Internationale Militärgerichtshof", bestehend aus Richtern der Siegermächte, klagte kollektiv die NS-Organisationen Nationalsozialistische Deutsche Arbeiterpartei (NSDAP), Geheime Staatspolizei (Gestapo), Sicherheitsdienst (SD), Sturmabteilung (SA), Schutzstaffel (SS), die Reichsregierung, den Generalstab und das Oberkommando der Wehrmacht (OKW) an sowie weitere 177 Personen. Unter den Hauptangeklagten befanden sich führende Nationalsozialisten (Göring, Heß, Ribbentrop, Frick, Seyß-Inquart, Sauckel, Julius Streicher, von Schirach), Militärs (Keitel, Jodl, Dönitz), Unternehmer aus der Rüstungsindustrie (z. B. Krupp von Bohlen und Halbach), Speer sowie der Finanzexperte Schacht.

Der „Internationale Militärgerichtshof" klagte 24 Hauptangeklagte und die NS-Organisationen NSDAP, Gestapo, SD (Sicherheitsdienst der SS), SA, SS, die Reichsregierung, den Generalstab, das Oberkommando der Wehrmacht und 177 Personen (NSDAP-Funktionäre, Militärs, Unternehmer und Fachleute) an.

Der **Prozess** wurde mit großer Sorgfalt geführt, war jedoch aus mehreren Gründen **problematisch**:

- Hauptanklagepunkte waren Kriegsverbrechen, Verbrechen gegen die Menschlichkeit (Völkermord), Verschwörung und Verbrechen gegen den Frieden, d. h. Vorbereitung eines Angriffskriegs bzw. dessen Durchführung. Für diese Anklagepunkte existierte bisher keine gesetzliche Grundlage, sodass die Sieger gegen den elementaren Rechtsgrundsatz „nulla poena sine lege" (Keine Bestrafung ohne rechtliche Grundlage) verstießen.
- Die Sieger saßen über die Besiegten zu Gericht, Ankläger und Richter aus neutralen Staaten gab es nicht. Der Philosoph Karl Jaspers stellte deshalb zu Recht fest: „Im Gericht saß das bolschewistische Russland, als Staat totaler Herrschaft nichts anderes als der nationalsozialistische Staat. Es war also ein Richter beteiligt, der das Recht, auf dem das Gericht begründet werden soll-

Der Prozess wurde mit großer Sorgfalt geführt, war aber dennoch aus mehreren Gründen problematisch:
- Für manche Hauptanklagepunkte, z. B. „Verschwörung gegen den Frieden", „Planung und Durchführung eines Angriffskriegs" und „Verbrechen gegen die Menschlichkeit" gab es keine rechtliche Grundlage.

Zu Gericht saßen Richter der Sieger, u. a. aus der stalinistischen UdSSR.
- Nur deutsche Kriegsverbrechen wurden behandelt, alliierte, besonders sowjetische, standen nicht zur Debatte.
- Die Bedeutung des Hitler-Stalin-Pakts bzw. die Rolle der UdSSR für den Kriegsausbruch wurden ausgeklammert.
- Die Anklage ganzer Organisationen gab es bisher nur in Diktaturen.

Dadurch erhielt der Prozess in manchen Phasen den Charakter eines Schauprozesses.

Von den 24 Hauptangeklagten wurden 12 zum Tode verurteilt und 10 hingerichtet, da Göring und Ley Selbstmord begingen.
Die NSDAP-Führung sowie Gestapo, SD und SS wurden als verbrecherische Organisationen verurteilt.

Bis 1949 klagten Gerichte der Besatzungsmächte weitere Kriegsverbrecher an und verurteilten sie. Auffallend ist, dass die UdSSR in ihrer Zone ca. neunmal so viele Kriegsverbrecher verurteilte wie die Westmächte zusammen. Nach 1949 übertrugen die Besatzungsmächte die Ahndung von NS-Verbrechen den deutschen Behörden.

te, faktisch gar nicht anerkannte. ... Nicht Recht wurde begründet, sondern das Misstrauen gegen das Recht gesteigert."[7]
- Nur deutsche Kriegsverbrechen wurden geahndet, alliierte, insbesondere sowjetische wurden nicht verhandelt.
- Die Bedeutung des Hitler-Stalin-Paktes für den Ausbruch des Zweiten Weltkriegs wurde auf Betreiben der UdSSR ausgeklammert.
- Nicht nur Personen, sondern ganze Organisationen wurden angeklagt, was bisher nur Diktaturen vorbehalten war.

Dies führte dazu, dass der Prozess in manchen Phasen den **Charakter eines ideologischen Schauprozesses** erhielt. Von den 24 Hauptangeklagten wurden zwölf zum Tode verurteilt und zehn hingerichtet, da Göring und Ley während des Prozesses Selbstmord begingen. Bormann war in Abwesenheit zum Tode verurteilt worden, Rudolf Heß erhielt lebenslänglich, andere NS-Funktionäre langjährige Gefängnisstrafen. Drei Hauptangeklagte (Schacht, von Papen und Fritzsche, ein hochrangiges Mitglied des Reichsministeriums für Volksaufklärung und Propaganda) wurden freigesprochen. Der Gerichtshof verurteilte ferner die NSDAP-Führung, die Gestapo, den SD (Sicherheitsdienst) und die SS als verbrecherische Organisationen. Nicht verurteilt wurden die SA, die Reichsregierung, der Generalstab und das Oberkommando der Wehrmacht.

In der **Folgezeit** übten bis 1949 Gerichte der einzelnen Besatzungsmächte die Ahndung von Kriegsverbrechen aus. In der SBZ geschah dies oft auf administrativem Weg ohne Gerichtsverfahren. Die Besatzungsmächte klagten nationalsozialistische Funktionäre, Direktoren oder Inhaber von Rüstungsbetrieben, Diplomaten, SS-Ärzte, SS-Lagerleiter, Leiter von SS-Einsatzgruppen und KZ-Aufseher an. Die Westmächte verurteilten bis 1949 5025 Angeklagte, verhängten in 806 Fällen die Todesstrafe und vollstreckten sie in 481 Fällen. Die Gesamtzahl der in der SBZ Verurteilten wird auf ca. 45 000 geschätzt, die Zahl der Todesstrafen ist unbekannt.

In der Folgezeit übertrugen die Besatzungsmächte die Verfolgung nationalsozialistischer Verbrechen nach und nach deutschen Behörden. Von Gerichten der Bundesrepublik bzw. der DDR wurden zwischen 1955 und 1965 12 870 bzw. 11 115 Personen verurteilt. Berücksichtigt man das Bevölkerungsverhältnis zwischen BRD und DDR (ca. 3 : 1), dann machen diese Zahlen deutlich, dass auch Kriegsverbrecherprozesse in der DDR ein Mittel der gesellschaftspolitischen Umstrukturierung waren. Die letzten Kriegsverbrecherprozesse zogen sich bis zum Beginn des 21. Jahrhunderts hin.

Der politische Neuaufbau der SBZ

Parteienbildung und erste Wahlen

Schon wenige Wochen nach der Kapitulation ging die Sowjetische Militäradministration (SMAD) zielgerichtet an den Aufbau eines in ihrem Sinne ausgerichteten Parteiensystems.

- **10. 6. 1945**: Der „Befehl Nr. 2" der SMAD erlaubte die „**Bildung** und Tätigkeit **antifaschistisch-demokratischer Parteien**" auf zonaler Ebene. Sie unterstanden der Kontrolle der Besatzungsmacht und ihre Tätigkeit hatte entsprechend den von ihr gegebenen Instruktionen vor sich zu gehen. Die Billigung der Programme und der Mitglieder war obligatorisch. Erstaunlich war, dass als weitere Ziele ausdrücklich „die Festigung der Grundlage der Demokratie und der bürgerlichen Freiheiten in Deutschland" genannt wurden. Damit wollte die UdSSR deutlich machen, dass weder in ihrer Zone noch in Deutschland die Etablierung kommunistischer Strukturen geplant war.
- **11. 6. 1945**: Als erste Partei wurde die **Kommunistische Partei Deutschlands** (KPD) unter der Führung von Wilhelm Pieck zugelassen, womit ihre Bedeutung als verlängerter Arm der SMAD dokumentiert wurde. Die KPD trat keineswegs für die sozialistische Umgestaltung und auch nicht für die Einführung des Sowjetsystems ein, da dieser Weg nicht den „gegenwärtigen Entwicklungsbedingungen in Deutschland" entspräche, sondern sie strebte die „Vollendung" der Revolution von 1848 an.
  Die KPD sollte eine Volkspartei sein und „alle Schichten des werktätigen Volkes" repräsentieren. Grundsätze ihres Parteiprogramms waren die parlamentarisch-demokratische Republik, geführt von einem „antifaschistisch-demokratischen Regime", alle demokratischen Rechte und Freiheiten für das deutsche Volk, die „völlig ungehinderte Entfaltung des freien Handels und der privaten Unternehmerinitiative", keine Übernahme des Sowjetsystems und als übergeordnetes Ziel die Einheit der Arbeiterklasse. Dieses Parteiprogramm entsprach der Taktik Stalins für Osteuropa und Deutschland, die sozialistische Umstrukturierung und die alleinige Führung der sozialistischen Partei zunächst zu verschleiern, demokratische Verhältnisse vorzugaukeln und den „friedlichen" Übergang zum Sozialismus zu propagieren. Diese Taktik ließ auch – solange der Bruch zwischen Ost- und Westdeutschland noch nicht endgültig war – die Möglichkeit einer gesamtdeutschen einheitlichen Entwicklung offen. Damit konnten die UdSSR bzw. die KPD ihre Strategie und Taktik flexibel der Realität anpassen.

Der **politische Neuaufbau der SBZ** verlief in folgenden Schritten:

1. Parteienbildung und erste Wahlen

10.6.1945:
Die SMAD erlaubt die Bildung und Tätigkeit „antifaschistisch-demokratischer" Parteien.

11.6.1945: Zulassung der Kommunistischen Partei Deutschlands (KPD) als erster Partei. Ihr übergeordnetes Ziel ist die Einheit der Arbeiterklasse. Die Übernahme des Sowjetsystems wird (offiziell) abgelehnt, um die sozialistische Umstrukturierung und die alleinige Führung der KPD zu verschleiern.

15.6.1945: Zulassung der Sozialdemokratischen Partei Deutschlands (SPD). Sie kämpfte gegen den Faschismus und für Freiheit, Demokratie und Sozialismus.

Juni/Juli 1945: Zulassung der Christlich-Demokratischen Union Deutschlands (CDU) und der Liberal-Demokratischen Partei Deutschlands (LDPD)

14.7.1945: Die SMAD verordnet den Zusammenschluss der Parteien zum „antifaschistisch-demokratischen Block". Er wird zum Hauptinstrument der Moskau-treuen KPD. Seine vorrangige Aufgabe ist die Sowjetisierung der SBZ auf unterer Ebene.

22.4.1946: Zwangsweiser Zusammenschluss der SPD mit der KPD zur Sozialistischen Einheitspartei Deutschlands (SED). Die von der KPD dominierte SED repräsentierte die Mehrheit der Bevölkerung der SBZ und begründete damit ihren Führungsanspruch.

- **15. 6. 1945**: Zulassung der **Sozialdemokratischen Partei Deutschlands** (SPD) unter der Führung von Otto Grotewohl. Sie wollte „den Kampf um die Neugestaltung auf dem Boden der organisatorischen Einheit der deutschen Arbeiterklasse" führen. Ihre „Losung" lautete: „Kampf gegen den Faschismus, für die Freiheit des Volkes, für Demokratie, für Sozialismus."
- **26. 6. 1945**: Die neu gegründete bürgerliche **Christlich-Demokratische Union Deutschlands** (CDU) betonte u. a. als Ziele „den wahrhaft demokratischen Staat", das „Recht als Grundlage des ganzen öffentlichen Lebens" und das Privateigentum.
- **5. 7. 1945**: Die **Liberal-Demokratische Partei Deutschlands** (LDPD) konstituierte sich. Ihr Ziel war es, die „Neugestaltung des deutschen Gemeinschaftslebens auf wahrhaft demokratischer Grundlage mit dem Ziele politischer, wirtschaftlicher, sozialer und kultureller Gerechtigkeit" mitzugestalten.
- **14. 7. 1945**: Auf Anordnung der SMAD entstand aus den vier Parteien der **„antifaschistisch-demokratische Block"**, der in allen Orten der SBZ gegründet wurde. Beschlüsse konnte er nur einstimmig fassen. Dies schloss Opposition gegen die KPD aus und machte den „Block" zu einem entscheidenden Instrument der Moskau-treuen KPD. Seine Hauptaufgabe bestand darin, in Haus-, Wohn- und Betriebsgemeinschaften organisiert, die Sowjetisierung auf unterer Ebene zu betreiben.
- **22. 4. 1946**: Aus mehreren Gründen änderte die KPD ihre bisherige Politik und forcierte die Bildung einer sozialistischen Einheitspartei. Die Hauptgründe waren, dass die KPD aufgrund ihres bedingungslosen Moskau-treuen Kurses bei den anderen Parteien und in der Bevölkerung zunehmend in die Isolierung geriet und dass ihr die Mitglieder- und Funktionärsbasis für die breite Übernahme von Positionen in Staat, Verwaltung, Wirtschaft, Bildung und anderen Ressorts fehlte. Gegen die Vereinigung der Arbeiterparteien wandte sich die SPD. In Westberlin sprachen sich im Rahmen einer Urabstimmung 82 % ihrer Mitglieder gegen die Einheitspartei aus. In Ostberlin wurde diese Abstimmung verboten und beide Parteien schlossen sich in der SBZ auf Druck der SMAD zur **Sozialistischen Einheitspartei Deutschlands** (SED) zusammen. Die Vereinigung der Arbeiterparteien brachte der SED, die die Arbeit der KPD in enger Zusammenarbeit mit der Besatzungsmacht fortsetzte, große Vorteile. Sie repräsentierte in Ostdeutschland die Mehrheit der Bevölkerung, war keine Kaderpartei mehr, sondern die mitgliederstärkste Massenpartei in Deutschland und leitete daraus einen Führungsanspruch im deutschen Parteiensystem ab. Parteipolitisch war entscheidend, dass die KPD, die in der SED klar den Ton angab, jetzt nicht nur über eine breite Basis und eine gute Parteistruktur verfügte, sondern die wichtigste Konkurrenz vereinnahmt und damit ausgeschaltet hatte. Ideologisch bedeutete die SED einen Kompromiss, da ihre Grundlage der Marxismus, nicht jedoch der

Leninismus war. Damit dokumentierte die Parteiführung, dass man nicht den sowjetischen, sondern einen „besonderen deutschen Weg zum Sozialismus“ verfolgte.

- **September 1946**: Bei den ersten Wahlen (**Kommunalwahlen**) erreichte die SED zwar insgesamt 53 %, konnte sich aber in zahlreichen Städten nicht gegen LDPD und CDU durchsetzen.
- **Oktober 1946**: Die **Kreis- und Landtagswahlen** brachten für die SED trotz ihrer Bevorzugung und der Benachteiligung der anderen Parteien durch die Besatzungsmacht ein enttäuschendes Ergebnis. Sie erreichte in keinem der fünf Länder die absolute Mehrheit. Noch aufschlussreicher war das Wahlergebnis in Groß-Berlin, wo sie u.a. auch gegen die SPD antreten musste. Die SED erreichte lediglich 19,8 %, die SPD 48,7 %. Besorgniserregend für die SED war, dass sie in den Landtagswahlen (im Vergleich zu den Kommunalwahlen) mit Ausnahme von Sachsen und Thüringen beträchtliche Stimmenverluste hinnehmen musste, während die bürgerlichen Parteien CDU und LDPD in allen Ländern starke Stimmengewinne errangen. Trotzdem besetzte die SED von 41 Ministerien in den fünf Ländern 22 und stellte in allen Ländern die Minister für Inneres (Polizei) und Volksbildung.

Sept. 1946:
Bei den ersten Kommunalwahlen erreicht die SED 53 %, kann sich aber in vielen Städten gegen LDPD und CDU nicht durchsetzen.

Okt. 1946:
Bei den Landtagswahlen erreicht die SED in keinem der 5 Länder der SBZ die absolute Mehrheit. An ihrer Dominanz ändern die Wahlergebnisse jedoch nichts.

Massenorganisationen

In den ersten Nachkriegsjahren entstanden erste Massenorganisationen, deren Funktion es war, im Sinne der KPD (bzw. ab 1946 der SED) alle sozialen Gruppen und Schichten der Bevölkerung zu organisieren, zu lenken und zu kontrollieren:

- 1945: Es entstanden der **Freie Deutsche Gewerkschaftsbund** (FDGB), die **Freie Deutsche Jugend** (FDJ), eine auf Anordnung der SMAD gegründete einheitliche Jugendorganisation und der **Deutsche Kulturbund** (DKB), der die kulturell tätige Intelligenz vereinte.
- 1946: **Vereinigung der gegenseitigen Bauernhilfe** (VdgB); Aufgaben: politisch-erzieherische, propagandistische und kulturelle Arbeit sowie Versorgung der nicht kollektivierten Bauern mit Produktions-, Konsumgütern und Krediten
- 1947: **Demokratischer Frauenbund Deutschlands** (DFD)
- 1949: **Gesellschaft für Deutsch-Sowjetische Freundschaft** (DSF)
- 1952: **Gesellschaft für Sport und Technik** (GST); sie organisierte die vormilitärische und wehrsportliche Erziehung und Ausbildung der Jugendlichen.

2. Die Bildung von Massenorganisationen
Funktion der Massenorganisationen war es, im Sinne der SED (und damit der Besatzungsmacht) die gesamte Bevölkerung zu lenken und zu kontrollieren.

1945 entstehen der Freie Deutsche Gewerkschaftsbund (FDGB) und der Deutsche Kulturbund (DKB), 1946 die Vereinigung der gegenseitigen Bauernhilfe (VdgB), 1947 der Demokratische Frauenbund Deutschlands (DFD), 1949 die Gesellschaft für Deutsch-Sowjetische Freundschaft (DSF) und 1952 die Gesellschaft für Sport und Technik (GST).

Verwaltungen und Polizei

3. Verwaltungen und Polizei
Juli 1945: Schaffung von Landesverwaltungen der Länder (Sachsen, Sachsen-Anhalt, Mecklenburg, Brandenburg, Thüringen) mit pseudodemokratischer Zusammensetzung und faktischer Macht der SPD

27.7.1945: Schaffung von deutschen Zentralverwaltungen mit 11 Ministerien für Verkehrswesen, Nachrichtenwesen, Brennstoffindustrie, Handel und Versorgung, Industrie, Landwirtschaft, Finanzen, Arbeit und Sozialfürsorge, Gesundheitswesen Justiz, Volksbildung

Die deutschen Zentralverwaltungen waren Hilfsorgane der SMAD.

Okt. 1945: Genehmigung der Deutschen Volkspolizei durch die SMAD. Sie umfasste alle Waffen tragenden Verbände der SBZ/DDR (Volks-, Bereitschafts- und Grenzpolizei) bis 1956.

Das staatlich-politische Leben begann aufgrund der zielgerichteten Deutschlandpolitik der UdSSR, verglichen mit der Entwicklung in den Westzonen, relativ früh. Dies wurde vor allem durch deutsche **Kadergruppen** ermöglicht, die in der UdSSR während des Kriegs auf ihre Aufgabe vorbereitet wurden. Sie rückten mit der Roten Armee vor und nahmen ihre Tätigkeit in Berlin (Walter Ulbricht), Sachsen (Anton Ackermann) und im Ostseegebiet (Gustav Sobottka) in den letzten Kriegstagen auf. Deshalb kam es bereits im **Juli 1945** zur Schaffung von **Landesverwaltungen** für die Länder Sachsen, Mecklenburg, Thüringen, Brandenburg und Sachsen-Anhalt. Deren Zusammensetzung wurde von den vier Parteien vorgeschlagen und von der Sowjetischen Militäradministration bestätigt. Der Strategie der Besatzungsmacht entsprechend stand an der Spitze der Verwaltungen, die im Oktober das Recht erhielten, Gesetze und Verordnungen mit Gesetzescharakter zu erlassen, ein Präsident, der nicht der KPD angehörte. Die Schlüsselfunktionen hatten jedoch linientreue KPD-Mitglieder inne. Diese Praxis der Besetzung von Ämtern und Funktionen wurde auf alle wichtigen Bereiche bzw. Funktionen angewandt. Die Schlüsselstellen (stellvertretender Bürgermeister, Dezernent für Personalfragen, Dezernent für Volksbildung, Polizeiführungskräfte) wurden mit linientreuen Genossen besetzt, die die Unterstützung der SMAD hatten. Ulbricht erläuterte im Mai 1945 vor Genossen den Sinn dieses Vorgehens: „Es ist doch ganz klar: es muss demokratisch aussehen, aber wir müssen alles in der Hand haben.“[8]

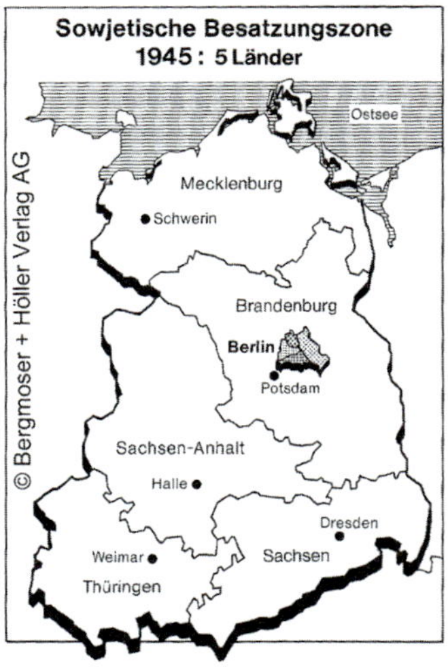

Sowjetische Besatzungszone 1945.
3 Länder, 2 Provinzen.

Der Befehl Nr. 17 vom **27. Juli 1945** erlaubte die **Schaffung von deutschen Zentralverwaltungen**, die als Hilfsorgane der SMAD arbeiten, aber auch Keimzellen einer zukünftigen gesamtdeutschen Zentralregierung sein sollten. Zentralverwaltungen wurden für 11 Bereiche eingerichtet, für Verkehrswesen, Nachrichtenwesen, Brennstoffindustrie, Handel und Versorgung, Industrie, Landwirtschaft, Finanzen, Arbeit und Sozialfürsorge, Gesundheitswesen, Justiz und Volksbildung.

Parallel zum Aufbau der Verwaltung lief die Schaffung und Bewaffnung der **Deutschen Volkspolizei**, die Ende Oktober 1945 von der SMAD genehmigt wurde. Sie bezeichnete bis 1956 (Einrichtung der Nationalen Volksarmee und des Ministeriums für Nationale Verteidigung) alle Waffen tragenden Verbände der SBZ/DDR, also die Kasernierte Volkspolizei, die Bereitschaftspolizei und die Deutsche Grenzpolizei.

Gesellschaftsverändernde Maßnahmen

Bodenreform: Sie wurde im Juni 1945 mit der Parole „**Junkerland in Bauernhand**“ propagandistisch vorbereitet. Drei Monate später begann ihre Durchführung. Mehr als 7000 Großgrundbesitzer, darunter alle mit mehr als 100 ha Land wurden entschädigungslos enteignet. Zwei Drittel des enteigneten Landes, insgesamt fast 3,3 Mio. ha gingen unter großem propagandistischen Aufwand an bisher landlose Bauern, an Vertriebene und landwirtschaftliche Hilfskräfte, ein Drittel behielt der Staat und machte daraus zunächst Volkseigene Güter (VEG) und seit 1952 Landwirtschaftliche Produktionsgenossenschaften (LPG). Die durchschnittliche Größe eines Bauernhofes betrug, je nach Bodenqualität und Nutzfläche, nur 5 bis 8 ha. Dies ermöglichte keine gesicherte Existenz und zwang immer mehr Bauern, ihren Hof in eine der staatlich geförderten Landwirtschaftlichen Produktionsgenossenschaften (LPG) einzubringen und dort als Angestellte zu arbeiten.

4. Gesellschaftsverändernde Maßnahmen
Juni 1945: **Bodenreform:** Enteignung von Großgrundbesitzern. Verteilung des Landes an den Staat (1/3) bzw. an bisher landlose Bauern, landwirtschaftliche Hilfskräfte und Vertriebene (2/3). Die geringe Größe eines derartigen Bauernhofes (5 – 8 ha) erzwang oft den Eintritt in eine staatlich geförderte Landwirtschaftliche Produktionsgenossenschaft (LPG).

Enteignung und Verstaatlichung: Sie begann im September 1945 mit der Unterstellung des gesamten sächsischen Kohlebergbaus unter die Landesverwaltung. Im Oktober ordnete die SMAD dort auch die Enteignung und Verstaatlichung des Eigentums des Deutschen Reichs und aller „aktiven Nazis und Kriegsverbrecher“ an. Ein gelenkter Volksentscheid bestätigte diese Maßnahmen nachträglich. Im Juli und August des folgenden Jahres wurden die gleichen Maßnahmen in den anderen Ländern bzw. Provinzen durchgeführt. Im Frühjahr 1948 befanden sich 45% der gesamten Industrie in Staatsbesitz. Sie wurde in Volkseigene Betriebe (VEB) und Handelsorganisationen (HO) umgewandelt. Weitere 25% der Industrie machte die Besatzungsmacht als Teil der Reparationszahlungen zu sowjetischen Aktiengesellschaften.

1945/46: **Enteignung und Verstaatlichung:** Im Sept. 1945 begann die Verstaatlichung des Kohlebergbaus und die Enteignung aller „aktiven Nazis und Kriegsverbrecher“. Aus dem enteigneten Industrie- und Handelsbesitz entstanden Volkseigene Betriebe (VEB) und Handelsorganisationen (HO).

25% der Industrie wandelte die Besatzungsmacht im Rahmen ihrer Reparationspolitik zu sowjetischen Aktiengesellschaften um.

Die Enteignung und Verstaatlichung schloss auch alle Banken ein, die durch Landes- und Provinzialbanken ersetzt wurden. Privatkonten wurden bis auf kleine Summen zunächst gesperrt. Diese Maßnahmen entzogen den bürgerlichen Schichten das Kapital und zwangen sie, das neue ökonomische System zu akzeptieren.

„Säuberung“ der Gesellschaft: Unmittelbar nach Kriegsende begannen umfangreiche Säuberungsaktionen, die zur „Erneuerung des geistig-kulturellen Lebens“ führen sollten. Hierbei wurde

Die **„Säuberung“ der Gesellschaft** begann unmittelbar nach Kriegsende. Mit Hilfe der Entnazifizierung wurden die politisch und gesellschaftlich wichtigen Bereiche mit linientreuen Sozialisten besetzt.

die Entnazifizierung (→ S. 44) bewusst als Mittel des „Klassenkampfes", der „Revolution von oben" eingesetzt, die die politischen und gesellschaftlichen Verhältnisse im marxistisch-leninistischen Sinne umfunktionieren sollte. Dieser Erneuerungsprozess, der bis zum Ende der Vierzigerjahre abgeschlossen war, umfasste alle Bereiche des gesellschaftspolitischen Lebens, betraf jedoch besonders die folgenden:

Der bis Ende der 40er-Jahre abgeschlossene Prozess erfasste alle Bereiche des gesellschaftspolitischen Lebens, besonders jedoch das Gerichts- und Schulwesen sowie die Kultur.

- Gerichtswesen: Ca. 80 % aller Richter und Justizbeamten wurden durch Linientreue ersetzt, die bewusst unkonkret formulierte Tatbestände wie „staatsfeindliche Hetze", „Beeinträchtigung staatlicher oder gesellschaftlicher Tätigkeit", „ungesetzliche Verbindungsaufnahme" etc. ausschließlich im Sinne der SED auslegten. Bei wichtigen politischen Prozessen wurde das Urteil ohnehin vom Politbüro festgelegt.
- Schulwesen: Die „demokratische Schulreform" beseitigte das gegliederte Schulsystem und ersetzte es durch die Einheitsschule, die straff organisiert, überwacht und mit Hilfe eines „demokratischen", d. h. antifaschistischen Lehrkörpers zur „Keimzelle des neuen Bewusstseins" werden sollte. Hierfür wurden ca. 78 % aller Lehrer entlassen. An ihre Stelle traten Arbeiter und Angestellte, die in Kurzlehrgängen vor allem ideologisch ausgebildet wurden.
- Die Gleichschaltung des kulturellen Lebens betraf Theater, Kinos, Rundfunk, Zeitungen, Fernsehen, Literatur, Kunst und Musik und machte den Marxismus-Leninismus als allein gültige Wissenschaft verpflichtend. Vor allem Presse und Rundfunk benutzte die SMAD bzw. die KPD/SED als politisch-ideologische Kampfmittel.

Der politische Neuaufbau der Westzonen

In den ersten drei Nachkriegsjahren gab es **keine einheitliche Deutschlandpolitik der Westmächte**. Zwar war man sich über die demokratischen Grundprinzipien des zu errichtenden Staates einig (Ausbau von unten nach oben, differenziertes Parteiensystem, vorstaatliche Grundrechte, gesellschaftlicher Pluralismus), doch waren die Wege zur Erreichung dieses Ziels und vor allem das Tempo ihrer Durchführung zu unterschiedlich. Bei den USA dominierte die Bestrafung des nationalsozialistischen Deutschlands und dessen Umerziehung, die britische Regierung verhielt sich aufgrund spezifisch britischer Probleme (Nachkriegsbelastungen, zerfallendes Weltreich) abwartend und Frankreichs rigorose Besatzungspolitik ergab sich aus seinem ausgeprägten Sicherheitsdenken gegenüber dem „Erbfeind". Zudem sah Frankreich die Beschlüsse von Potsdam als nicht verbindlich an, da es nicht zur dortigen Konferenz eingeladen worden war.

In den unmittelbaren Nachkriegsjahren gab es keine einheitliche Deutschlandpolitik der Westmächte. Deshalb verlief der Neuaufbau in den Westzonen sehr unterschiedlich.

Die amerikanische Zone

Drei Ziele prägten zunächst die amerikanische Besatzungspolitik: Die Bestrafung und Umerziehung Deutschlands, dessen Ausschaltung als gefährlicher Machtfaktor durch wirtschaftliche Schwächung und der politische Aufbau nach amerikanischem Vorbild. Dies bedeutete einen Bundesstaat mit starker Betonung des föderativen Elements durch Stärkung der Regierungsgewalt auf Länderebene. Als sich seit Mitte 1946 eine realistischere Einschätzung der UdSSR durchsetzte, wurde die Funktion Westdeutschlands als Prellbock gegen den Kommunismus vorrangig.

Die **politische Entwicklung** der amerikanischen Zone verlief, verglichen mit der britischen und vor allem der französischen, rasch, da die territorialen Vorkriegsverhältnisse weitestgehend erhalten wurden. Folgende Schritte des politischen Aufbaus veranlasste die Besatzungsmacht noch im Jahre 1945:

- Einsetzung des bayerischen Ministerpräsidenten Fritz Schäffer (Mitbegründer der CSU) als ersten Regierungschef auf Länderebene (28. 5.);
- Zulassung erster Parteien auf Kreisebene (27. 8.);
- Konstituierung der Länder Bayern, Württemberg-Baden und Hessen am 19. September; ihnen folgte Ende Januar 1947 das Land Bremen als Enklave (Einfuhrhafen für die US-Streitkräfte).
- Zusammenfassung der Ministerpräsidenten der drei Länder zu einem „Länderrat des amerikanischen Besatzungsgebiets" mit Sitz in Stuttgart (17. 10.). Seine Aufgabe war die Lösung aller Fragen, die über das Gebiet eines der beteiligten Länder hinausgingen.
- Gemeinde und Kreise erhalten Selbstverwaltungsrechte (15. 11. 1945)
- Gemeinderats- und Landtagswahlen (Ende Dez. 1945 bis Nov./Dez. 1946)

Die amerikanische Zone:
Die Besatzungsmacht hatte drei wesentliche Ziele: Bestrafung und Umerziehung, Ausschaltung Deutschlands als Machtfaktor und politischer Aufbau nach amerikanischem Vorbild.

Rascher Aufbau noch 1945 durch Einsetzung von Ministerpräsidenten, Zulassung von Parteien, Konstituierung der Länder Bayern, Württemberg-Baden und Hessen. Deren Ministerpräsidenten bildeten den „Länderrat des amerikanischen Besatzungsgebiets" mit Sitz in Stuttgart. Er sollte Lösungen finden für alle gesamtzonalen Fragen und Probleme.

Gemeinderats- und Landtagswahlen fanden zwischen Dez. 1945 und Dez. 1946 statt.

Im Sommer und Herbst 1946 wurden Länderverfassungen von der Besatzungsmacht in Kraft gesetzt.

- Im Sommer und Herbst 1946 werden Länderverfassungen durch verfassunggebende Versammlungen erarbeitet und von der Besatzungsmacht in Kraft gesetzt.

Die britische Zone

Die britische Zone: Ziele: Förderung der Industrie, Schaffung eines föderalistischen Staates mit starker Zentralgewalt und Schaffung von Ländern unter Berücksichtigung der historischen Entwicklung Nord- und Westdeutschlands.

Die Besatzungsmacht, die der Krieg wirtschaftlich an den Rand des Ruins getrieben hatte, wollte in ihrer Zone **drei Zielvorstellungen** verwirklichen: Förderung der deutschen Industrie im europäischen und vor allem im eigenen Interesse, Schaffung eines föderalistischen Staates mit einheitsstaatlicher (=unitarischer) Tendenz nach britischem Vorbild und Berücksichtigung der historischen Entwicklung bei der Schaffung von Ländern.

Langsamerer politischer Neuaufbau, da die Auflösung Preußens und die Schaffung neuer Länder wegen der unterschiedlichen wirtschaftlichen Struktur der Zone problematisch waren.

Die **politische Entwicklung** der britischen Zone verlief aus zwei Gründen deutlich langsamer: Zum einen wegen der sehr unterschiedlichen wirtschaftlichen Struktur der Zone, zum anderen wegen der beiden Problembereiche Preußen (Frage der territorialen Zerstückelung) und Ruhrgebiet (Integration in *ein* Bundesland?).

zunächst Aufbau lokaler Verwaltungsbereiche (local government)

- Zunächst wurden örtliche Verwaltungsbereiche errichtet (local government).

Februar 1946: Einsetzung des „Zonenbeirats", der bei dem Neuaufbau beratende Funktion hatte.

- Auf Anordnung der Militärregierung wurde am 15.2.1946 der Zonenbeirat (German Advisory Council) mit Sitz in Hamburg gebildet, der aus den Ministerpräsidenten der Länder bestand. Er hatte beim Aufbau der Länder und bei der Schaffung einer deutschen Verwaltung der Zone eine beratende Funktion.

Frühjahr 1946: Schaffung einer zentralen Verwaltung

- Schaffung einer zentralen Verwaltung und zentraler Zonenämter (vergleichbar mit Ministerien) unter deutscher Leitung, die als Hilfsorgane der Besatzungsmacht fungierten (Frühjahr 1946).

23.8.1946: Schaffung der Länder Nordrhein-Westfalen, Schleswig-Holstein, Hamburg und Niedersachsen

- Auflösung Preußens (innerhalb der britischen Zone) am 23.8.1946 durch die Bildung der Länder Nordrhein-Westfalen, Schleswig-Holstein, Hamburg und Hannover, das Anfang November 1946 mit Braunschweig, Oldenburg und Schaumburg-Lippe zum Land Niedersachsen zusammengeschlossen wurde. Damit verhinderte Großbritannien Ansprüche der UdSSR und Frankreichs Einfluss auf das Ruhrgebiet. Preußen wurde am 25.2.1947 durch den Alliierten Kontrollrat formal aufgelöst mit der Begründung, dass es seit jeher Träger des Militarismus und der Reaktion in Deutschland gewesen sei.

Die französische Zone

Die französische Besatzungsmacht hatte **vier Ziele**: Sie wollte den Gewinn der linksrheinischen deutschen Gebiete, die dauerhafte Schwächung Deutschlands durch Abtrennung der Wirtschaftszentren an Rhein, Ruhr und Saar, die Schaffung eines deutschen Staatenbundes mit völlig souveränen Gliedstaaten und begrenzten Befugnissen der Bundesorgane sowie die Ausnützung der Wirtschaftskraft des Saarlandes.
Aufgrund der spezifischen Deutschlandpolitik Frankreichs, die von drei Kriegen innerhalb von 70 Jahren bestimmt wurde, verlief die **politische Entwicklung** der französischen Zone schleppend und unterschied sich deutlich von der der beiden anderen westlichen Zonen:

- zentralistische Verwaltung der Zone ohne Mitwirkung überregionaler deutscher Stellen;
- Ausgliederung des Saarlandes aus der Zone und wirtschaftliche Angliederung an Frankreich durch einen Sonderstatus (Franc als Währung und Zollgrenzen zum übrigen Deutschland);
- langsame Bildung kleinerer Verwaltungseinheiten, die jedoch streng überwacht und kontrolliert wurden;
- Konstituierung des Landes Rheinland-Pfalz am 30. 8. 1946, das sich aus der bayerischen Pfalz und angrenzenden hessischen und preußischen Gebieten zusammensetzte;
- bis November 1947 Bildung weiterer Länder: Baden und Württemberg-Hohenzollern;
- langsame Entstehung von Länderregierungen, die beratende Funktion hatten;
- über den Länderregierungen existierten nur sehr schwache deutsche Zentralinstitutionen, die so genannten „Hilfsbüros“, die reine Verwaltungsdirektorien waren und ausschließlich von französischen Behörden besetzt wurden.

Die französische Zone:
Frankreich wollte Deutschland weitestgehend schwächen und den Rhein als Grenze gewinnen. Deshalb verlief der Neuaufbau schleppend. Deutsche Stellen waren am Neuaufbau zunächst nicht beteiligt.

Schaffung der Länder Rheinland-Pfalz (30.8.1946), Baden und Württemberg-Hohenzollern (bis Nov. 1947)

auch danach nur schwache Mitarbeit deutscher Institutionen

Das Saarland wurde aus der Zone aus- und wirtschaftlich an Frankreich angegliedert.

Die Herausbildung eines differenzierten Parteiensystems

Die Herausbildung eines differenzierten Parteiensystems: Auch hier verlief die Entwicklung in den Westzonen uneinheitlich und deutlich langsamer als in der SBZ.

In der amerikanischen Zone wurden Parteien auf Zonenebene im Februar 1946 erlaubt, in der britischen einen Monat später. In der französischen Zone wurden sie erst Ende 1946 erlaubt und streng reglementiert.

Die Parteien der Westzonen hatten drei wesentliche Ziele:
- die möglichst rasche Bildung demokratischer Parteien,
- die Verhinderung radikaler Parteien durch demokratische verfassungsrechtliche Grundlagen,
- politische, geistige und moralische Erneuerung.

Neben den traditionellen Parteien entstanden zahlreiche regionale, kriegsbedingte oder stark ideologische Parteien. Um die Zerrissenheit der Weimarer Parteienlandschaft zu vermeiden, schlossen sich Parteien der politischen Mitte zusammen. In allen Westzonen entstanden wieder bzw. neu die SPD, die CDU (in Bayern: CSU) und die FDP (Freiheitlich-Demokratische Partei Deutschlands).

Die forcierte Entwicklung eines Parteiensystems in der SBZ zwang die Westmächte schneller als geplant nachzuziehen. Als Erste erlaubten die USA Ende August 1945 die Bildung demokratischer Parteien zunächst auf Kreis-, im Februar 1946 auf Zonenebene. Im folgenden Monat ließ die britische Besatzungsmacht, die politische Aktivitäten noch vor den Amerikanern geduldet hatte, Parteien zu und förderte die rasche Einrichtung zonaler Parteizentren. Diese Maßnahme hatte zur Folge, dass die politischen Parteien in der britischen Zone relativ früh im großen Rahmen organisiert und geleitet wurden. Daraus ergab sich ihre führende Rolle in der Entstehungs- und Aufbauphase der Bundesrepublik. Im Vergleich zu der amerikanischen und britischen Zone verlief der Aufbau eines Parteiensystems in der französischen schleppend. Die Parteien wurden dort erst Ende 1946 zugelassen und streng reglementiert.
Alle größeren politischen Gruppierungen der Westzonen gingen von den gleichen Erfahrungen aus (Weimarer Republik und Drittes Reich) und hatten im Wesentlichen **drei** identische **Zielsetzungen**:
- die möglichst rasche Bildung von demokratischen Parteien, die auf die Besatzungsmächte bei der künftigen Gestaltung Deutschlands Einfluss nehmen konnten;
- die Verhinderung bzw. Abwehr einer Radikalisierung durch demokratische Parteien und durch die Etablierung ihrer staatlichen und verfassungsrechtlichen demokratischen Vorstellungen;
- das Streben nach völliger politischer, geistiger und moralischer Erneuerung.

In der parteipolitischen Anfangsphase entstanden zahlreiche traditionelle, regionale, stark ideologische oder kriegsbedingte Parteien. In den 50er-Jahren kam es zu ausgeprägten **Sammelbewegungen**. Sie hatten ihren Ursprung in der Erkenntnis, dass die Zersplitterung und die mangelnde Solidarität der Parteien, vor allem der staatstragenden Parteien, wesentlich zum Untergang der Weimarer Republik beigetragen hatten. Deshalb ging man davon aus, dass eine größere Stabilität durch Sammlungen in der politischen Mitte erfolgen müsse. Konsequenterweise schlossen sich Katholiken und Protestanten zu einer Partei zusammen (CDU), vereinigten sich gewerkschaftlich interessierte Gruppen mit der SPD und fanden sich Liberale mit dem Ziel zusammen, Aufspaltungen liberaler Parteien wie im 19. und beginnenden 20. Jahrhundert zu verhindern. Insgesamt wurde durch diese Entwicklung die Parteienlandschaft im Vergleich zu Weimar kleiner, aber stabiler.
Am Ende dieser Entwicklungsphase wiesen die Parteiensysteme in den Westzonen sehr ähnliche Strukturen auf. Gemeinsam war ihnen ein **fester Kern von vier Parteien** (KPD, SPD, CDU/CSU, FDP), die an gewachsene Strukturen der Weimarer Zeit anknüpfen und sich mit Ausnahme der auf Bayern beschränkten

CSU rasch in allen vier Zonen etablieren konnten. Hinzu kamen in der britischen und amerikanischen Zone kleinere regionale oder zweckgebundene Parteien, die jedoch spätestens in der dritten Legislaturperiode (1957 – 1961) in den großen Parteien aufgingen.

Parteigründungen

Als erste Partei wurde am 10. 6. 1945 für alle Zonen die Kommunistische Partei Deutschlands (**KPD**) zugelassen, deren übergeordnetes Ziel der Aufbau des Sozialismus war. 1957 wurde sie in der Bundesrepublik verboten und konstituierte sich 1968 als Deutsche Kommunistische Partei (DKP), erreichte jedoch als Werkzeug Ostberlins keinerlei Bedeutung.

Der erste Landesverband der Sozialdemokratischen Partei Deutschlands (**SPD**) entstand in der britischen Zone Anfang Mai unter der Führung Kurt Schumachers. Dieser lehnte den gesamtdeutschen Führungsanspruch der am 15. 6. 1945 in Berlin von der SMAD zugelassenen SPD wegen ihres Zusammengehens mit der KPD ab. Die West-SPD konstituierte sich Anfang Oktober 1945. Sie wandelte sich von der Klassenpartei zur Volkspartei durch Aufgabe der starren politischen Konzeption in weltanschaulichen Fragen und durch ein deutliches Absetzen von den Kommunisten bei gleichzeitiger Betonung des demokratischen Sozialismus. Dieser schloss eine sozialistische Wirtschaft und die Verstaatlichung wichtiger Produktionsbereiche ein. Im politischen Bereich strebte die SPD einen Einheitsstaat an sowie eine Westorientierung. Eine Westintegration lehnte sie strikt ab.

Die Parteienlandschaft der Westzonen in den 50er-Jahren:
- KPD: Zulassung (für ganz Deutschland) am 10. 6. 1945 in der SBZ
- SPD: Mai 1945, Führung durch Kurt Schumacher; Grundsätze: Wandlung von der Klassen- zur Volkspartei; Betonung des demokratischen Sozialismus inklusive Verstaatlichung wichtiger Produktionsbereiche; Westorientierung, aber keine Westintegration

Ein erster Zusammenschluss christlich-bürgerlich Orientierter bildete sich mit der „Christlich Demokratischen Union" in der britischen Zone (Köln) Mitte Juni 1945. Im Oktober schlossen sich die regionalen Gruppierungen zu einer bundesweiten Partei zusammen und einigten sich auf den endgültigen Namen „Christlich-Demokratische Union" (**CDU**). Erster Vorsitzender der religiös orientierten Partei mit konservativer Grundhaltung wurde Konrad Adenauer (→ S. 82). Die CDU hatte folgende wesentlichen Grundsätze: Demokratie, christliche Weltanschauung, christlicher Sozialismus, der z. B. die Vergesellschaftung von Bergwerken einschloss, Gleichberechtigung von Bund und Ländern, Westintegration, Aussöhnung mit Frankreich. Zunächst gab es erhebliche inhaltliche und regionale Gegensätze innerhalb der Partei. In Berlin dominierte ein christlicher Sozialismus, in Norddeutschland eine konservativ-liberale und im Rheinland die von Adenauer geführte konservative Richtung. Noch das Ahlener Programm der CDU vom 1. 2. 1947 enthielt starke sozialistische Tendenzen im Bereich der Wirtschaft. Schließlich setzte sich die konservative Richtung Adenauers durch, was mit einer Absage an frühere sozialistische Ansätze verbunden war.

- Die CDU entstand Mitte Juni 1945 in der britischen Zone; erster Vorsitzender: Konrad Adenauer; Grundsätze: Demokratie, christliche Weltanschauung, christlicher Sozialismus, Westintegration, Aussöhnung mit Frankreich; zunächst große regionale Unterschiede, dann setzt sich die konservative Richtung Adenauers durch und damit die Absage an sozialistische Überlegungen.

- FDP: Dez. 1948, demokratische Volkspartei; Schwerpunkt in Südwestdeutschland; führender Politiker Theodor Heuss; Grundsätze: Demokratie, Trennung von Kirche und Staat, privatwirtschaftliche Ordnung, Verfassungs- und Rechtsstaat
- CSU: Oktober 1945 gegründet; will „Brückenbau-Partei" sein und ausgleichen zwischen Stadt und Land, Katholiken und Protestanten, christlich-kulturellen und sozialen Prinzipien; sie ist deutlich konservativer und föderalistischer als die CDU. Unter ihrem ersten Vorsitzenden Josef Müller wird sie eine reine Landespartei.

kleinere Parteien:
- Zentrum (Z): christlich, Nordrhein-Westfalen
- Niedersächsische Landespartei (NLP): konservativ, föderalistisch, antigewerkschaftlich
- Bayernpartei (BP): extrem partikularistisch und konservativ; will ein souveränes Bayern
- Wirtschaftliche Aufbauvereinigung (WAV): Interessenvertretung von Flüchtlingen und Heimatvertriebenen in Bayern
- Bund der Heimatvertriebenen und Entrechteten (BHE)
- Deutsche Reichspartei (DRP) und Sozialistische Reichspartei (SRP): extrem konservativ und national; nationalsozialistisches Gedankengut

Die Schwerpunkte liberaler Parteigründungen in den Westzonen lagen in Württemberg und in Baden, wo im Januar 1946 Theodor Heuss und Reinhold Maier die „Demokratische Volkspartei" aufbauten. Am 11.12.1948 konstituierte sich die Partei unter ihrem endgültigen Namen Freie Demokratische Partei (**FDP**) auf dem Heppenheimer Parteitag. Erster Vorsitzender wurde Theodor Heuss. Maßgebliche Grundsätze der FDP waren Demokratie, Trennung von Kirche und Staat, privatwirtschaftliche Ordnung, Verfassungs- und Rechtsstaat.
In Bayern wurde die Christlich-Soziale Union (**CSU**) im Oktober 1945 in Würzburg von Adam Stegerwald gegründet. Nach seinem Willen sollte sie eine „Brückenbau-Partei" sein und eine Verbindung herstellen zwischen Stadt und Land, Katholiken und Protestanten, christlich-kulturellen und sozialen Prinzipien. Die Grundsätze der CSU entsprachen im Wesentlichen denen der CDU, die Partei war jedoch deutlich konservativer und föderalistischer. Bedingt durch den frühen Tod Stegerwalds (3. 12. 1945) wurde die Partei im Januar 1946 in München erneut gegründet und behielt ihren Schwerpunkt dort. Die CSU wurde unter ihrem ersten Vorsitzenden Josef Müller („Ochsen-Sepp") eine reine Landespartei.

Neben den vier großen Parteien entstanden **kleinere Parteien** mit spezifischen regionalen oder parteipolitischen Charakteristika. Zu ihnen gehörten:
- Das christlich orientierte Zentrum (**Z**), das auf Nordrhein-Westfalen beschränkt blieb.
- Die Niedersächsische Landespartei (**NLP**), die konservativ, föderalistisch und antigewerkschaftlich war. Im November 1946 benannte sie sich in Deutsche Partei (DP) um.
- Die extrem partikularistische Bayernpartei (**BP**), die ein souveränes Bayern anstrebte.
- Die Wirtschaftliche Aufbauvereinigung (**WAV**). Sie etablierte sich als Vertretung der Flüchtlinge und Heimatvertriebenen und blieb auf Bayern beschränkt.
- Der Bund der Heimatvertriebenen und Entrechteten (**BHE**) vertrat wie die WAV die Interessen von Flüchtlingen und Heimatvertriebenen und wurde auch die politische Heimat der von der Entnazifizierung Enttäuschten und Verbitterten.
- Extrem konservative und nationale Rechtsgruppierungen wie die Deutsche Reichspartei (**DRP**), die Sozialistische Reichspartei (**SRP**) wurden entweder aufgrund ihres „braunen" Gedankengutes verboten oder erreichten, wie z.B. die 1964 gegründete rechtsextreme Nationaldemokratische Partei Deutschlands (**NPD**), nur eine kurzfristige Bedeutung.

Grundzüge der Parteienentwicklung

In den unmittelbaren Nachkriegsjahren bestand aufgrund der gesellschaftspolitischen, wirtschaftlichen und regionalen Besonderheiten die Gefahr eines Vielparteiensystems à la Weimar. Mit der zweiten Bundestagswahl setzten verstärkt Wahlrechtsänderungen ein. Am 7.5.1956 z.B. bestimmte das bis heute gültige Bundeswahlgesetz, dass eine Partei nur dann in den Bundestag einzieht, wenn sie mindestens 5% der bundesweit abgegebenen Zweitstimmen erreicht oder wenn sie (bei weniger als 5%) mindestens 3 Direktmandate gewinnt. Die sich verändernden gesellschaftlichen und politischen Rahmenbedingungen sowie eine **kontinuierliche Konzentrationsbewegung** bewirkten, dass die kleineren Parteien in der zweiten und dritten Legislaturperiode (1953 – 1961) ausnahmslos in den großen aufgingen oder wie die SRP, DRP und KPD verboten wurden. Von 1961 bis in die Achtzigerjahre bestimmten die „großen Vier" (SPD, FDP, CDU, CSU) die politische Landschaft der Bundesrepublik. Diese Entwicklung war nicht nur ein quantitativer, sondern vor allem ein qualitativer Vorgang, eine Entwicklung **vom extremen zum gemäßigten Pluralismus**.

Gründzüge der Parteienentwicklung: Wahlrechtsänderungen, Veränderungen der gesellschaftlichen und politischen Rahmenbedingungen und eine kontinuierliche Konzentrationsbewegung bewirkten das Aufgehen der kleinen in den großen Parteien. Ab 1961 bestimmten die „großen Vier" (SPD, CDU, CSU, FDP) die Bundesrepublik. Die Parteienlandschaft entwickelt sich vom extremen zum gemäßigten Pluralismus.

Wahlplakate aus den Westzonen 1946/1947 (CDU, FDP)

Die Besatzungspolitik der Alliierten

Die Alliierten gingen davon aus, dass die Deutschen Nationalsozialisten gewesen waren. Deshalb sollte Deutschland **besetzt, nicht befreit**, und ein für alle Mal als Machtfaktor ausgeschaltet werden. Auf den Kriegszielkonferenzen von Moskau und Jalta beschlossen sie als Grundlagen ihrer Besatzungspolitik die Ausschaltung des Nationalsozialismus, die sofortige Bestrafung der Kriegsverbrecher, Abrüstung und Entmilitarisierung Deutschlands und dessen politischen Wiederaufbau auf demokratischer Basis.

Die Behandlung der Deutschen war in den vier Zonen sehr unterschiedlich. In der amerikanischen und britischen Zone war sie hart, aber von Ausnahmen abgesehen human, in der französischen sehr repressiv und ihn der SBZ litt die Bevölkerung sehr unter der Willkür der Roten Armee.

Im Juni 1945 („Berliner Deklaration") proklamierten die Alliierten die **Übernahme der obersten Regierungsgewalt** in Deutschland.

Die **Potsdamer Konferenz** (Juli/Aug. 1945) war aufgrund ihrer **Doppelfunktion** (Ende der gemeinsamen, Beginn der divergierenden Deutschlandpolitik) die wichtigste der Anti-Hitler-Koalition. Im Potsdamer Abkommen, das die erheblichen deutschlandpolitischen Differenzen zwischen den Westmächten und der UdSSR verdeutlicht, legten die Besatzungsmächte die politischen, wirtschaftlichen und territorialen Grundsätze der Behandlung Deutschlands fest. Dazu gehörten: Ausübung der „obersten Gewalt" durch den Alliierten Kontrollrat, gleiche Behandlung der Deutschen, Demilitarisierung und Denazifizierung, demokratische Grundlage des gesellschaftspolitischen Lebens, Reorganisation des Gerichts- und Erziehungswesens, Bestrafung der Kriegsverbrecher, Zulassung demokratischer Parteien; Vernichtung des deutschen Kriegspotenzials, Dezentralisierung der Wirtschaft; wirtschaftliche Einheit während der Besatzungszeit; Entnahme der Reparationen aus der jeweiligen Zone; nördliches Ostpreußen fällt an die UdSSR, (provisorische) Oder-Neiße-Grenze; „geordnete, humane Umsiedlung" der Deutschen aus Polen und Ungarn.

Aufgrund der **ideologischen und machtpolitischen Spannungen** zwischen den **Westmächten** und der **UdSSR** kamen wesentliche Beschlüsse nur als Kompromisse bzw. durch Formelbegriffe zustande. Sie ermöglichten eine unterschiedliche Auslegung und bestimmten dadurch die divergierende Entwicklung der beiden deutschen Staaten und die Deutschlandpolitik bis 1990 maßgeblich.

Zur Säuberung des öffentlichen Lebens und als Grundlage der Demokratisierung vereinbarten die Alliierten die **Entnazifizierung**. Sie verlief in den einzelnen Besatzungszonen sehr unterschiedlich, da sie von den spezifischen Zielen der jeweiligen Besatzungsmacht abhing. Da sie sich bald als ineffizient erwies, stellten die Westmächte sie 1948 ein und übertrugen sie 1949 auf Organe der Bundesrepublik. 1948 beendete auch die UdSSR die Entnazifizierung in ihrer Zone.

Der **Nürnberger Kriegsverbrecherprozess** 1945/46 war wegen fehlender Rechtsgrundlagen, Beteiligung der stalinistischen UdSSR, Anklage ganzer Organisationen problematisch, zwang die Deutschen aber, sich mit ihrer Vergangenheit auseinanderzusetzen.

Tempo und Intensität des **politischen Neuaufbaus** waren in den vier Zonen sehr unterschiedlich. Die UdSSR baute ihre Zone bereits 1945 rasch und zielgerichtet auf. In den Westzonen verlief der politische Neuaufbau uneinheitlich, am schnellsten in der US-Zone, am langsamsten in der französischen.

Ein **differenziertes Parteiensystem** entwickelte sich in den **50er-Jahren** vom extremen zum gemäßigten Pluralismus; die kleinen regionalen, kriegsbedingten oder ideologisch ausgerichteten Parteien gingen in den großen Parteien auf, extreme Parteien wurden verboten.

Ost-West-Konflikt und Kalter Krieg 1945 – 1949

Der Aufstieg der UdSSR zur Supermacht löste den **Ost-West-Konflikt** aus, der die Welt in zwei ideologisch und machtpolitisch verfeindete Lager teilte und sich in Krisenzeiten zum Kalten Krieg verdichtete. Der Ost-Westkonflikt hatte **vier Ebenen**: Macht-, System- bzw. Ideologiekonflikt, militärischer und psychologischer Konflikt. Diese Situation bildete bis zum Zerfall der UdSSR 1990/91 den Rahmen der Deutschlandpolitik und bestimmte die Entwicklung Deutschlands maßgeblich.

Grundlagen des Kalten Krieges

aus dem Jahre 1947 waren auf amerikanischer Seite die **Containment-Doktrin** (Eindämmung der UdSSR bzw. des Kommunismus), die **Truman-Doktrin** (Hilfsangebot an alle vom Kommunismus bedrohten Völker) und der **Marshall-Plan** (massive wirtschaftlich-finanzielle Hilfe der USA für westeuropäische Länder). Dagegen stand die **sowjetische Zwei-Lager-These**: Teilung der Welt in ein Friedenslager um die UdSSR und ein kriegstreiberisches Lager um die USA.

Ost-West-Konflikt und Kalter Krieg als Rahmen der Deutschlandpolitik

Deutschlandpolitik 1946 – 1949

Die **Pariser Außenministerkonferenz** (25.4. bis 12.7.1945) verdeutlichte die konträren deutschlandpolitischen Vorstellungen der Supermächte.
Die **Byrnes-Rede** (6.9.1946): Der US-Außenminister verkündete die gegen die UdSSR gerichtete Deutschlandpolitik. Deutschland solle kein „Vasall" einer Macht werden; „größtmögliche" wirtschaftliche Einheit.
Die **Bizone** (1.1.1947): Zusammenschluss der amerikanischen und britischen Zone mit einem deutschen „Wirtschaftsrat für das Vereinigte Wirtschaftsgebiet".
Die **Moskauer Außenministerkonferenz** (10.3. – 24.4.1947): Die UdSSR forderte einen deutschen Einheitsstaat unter Mitwirkung „antifaschistischer" Organisationen. Die USA und Großbritannien wollten einen föderalistischen Staat nach westlichem Vorbild.
Die **Münchner Ministerpräsidentenkonferenz** (5. – 7.6.1947) scheiterte an den gegensätzlichen Forderungen der west- und ostdeutschen Ministerpräsidenten. Sie verdeutlicht die Abhängigkeit aller deutschen Politiker von ihren Besatzungsmächten.
Die **Londoner Außenministerkonferenz** (25.11. – 15.12.1947) verstärkte die deutschlandpolitischen Gegensätze.
Die **Londoner Sechsmächtekonferenz** (23.2. – 2.6.1948): Die Westmächte und die Benelux-Staaten beschlossen die Schaffung eines föderalistischen Weststaates und dessen Integration in den Westen. Die UdSSR reagierte mit der Beendigung des Alliierten Kontrollrats und der Verschärfung des Berlin-Problems.
Die **Berlin-Blockade** (24.6.1948 – 12.5.1949): Sperrung der Zufahrtswege nach Berlin durch die UdSSR, Einrichtung einer westlichen Luftbrücke zur Versorgung der Westberliner. Erster Höhepunkt des Kalten Krieges. Beendigung durch das Jessup-Malik-Abkommen.
Auf der **Deutschlandkonferenz von Washington** (5. – 8.4.1949) vereinbarten die Westmächte die Trizone.

4 Die Gründung der beiden deutschen Staaten

Die Entstehung der Bunderepublik

Die **Währungsreform** (20./21.6.1948) war die wirtschaftliche Basis des zu gründenden Weststaates und Initialzündung für den wirtschaftlichen Aufschwung der 50er-Jahre.
Durch die **Frankfurter Dokumente** (1.7.1948) schlugen die Westmächte u.a. die rasche Einberufung einer „Verfassunggebenden Versammlung" vor.
Der Parlamentarische Rat (65 Abgeordnete der 11 Landtage) beriet zu Herrenchiemsee und Bonn die Verfassung und nahm das „Grundgesetz" (Betonung des provisorischen Charakters Deutschlands) an und unterzeichnete es am 23.5.1948 (= **Geburtsstunde der BRD**).
Das **Grundgesetz** (GG) wurde als bewusste Reaktion auf die Schwächen und Defizite der Weimarer Reichsverfassung als Antiverfassung konzipiert. Grundlegende **Charakteristika**: Schutz des Individuums vor staatlicher Willkür durch die Vorstaatlichkeit der Grund- und Menschenrechte; Volkssouveränität; Schwächung des Bundespräsidenten; Stärkung des Kanzlers; Wiedervereinigung als übergeordnetes Ziel; pluralistische Gesellschaft; Parteienschutz; allgemeine, gleiche, geheime und direkte Wahlen; Garantie des Grundgesetzes durch Schutzmechanismen („wehrhafte Demokratie"); Konzentration der politischen Macht auf Bundestag, Bundesrat und Kanzler.
Die **erste Bundestagswahl** (14.8.1949) gewann die CDU knapp vor der SPD. Bundeskanzler wurde Konrad Adenauer (CDU), Bundespräsident Theodor Heuss (FDP).
Nach ihrer Konstituierung hatte die BRD lediglich eine **eingeschränkte Souveränität**, da sich die Siegermächte im Besatzungsstatut vom 21.9.1949 Sonderbefugnisse vorbehielten.

Die Gründung der beiden deutschen Staaten

Die Entstehung der DDR

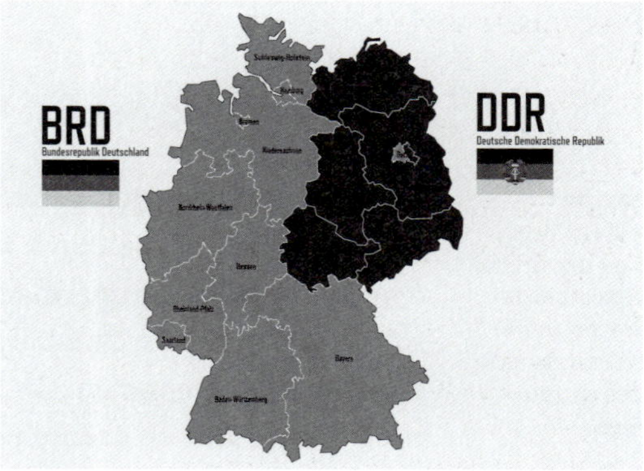

Karte des geteilten Deutschlands

Zur Unterstützung der sowjetischen Deutschlandpolitik initiierte die SED die von ihr gesteuerte „**Volkskongressbewegung**".
Der Zweite Volkskongress (17./18.3.1948) lehnte den Marshall-Plan ab, erkannte die Oder-Neiße-Grenze an und wählte einen „Deutschen Volksrat". Dieser schuf 1948/49 im Sinne der SED die **sozialistischen Grundlagen der SBZ** mit folgenden Maßnahmen: Zulassung der National-demokratischen und Liberal-demokratischen Partei Deutschlands und deren Integration in den antifaschistisch-demokratischen Block; Ausbau der Macht der SED als marxistisch-leninistische „Partei neuen Typs"; staatlich gelenkte Planwirtschaft; Kontrolle des Bildungssystem durch die SED; Festschreibung der „führenden Rolle" der UdSSR und deren Unterstützung.
Der Dritte Volkskongress nahm die vom Deutschen Volksrat erarbeitete **Verfassung** am **7.10.1949** an (= **Geburtsstunde der DDR**). Die Verfassung hatte typische **Charakteristika** eines autoritären bzw. totalitären Staates: Ausschaltung der Opposition; Unterordnung der Justiz unter die (von der SED beherrschte) Volksvertretung. Erster Präsident wurde Wilhelm Pieck, erster Regierungschef Otto Grotewohl (beide SED).

KURZINFO

4 Die Gründung der beiden deutschen Staaten

- Ost-West-Konflikt und Kalter Krieg bildeten den Rahmen der Deutschlandpolitik und bestimmten die Entwicklung Deutschlands 1945 bis 1949 maßgeblich.
- Die von den USA gewünschte Vereinheitlichung der westlichen Deutschlandpolitik begann Anfang 1947 mit der Schaffung der Bizone.
- Die Gründung eines Weststaats wurde auf der Londoner Sechsmächtekonferenz im Frühjahr 1948 beschlossen.
- Wesentliche Stationen auf dem Weg der Westzonen zur Bundesrepublik Deutschland waren Währungsreform, Frankfurter Dokumente, Parlamentarischer Rat, Trizone und die Schaffung des Grundgesetzes.
- Das Grundgesetz betonte den provisorischen Charakter der Bundesrepublik und wurde zur Grundlage einer stabilen, gefestigten Demokratie.
- Die SED baute ihre Macht in den Jahren 1948/49 systematisch aus und trieb die sozialistische Umstrukturierung von Staat, Wirtschaft und Gesellschaft im Sinne der Besatzungsmacht voran.
- Zusammen mit der von ihr gelenkten Volkskongressbewegung schuf die SED in diesen Jahren die sozialistischen Grundlagen der DDR und war federführend bei der Konstituierung des zweiten deutschen Staates.

Ost-West-Konflikt und Kalter Krieg als Rahmen der Deutschlandpolitik

Die Entstehung des Ost-West-Konflikts

Entstehung des Ost-West-Konflikts
Der Aufstieg der UdSSR zur Supermacht löste den Ost-West-Konflikt aus. Er verdichtete sich in Krisenzeiten zum Kalten Krieg.

Ost-West-Konflikt und Kalter Krieg teilten die Welt in zwei ideologisch und machtpolitisch feindliche Lager.

Innerhalb von wenigen Jahren veränderten sich die europäischen und weltpolitischen Verhältnisse durch den Aufstieg der UdSSR zur Supermacht grundlegend. Die beiden **Supermächte USA und UdSSR** scharten mit völlig unterschiedlichen Mitteln Bündnispartner um sich, schufen ein rasch wachsendes militärisches Drohpotenzial, bekämpften sich ideologisch und propagandistisch und bewirkten dadurch den **Ost-West-Konflikt**, der die Welt bis zum Beginn der Neunzigerjahre maßgeblich bestimmte. In Krisenzeiten entstand aus dem Ost-West-Konflikt durch die Verdichtung der feindseligen Atmosphäre der **Kalte Krieg** (→ S. 66). Die wichtigste Auswirkung dieser permanenten Rivalität der Supermächte war die Teilung der Welt in zwei Lager, die sich ideologisch und machtpolitisch feindlich gegenüberstanden. Diese Teilung zeigte sich am deutlichsten in Europa und hier wiederum in Deutschland und besonders in Berlin.

Der Ost-West-Konflikt bildete bis zum Zerfall der UdSSR Anfang der Neunzigerjahre den **Rahmen der** gesamten **Weltpolitik und** bestimmte vor allem die Entwicklung **Deutschlands** zwischen 1946 und 1949 maßgeblich.

Die vier Ebenen des Ost-West-Konflikts

Der Ost-West-Konflikt war von Anfang an aufgrund seiner zahlreichen Bedingungsfaktoren sehr komplex und spielte sich auf vier Ebenen ab:

- Der **Machtkonflikt**: Zahlreiche weltpolitische Veränderungen führten nach dem Zweiten Weltkrieg in Afrika, Asien und Europa zum Kampf zwischen den USA und der UdSSR um Einfluss- und Interessengebiete und damit um die Erhaltung bzw. Ausdehnung der Macht. Die Sowjetisierung Osteuropas veranlasste Churchill im März 1946 von einem „Eisernen Vorhang“ zu sprechen, der Europa zwischen Stettin und Triest trenne.
- Aus dem Gegensatz zwischen den politischen, gesellschaftlichen und wirtschaftlichen Systemen in Ost und West ergab sich ein **System-** oder **Ideologiekonflikt**, der eng verbunden war mit dem ideologischen Konflikt zwischen Marxismus-Leninismus und westlicher Demokratie. Auswirkungen dieses Konflikts waren Feindbilder und das Denken in den Kategorien „feindlicher Lager“.
- Der **militärische Konflikt** war das logische Resultat dieses angespannten Verhältnisses. Er äußerte sich seit Mitte der Fünfzigerjahre in einem permanenten Wettrüsten, in militärischen Konfrontationen in Krisengebieten oder in „Stellvertreterkriegen“ in Afrika und Asien.
- Der **psychologische Konflikt** überlagerte diese Ebenen und steigerte die Unvereinbarkeit der Systeme zum Entscheidungskampf, der nach Ansicht beider Supermächte mit der kompletten Ausschaltung des Gegners enden musste. Dieses Denken erzeugte Angst und das Gefühl der Bedrohtheit, das sich aus dem Wettrüsten und tatsächlicher oder eingebildeter militärischer Unterlegenheit ergab.

Die vier Ebenen des Ost-West-Konflikts:

1. **Machtkonflikt:** Kampf um Einflussgebiete, um Erhalt und Ausdehnung der Macht.
2. **System- bzw. Ideologiekonflikt:** Konkurrenz zwischen Marxismus-Leninismus und (westlicher) Demokratie.
3. Der **militärische Konflikt** bewirkte permanentes Wettrüsten, militärische Konfrontationen und „Stellvertreterkriege“.
4. Der **psychologische Konflikt** erzeugte Angst, das Gefühl der Bedrohtheit. Dieses Gefühl resultierte aus tatsächlicher oder eingebildeter Unterlegenheit.

Der Kalte Krieg

Der Kalte Krieg („the Cold War", W. Lippmann, 1947) bezeichnet die aggressive Konkurrenz der Supermächte auf allen Ebenen (Ideologie, Propaganda, Wirtschaft, Machtpolitik) mit Ausnahme der direkten militärischen Konfrontation. Er ist eine Verdichtung, ein Aggregatzustand des Ost-West-Konflikts zu verschiedenen Zeiten und in unterschiedlichen Dosierungen.

Der Kalte Krieg begann 1947. Sein Ende ist umstritten. Meist wird die Kuba-Krise als Höhepunkt und Ende genannt.

Definition

In Krisenzeiten entwickelte sich das feindselige Verhältnis der Supermächte zum Kalten Krieg. Dieser erstmalig 1947 von dem amerikanischen Journalisten Walter Lippmann geprägte Begriff bezeichnet die **aggressive Auseinandersetzung der Supermächte** und ihrer Bündnissysteme **auf allen Ebenen** (Ideologie und Propaganda, Wirtschaft, Machtpolitik) **mit Ausnahme der** direkten **militärischen Konfrontation**. Dennoch brachten derartige Situationen die Welt mehrmals an den Rand eines dritten Weltkriegs.

Verlauf

Der Beginn des Kalten Kriegs fällt in das Jahr 1947, sein Ende ist in der Fachliteratur umstritten. Meist wird die Kuba-Krise (Oktober 1962) als letzter Höhepunkt und als Ende des Kalten Kriegs genannt. Entscheidend ist, dass es sich bei diesem Begriff um einen Zustand, weniger um einen exakt datierbaren Zeitraum handelt. Zu bestimmten Zeiten verdichtete sich das Verhältnis der Supermächte (und ihrer Bündnispartner) zum Kalten Krieg und ging wieder in Normalität über. Der Kalte Krieg ist also ein Aggregatzustand des Ost-West-Konflikts, der zu unterschiedlichen Zeiten in unterschiedlichen Dosierungen aufgetreten ist.

Er wurde von **vier Doktrinen** bestimmt:
1. **Containment-Doktrin:** Eindämmung der UdSSR/des Kommunismus durch gezielte Außenpolitik und ein weltweites Bündnissystem. Sie wurde Mitte der 50er-Jahre durch die aggressivere „Roll-back-Doktrin" ersetzt.
2. **Truman-Doktrin:** massive Unterstützung aller von totalitären Regimes bedrohten Völker
3. **Marshall-Plan:** starke wirtschaftliche und finanzielle Hilfe für die westeuropäischen Länder

Grundlagen

Der Kalte Krieg wurde im Wesentlichen von **vier Doktrinen** bestimmt, die alle im Jahre 1947 verkündet wurden.

- Die **Containment-Doktrin** (engl. containment = Eindämmung) bildete die Grundlage der amerikanischen Sicherheitspolitik gegenüber der UdSSR und beabsichtigte die Eindämmung der UdSSR bzw. des Kommunismus durch eine gezielte Außenpolitik und durch die Schaffung von weltweiten Bündnissystemen und antisowjetischen „Bollwerken". Mitte der Fünfzigerjahre wurde die Containment-Doktrin durch die wesentlich aggressivere Roll-back-Doktrin („roll back" = zurückdrängen) ersetzt. Sie zielte nicht nur auf die Eindämmung, sondern vielmehr auf die Zurückdrängung des kommunistischen Einflusses ab.
- Die **Truman-Doktrin** (12.3. → S. 71) legte die massive Unterstützung aller Völker fest, die von totalitären Regimes bedroht werden. Sie war die politische Komponente des antikommunistischen Kampfes.
- Der **Marshall-Plan** (→ S. 71) ergänzte die Containment- und die Truman-Doktrin wirtschaftlich. Er hatte die starke finanzielle und ökonomische Unterstützung für die westeuropäischen Länder und die indirekt damit verbundene politische Bindung an die USA zum Inhalt.

- Die UdSSR sah die Existenz zweier feindlicher Lager als Grundlage ihrer Außen- und Sicherheitspolitik. Diese **Zwei-Lager-These** ging von der Teilung der Welt in ein sozialistisches „Friedenslager" um die UdSSR und ein „imperialistisch-revanchistisches Kriegslager" um die USA aus. Diese seien nicht bereit, die Ergebnisse des Zweiten Weltkriegs, vor allem den Aufstieg der UdSSR, zu akzeptieren. Das daraus resultierende feindselige Verhältnis werde die internationale Politik für die nächsten Jahrzehnte bestimmen.

4. **Die sowjetische „Zwei-Lager-These"** sah die Teilung der Welt in zwei unversöhnliche politisch-ideologische Lager: In das Friedenslager (um die UdSSR) und in das revanchistische Kriegstreiberlager (um die USA).

Die Auswirkungen des Ost-West-Konflikts

Das feindselige Verhältnis der Führungsmächte verschärfte die Gegensätze zwischen Ost und West, führte zu zahlreichen Bündnissystemen bzw. Bündnisverträgen, bestimmte die Welt- und Europapolitik bis zum Zerfall der UdSSR und bewirkte eine Bipolarisierung der Welt. Aufgrund der Besatzungspolitik wirkten sich Ost-West-Konflikt und Kalter Krieg auf Deutschland besonders stark aus. Mit zunehmender Verschärfung der Gegensätze wurde die Chance einer Wiedervereinigung immer unwahrscheinlicher. Sie hätte nämlich bedeutet, dass zumindest eine Führungsmacht „ihren" Teil Deutschlands hätte aufgeben müssen. Dies entsprach weder der Vorstellung der USA noch der der UdSSR. Die Außenministerkonferenzen der unmittelbaren Nachkriegsjahre, die ebenso ergebnislos waren wie die Münchner Ministerpräsidentenkonferenz (→ S. 72), bestätigten dies.

Der Ost-West-Konflikt führte zur Bipolarisierung der Welt. Er wirkte sich besonders stark auf Deutschland aus und bestimmte die gegensätzliche gesellschaftspolitische Entwicklung der beiden deutschen Staaten. Wiedervereinigung wurde vor diesem Hintergrund immer unwahrscheinlicher.

Deutschlandpolitische Konzepte der USA und der UdSSR

Die politische Zukunft Deutschlands war in den Jahren 1945/46 noch nicht endgültig entschieden. Zwar waren die unterschiedlichen Konzepte der Siegermächte in einzelnen Bereichen bereits angelegt und grundsätzliche ideologische und machtpolitische Gegensätze bereits offensichtlich, doch hatten sich ihre langfristigen deutschlandpolitischen Ziele noch nicht im Detail ausgebildet und verfestigt.

Erst mit dem wachsenden Gegensatz zwischen Ost und West seit Sommer 1946 nahm die Zukunft Deutschlands konkrete Formen an. Die endgültige Entscheidung fiel mit der von den USA betriebenen **„Weststaatslösung"** (→ S. 73) **und** der daraufhin von der UdSSR verschärften **Spaltung**. Beide Maßnahmen machen das **Ende der gemeinsamen Deutschlandpolitik** deutlich, die nun in eine östliche und westliche zerfiel und von dem wachsenden Gegensatz der Führungsmächte bestimmt wurde.

Die Grundzüge der amerikanischen Deutschlandpolitik

Die amerikanische Deutschlandpolitik: Mit Präsident Truman änderten sich das amerikanische Verhältnis zur UdSSR und die amerikanische Deutschlandpolitik. Truman betrieb seit 1946 den Aufbau und den Zusammenschluss der westlichen Zonen („Weststaatslösung"). Sein Ziel war es, Deutschland ganz oder zumindest die Westzonen in den westlichen Machtbereich zu integrieren. Die Spaltung Deutschlands wurde als das kleinere Übel (größeres Übel: Abhängigkeit eines neutralen Deutschlands von der UdSSR) in Kauf genommen.

- Mit dem Amtsantritt von Harry S. Truman (12.4.1945) änderte sich das amerikanische Verhältnis zur UdSSR und damit auch die Europa- und Deutschlandpolitik der USA.
- Schon ein Jahr nach Kriegsende wichen die USA von dem (Potsdamer) Prinzip der „strikten Niederhaltung" Deutschlands ab und betrieben stattdessen den Aufbau und den Zusammenschluss der westlichen Zonen.
- **Ziel** dieser neuen Deutschlandpolitik, die von Großbritannien nach anfänglichem Zögern positiv, von Frankreich ablehnend aufgenommen wurde, war das Bestreben, **Deutschland** als Ganzes **oder** wenigstens **die Westzonen in den westlichen Machtbereich** zu **integrieren**.
- Die Spaltung Deutschlands, die als Ergebnis dieser neuen amerikanischen Deutschlandpolitik klar zu erkennen war, wurde als Preis für die Westintegration des größeren Teils Deutschlands als das kleinere Übel in Kauf genommen (größeres Übel: Abhängigkeit eines neutralen Deutschlands von der UdSSR).

Die Bedingungsfaktoren der sowjetischen Deutschlandpolitik

Stalins vorrangiges Ziel war die Schaffung eines Schutzgürtels durch Annexionen, volksdemokratische Satellitenstaaten (Rumänien, Bulgarien, Polen) und durch eine Pufferzone zwischen Kapitalismus und Sozialismus (SBZ/DDR, Tschechoslowakei, Jugoslawien). Aufgrund des Ost-West-Konflikts sowjetisierte Stalin auch die westlichen Satellitenstaaten.

- Die **Deutschlandpolitik** Stalins war **der sowjetischen Sicherheitspolitik untergeordnet**. Ihr Ziel war es, den sowjetischen Machtbereich durch die Schaffung eines Schutzgürtels gegenüber der westlichen Einflusssphäre abzuschirmen. Dieses Ziel sollte durch drei Maßnahmen erreicht werden: Durch Annexionen, durch einen strukturell der UdSSR angeglichenen volksdemokratischen Gürtel (Polen, Rumänien, Bulgarien) und durch eine Pufferzone zwischen Kapitalismus und Sozialismus, die von der Ostsee bis zur Adria reichen sollte (SBZ, Tschechoslowakei, Jugoslawien).
- Die Verwirklichung dieses Konzeptes setzte die dauernde Niederhaltung Deutschlands voraus.
- Als dieses Konzept aufgrund der amerikanischen Containment-Strategie gefährdet schien, erweiterte Stalin den volksdemokratischen Gürtel durch die Einbeziehung der westlichen Satellitenstaaten, darunter der SBZ, und durch die Sowjetisierung der seit 1945 gewonnenen Staaten Mittel- und Osteuropas.

Deutschlandpolitik 1946 bis 1949

In diesem Zeitraum stellten die Siegermächte durch zahlreiche Konferenzen und Deutschlandpläne die Weichen für die Auseinanderentwicklung der beiden Teile Deutschlands und für die Entstehung zweier deutscher Staaten.

Folgende Ereignisse bildeten 1946 bis 1949 den **Rahmen der Entstehung der beiden deutschen Staaten:**

Die Pariser Außenministerkonferenz (25. 4. – 12. 7. 1946)

Sie **machte die konträren Vorstellungen der Besatzungsmächte** und die starken Gegensätze **deutlich** und führte zu der Erkenntnis, dass die Chancen für eine Lösung des Deutschlandproblems äußerst gering einzuschätzen waren. Der amerikanische Plan sah u. a. den Zusammenschluss der vier Zonen, den föderativen Aufbau Deutschlands und die Schaffung von fünf zentralen deutschen Verwaltungsstellen (Finanzen, Transport, Verkehr, Industrie und Außenhandel) vor. Diesen Plan lehnten sowohl die UdSSR als auch Frankreich ab. Die UdSSR forderte stattdessen die Errichtung eines zentralistischen deutschen Einheitsstaates und dessen Demokratisierung (nach sowjetischem Vorbild). Daraufhin kündigte der US-Außenminister Byrnes eine Antwort „an anderer Stelle" an.

Pariser Außenministerkonferenz (25. 4. – 12. 7. 1946): Sie brachte erste gegensätzliche Deutschlandpläne. USA: Zusammenschluss der vier Zonen, föderativer Aufbau; UdSSR: zentralistischer deutscher Staat und dessen „Demokratisierung" nach sowjetischem Vorbild.

Die Byrnes-Rede (6. 9. 1946)

Die Byrnes-Rede vom 6. September 1946 bedeutete den **Wendepunkt der amerikanischen Deutschlandpolitik.** Außenminister James F. **Byrnes** verkündete in einer programmatischen Rede in Stuttgart die Neuorientierung der amerikanischen Außen- und Deutschlandpolitik. Er bejahte die Potsdamer Beschlüsse bezüglich Entmilitarisierung, Entnazifizierung und wirtschaftlicher Einheit, betonte den provisorischen Charakter der Oder-Neiße-Grenze, lehnte die Abtrennung linksrheinischer Gebiete und des Ruhrgebiets von Deutschland kategorisch ab und kritisierte die französische und sowjetische Deutschlandpolitik, die eine einheitliche Entwicklung Deutschlands verhindere. Er forderte die „größtmögliche" wirtschaftliche Einheit Deutschlands, **kündigte** damit **indirekt die Bizone an** und schlug die Bildung einer provisorischen deutschen Regierung aus Vertretern der Länderregierungen aller vier Zonen vor. Entscheidend für die neue amerikanische Politik war, dass Byrnes unter deutlichem Bezug auf die UdSSR erklärte, Deutschland solle kein Vasall einer Macht werden oder unter einer in- oder ausländischen Diktatur leben.

Byrnes-Rede (6. 9. 1946, Stuttgart): Wandel der neuen amerikanischen Politik gegenüber Deutschland und der UdSSR; Deutschland soll kein Vasall einer Macht werden; „größtmögliche" wirtschaftliche Einheit Deutschlands.

Die Bizone (1. 1. 1947)

Bizone
(1.1.1947):
Zusammenschluss der amerikanischen und britischen Zone zur Bizone. Der „Wirtschaftsrat für das Vereinigte Wirtschaftsgebiet" (Frankfurt a. M.) bestand aus 52 Delegierten der 8 Länder. Ihn führte Ludwig Erhard (CDU), der die „Soziale Marktwirtschaft" durchsetzte.

Bereits im Juli 1946 hatte der amerikanische Militärgouverneur seinen drei Kollegen die wirtschaftliche Verbindung der Besatzungszonen vorgeschlagen. Da die UdSSR und Frankreich einen derartigen Plan aus unterschiedlichen Gründen ablehnten, vereinbarten die angelsächsischen Mächte den raschen Aufbau einer Bizone. Im August 1946 nahmen die ersten bizonalen Wirtschaftsbehörden ihre Arbeit auf und am 1. Januar 1947 trat die Bizone offiziell in Kraft. Der **„Wirtschaftsrat für das Vereinigte Wirtschaftsgebiet"** mit Sitz in Frankfurt bestand aus 52 Delegierten, die das politisch-parteiliche Kräfteverhältnis der acht Landtage widerspiegelten. SPD und CDU/CSU stellten jeweils 20 Delegierte, die FDP 4, KPD 3, Z und DP je 2, WAV 1. Der Wirtschaftsrat war das erste deutsche Nachkriegsparlament, dessen Kompetenz über ein Land hinausreichte. Anfang 1948 setzte **Ludwig Erhard** als Direktor des Wirtschaftsrates gegen den Widerstand der SPD die **„Soziale Marktwirtschaft"** durch. Er bestimmte dadurch die wirtschaftliche Entwicklung Westdeutschlands bzw. der Bundesrepublik maßgeblich.

Die Byrnes-Rede bedeutete auch die Besiegelung der Spaltung Deutschlands.

Die Schaffung der Bizone muss im zeitlichen Zusammenhang mit der Byrnes-Rede gesehen werden. Da die USA damit ihre Deutschlandpolitik durchgesetzt hatten und die Anpassung der französischen Deutschlandpolitik aufgrund der Führungsrolle der USA nur eine Frage der Zeit war, bedeutete die Schaffung der Bizone auch das Eingeständnis und die Besiegelung der Spaltung Deutschlands.

Die Moskauer Außenministerkonferenz (10. 3. – 24. 4. 1947)

Moskauer Außenministerkonferenz
(März/April 1947):
Die UdSSR forderte einen deutschen Einheitsstaat, dessen „allseitige" Demokratisierung und die politische Mitwirkung „antifaschistischer" Organisationen. USA und GB forderten einen föderalistischen Staat (nach westlichem Vorbild).

Sie war von vorneherein **wegen des** wachsenden **Ost-West-Konflikts zum Scheitern verurteilt**. Der sowjetische Außenminister Molotow verlangte u. a. einen deutschen Einheitsstaat, dessen „allseitige Demokratisierung" durch eine starke politische Mitwirkung „antifaschistischer" Organisationen, die Anerkennung der Oder-Neiße-Grenze und die Aufhebung der Bizone erreicht werden sollte. Die angelsächsischen Außenminister beharrten auf ihren Positionen und forderten einen föderalistischen Staat (nach westlichem Vorbild).

Die Truman-Doktrin (12. 3. 1947)

In den unmittelbaren Nachkriegsjahren wurde Griechenland von einem erbitterten Bürgerkrieg erschüttert, an dem auch die kommunistisch orientierte „Nationale Befreiungsbewegung" beteiligt war. Die amerikanische Regierung sah die Chance, ihre Politik der Eindämmung in Südosteuropa zu verstärken. Deshalb bot Präsident Truman Griechenland sowie der ebenfalls von innenpolitischen Wirren bedrohten Türkei und **„allen vom Kommunismus bedrohten Völkern der Welt"** massive **finanzielle und waffentechnische Hilfe** an. Er erklärte, „dass die Vereinigten Staaten freien Völkern helfen müssen, die sich wehren gegen den Versuch der Unterjochung durch bewaffnete Minderheiten oder durch Druck von außen."[1] Sein weltweites Hilfsangebot begründete Truman damit, dass totalitäre Regime „auch die Sicherheit der Vereinigten Staaten" gefährdeten.

Truman-Doktrin (12. 3. 1947): Auslöser war der Bürgerkrieg in Griechenland. Truman bietet „allen vom Kommunismus bedrohten Völkern" massive finanzielle und waffentechnische Hilfe an.

Der Marshall-Plan (5. 6. 1947)

Das „Europäische Wiederaufbauprogramm" (**European Recovery Program**, ERP) von US-Außenminister George Marshall ergänzte die Sicherheitspolitik der USA (Kennan- bzw. Containment-Doktrin) und die Truman-Doktrin um eine wirtschaftliche Komponente. **Ziel** dieses Plans war es, eine **funktionierende Weltwirtschaft** mit Hilfe eines von den USA finanzierten europäischen Aufbauprogramms wiederherzustellen. Der Marshall-Plan bot die umfangreiche Lieferung von Rohstoffen und Fertigprodukten sowie die Gewährung von Zuschüssen und Krediten allen vom Krieg betroffenen europäischen Staaten an. Zur Verteilung dieser Hilfsmittel gründeten die USA die **Organization for European Economic Cooperation** (OEEC). Natürlich hatte dieser Plan auch ideologische und politische Ziele, denn es sollten auf diese Weise Verhältnisse geschaffen werden, in denen freiheitlich-pluralistische Institutionen bestimmend waren. Außerdem erzeugte die Annahme der amerikanischen Wirtschaftshilfe eine gewisse Abhängigkeit von den USA und war natürlich **verbunden mit** dem **Akzeptieren der amerikanischen Führungsrolle**. Die UdSSR lehnte deshalb den Marshall-Plan, der auch den Staaten des Ostblocks angeboten wurde, mit der Begründung ab, dass er zur „Versklavung der Völker" führe.

Marshall-Plan (5. 6. 1947): Das nach dem US-Außenminister George Marshall benannte „European Recovery Program" (ERP, Europäisches Wiederaufbauprogramm) belieferte die westeuropäischen Staaten mit Rohstoffen und Fertigprodukten und gab großzügige Zuschüsse und Kredite. Die Annahme des Marshall-Plans bedeutete de facto eine Abhängigkeit von den USA. Deshalb durften osteuropäische Staaten den Marshall-Plan nicht annehmen.

Aus dem ERP erhielten von 1948–1952 (in Mrd. Dollar):			
Großbritannien	3,6	Griechenland	0,8
Frankreich	3,1	Österreich	0,7
Italien	1,6	Belgien und Luxemburg	0,6
Deutschland (West)	1,5		
Niederlande	1,0	Verschiedene	1,8

Die Münchner Ministerpräsidentenkonferenz (5. – 7. 6. 1947)

Münchner Ministerpräsidentenkonferenz (5.–7.6.1947): Die von Hans Ehard (CSU) initiierte Konferenz der 16 deutschen Ministerpräsidenten sollte zur Verbesserung der Lage in Deutschland beitragen. Die Teilnehmer waren an strikte Vorgaben ihrer Besatzungsmächte gebunden. Deshalb reisten die 5 Ministerpräsidenten der SBZ noch am ersten Tag ab.

Die (gescheiterte) Konferenz auf deutsch-deutscher Ebene verdeutlichte:
- die völlige Abhängigkeit von den Besatzungsmächten;
- die Auseinanderentwicklung der östlichen und westlichen Deutschlandpolitik,
- deutsch-deutsche Bemühungen waren der alliierten Deutschlandpolitik untergeordnet.
- Es gab keine realistische Chance einer gemeinsamen Deutschlandpolitik.
- Die Teilung Deutschlands war für lange Zeit unvermeidlich.

Auf **Initiative** des bayerischen Ministerpräsidenten **Hans Ehard** trafen sich die Ministerpräsidenten der Westzonen und der SBZ in München, „um ein weiteres Abgleiten des deutschen Volkes in ein rettungsloses wirtschaftliches und politisches Chaos zu verhindern". Die Konferenz scheiterte bereits am ersten Tag, da die **Gegensätze zwischen den west- und ostdeutschen Ministerpräsidenten unüberbrückbar** waren. Beide Seiten trafen sich mit klaren Vorgaben ihrer Besatzungsmächte: Die westdeutschen Regierungschefs waren gehalten, politische Themen auszuklammern und wirtschaftliche Verbesserungen in den Mittelpunkt zu stellen; ihre ostdeutschen Kollegen dagegen beantragten gemäß der ihnen von der SMAD vorgegebenen Marschroute als ersten Punkt der Tagesordnung die „Bildung einer deutschen Zentralverwaltung durch Verständigung der deutschen demokratischen Parteien und Gewerkschaften zur Schaffung eines deutschen Einheitsstaates". Die fünf ostdeutschen Ministerpräsidenten reisten noch am Abend des ersten Konferenztages ab, die westdeutschen fassten eine Reihe von Beschlüssen zu Fragen der Ernährung, der Kriegsgefangenenrückführung sowie der Entnazifizierung.

Die Konferenz machte fünf Dinge **deutlich**:
- die völlige Abhängigkeit aller deutschen Politiker von ihren Besatzungsmächten;
- die Auseinanderentwicklung der östlichen und westlichen Deutschlandpolitik;
- deutsch-deutsche Bemühungen waren völlig der Deutschlandpolitik der Besatzungsmächte untergeordnet.
- Es gab deshalb keine realistische Chance einer gemeinsamen Deutschlandpolitik.
- Die Teilung Deutschlands war für lange Zeit unvermeidlich.

Die Londoner Außenministerkonferenz (25. 11. – 15. 12. 1947)

Londoner Außenministerkonferenz (Nov./Dez. 1947): Die Feindseligkeiten zwischen USA und UdSSR wurden offensichtlich; Außenminister Marshall provozierte den Abbruch der Konferenz; die USA (und GB) forcierten die rasche Weststaatslösung.

Der sowjetische Außenminister Molotow reagierte auf die Truman-Doktrin und den Marshall-Plan, indem er sie als Maßnahmen eines neuen „imperialistischen" Kriegs bezeichnete, den die USA gegen die UdSSR vorbereiteten. Außerdem warf er den USA vor, sie beabsichtigten die Versklavung Deutschlands mit Hilfe des Marshall-Plans. Die Feindseligkeiten traten nun offen zu Tage und Marshall provozierte den Abbruch der Konferenz. Die **US-Regierung forcierte** danach **die** möglichst **rasche Weststaatslösung**. Diesem Ziel entsprach auch die britische Deutschlandpolitik, während Frankreich nach wie vor auf Sicherheit vor Deutschland durch wirtschaftliche und politische Schwächung pochte. Der zu errichtende Weststaat sollte der SBZ in jeder Hinsicht überlegen sein, sodass er für jede Wiedervereinigungsbewegung attraktiver und deshalb dominant sein würde. Dass der Weststaat die Spaltung Deutschlands bedeutete, wurde als unvermeidbar angesehen.

Die Londoner Sechsmächtekonferenz (23.2.–2.6.1948)

Die Beteiligten, **die Westmächte und die Benelux-Staaten**, koordinierten ihre Deutschlandpolitik im Sinne der amerikanischen und **vereinbarten die Weststaatslösung**. Frankreich tat dies allerdings nur unter amerikanischem Druck und unter vielen Vorbehalten und Bedenken. Der föderativ strukturierte Weststaat sollte an dem Marshall-Plan und der Ruhrkontrolle beteiligt werden. Die Konferenzteilnehmer „empfahlen" den westdeutschen Ministerpräsidenten eine „Verfassunggebende Versammlung" einzuberufen, die die Grundlage des „auf der Basis einer freien und demokratischen Regierungsform" zu errichtenden Weststaats erarbeiten sollte. Dessen Regierung sollte allmählich die „volle Regierungsverantwortung" übernehmen und die Einheit Deutschlands wiederherstellen. Außerdem schlossen die europäischen Teilnehmer unter dem Eindruck des von der UdSSR gelenkten kommunistischen Staatsstreichs in der Tschechoslowakei (25.2.1948), der das Verhältnis zur UdSSR rapid verschlechterte und einen Krieg nicht mehr ausschloss, am 17. März den **Brüsseler Fünf-Mächte-Pakt** („Westunion"). Dieser war seiner Zielrichtung nach – wenn auch nicht expressis verbis – gegen die UdSSR gerichtet. Im April konkretisierte die Konferenz die **OEEC** (Organization for European Economic Cooperation), die die Hilfsmaßnahmen des Marshall-Plans koordinieren sollte, und legte die Einbeziehung der Westzonen in den Marshall-Plan fest. Dies bedeutete de facto die **wirtschaftliche Integration Westdeutschlands in den Westen**. Stalin reagierte mit zwei Maßnahmen auf die Konferenz: Mit der Abziehung des sowjetischen Militärgouverneurs aus dem Alliierten Kontrollrat, der damit aufhörte zu existieren, und mit der Verschärfung des Berlinproblems.

Londoner Sechsmächtekonferenz (Febr.–Juni 1948):
Die Westmächte und die Benelux-Staaten einigten sich über ihre künftige Deutschlandpolitik. Sie beschlossen, aus den Westzonen einen föderalistischen Weststaat zu schaffen und ihn in den Westen zu integrieren. Sie „empfahlen" den westdeutschen Ministerpräsidenten durch eine „Verfassunggebende Versammlung" die Grundlagen des zu errichtenden Weststaats erarbeiten zu lassen. Außerdem wurde die Aufnahme der Westzonen in die Marshallplanhilfe beschlossen. Die UdSSR reagierte darauf mit der Beendigung des Alliierten Kontrollrats und der Verschärfung des Berlinproblems.

Die Warschauer Achtmächtekonferenz (23./24.6.1948)

Die Konferenzteilnehmer (=UdSSR + sieben Ostblockstaaten) beschuldigten die Teilnehmer der Londoner Sechsmächtekonferenz, Deutschland durch ihre Beschlüsse zu spalten, einen „antidemokratischen Geist" zu propagieren und die Oder-Neiße-Grenze zu gefährden. Sie **forderten** eine **gesamtdeutsche demokratische Regierung und einen Friedensvertrag gemäß** den Beschlüssen von **Potsdam**.

Warschauer Achtmächtekonferenz (23./24.6.1948):
Die UdSSR und sieben Satellitenstaaten kritisierten die deutschlandpolitischen Entscheidungen der Londoner Sechsmächtekonferenz und forderten u.a. einen Friedensvertrag gemäß den Beschlüssen des Potsdamer Abkommens.

Die Berlin-Blockade (24. 6. 1948 – 12. 5. 1949)

Berlin-Blockade (24.6.1948 – 12.5.1949): Als Reaktion auf die Währungsreform in den Westzonen sperrte die UdSSR am 24. Juni 1948 die Zufahrtswege nach Westberlin und drohte den Westmächten mit „wirtschaftlichen und administrativen Sanktionen".

Die westlichen Besatzungsmächte richteten eine Luftbrücke ein und versorgten ca. 2,2 Mio. Westberliner fast 11 Monate aus der Luft mit allem Lebensnotwendigen.

Die Berlin-Blockade war der erste Höhepunkt des Kalten Kriegs. Zum ersten Mal wurde die geteilte Stadt zum Testfall der Ost-West-Beziehungen. Das brutale Vorgehen der UdSSR erhöhte die antikommunistische Solidarität der westlichen Staaten, machte Westmächte, Westdeutsche und Westberliner zu engen Verbündeten und verstärkte das negative Image der UdSSR. Im Mai 1949 beendete das Jessup-Malik-Abkommen die Berlin-Blockade.

Auf das Scheitern der Londoner Außenministerkonferenz (von 1947) hatte die UdSSR mit Schikanen und seit Ende März 1948 mit einer Verkehrsblockade Berlins reagiert. Die Währungsreform in den Westzonen vom Juni 1948 (➔ S. 76) gab ihr den willkommenen Anlass, die Blockade Berlins zu verstärken und die Schikanen zu vervielfältigen. Damit verfolgte die **UdSSR drei Ziele**: Die Einbeziehung ganz Berlins in ihren Machtbereich, die Verdeutlichung der Schwäche der Westmächte sowie deren instabiler Position in Berlin und die Dokumentation ihrer eigenen Rolle als Führungsmacht durch die Brüskierung der USA.

Nachdem bereits am 11. Januar 1948 die „Tägliche Rundschau", die Zeitung der Roten Armee für die deutsche Bevölkerung, Berlin als „Objekt der Spaltungspolitik" und als „Brennpunkt der Intrigen" bezeichnet hatte, begann die UdSSR Anfang April den Verkehr zwischen den Westzonen und Berlin mit ersten Schikanen zu stören. Am 19. Juni, einen Tag nach der Verkündigung der Währungsreform in den Westzonen, unterbrach die UdSSR den gesamten deutschen Personenverkehr nach Berlin durch ihre Zone und drohte den Westmächten mit „wirtschaftlichen und administrativen Sanktionen", sollten sie die Währungsreform durchführen. Am **24. Juni** begann die UdSSR mit der **Sperrung der Zufahrtswege** nach Westberlin und drehte den Westberlinern den Strom ab.

Die Berlin-Blockade markierte den ersten **Höhepunkt des Kalten Kriegs** und zum ersten Mal wurde die geteilte Stadt zum Testfall der Ost-West-Beziehungen. Nach verbalen, nutzlosen Protesten richteten die westlichen Besatzungsmächte auf Initiative des amerikanischen Generals **Lucius D. Clay** eine **Luftbrücke** zwischen den Westzonen und Westberlin ein, die die ca. 2,2 Mio. Westberliner fast 11 Monate lang mit allem Lebensnotwendigen aus der Luft versorgte. Erst am **12. Mai 1949** wurde die Berlin-Blockade **durch das** nach den Unterhändlern benannte amerikanisch-sowjetische **Jessup-Malik-Abkommen beendet**, nachdem ihre Wirkungslosigkeit den Sowjets klar geworden war. Berlin wurde von nun an zum Faustpfand auf der einen Seite und zum Symbol des (westlichen) Freiheitswillens auf der anderen. Die Blockade Berlins erwies sich **für** die **UdSSR** als **Bumerang**. Die Brutalität des sowjetischen Vorgehens dokumentierte nämlich allen Kritikern die Richtigkeit und Alternativlosigkeit der amerikanischen Deutschlandpolitik, schloss die Reihen der Westalliierten und erhöhte ihre antikommunistische Solidarität, machte Westdeutsche, Westberliner und die Westmächte zu Verbündeten und verstärkte das negative Image der UdSSR.

Die Deutschlandkonferenz von Washington (5. – 8. 4. 1949)

Auf der Deutschlandkonferenz beschlossen die Außenminister der Westmächte die **Schaffung der Trizone und** die **Beendigung der Militärregierung**. An ihre Stelle sollten die Alliierten Hohen Kommissare treten, die nur noch eine Kontrollbefugnis haben sollten.

Deutschlandkonferenz von Washington (5. – 8. 4. 1949): Die Westmächte beschlossen die Trizone und die Beendigung der Militärregierung.

Die Außenministerkonferenz von Paris (23. 5. – 20. 6. 1949)

Wenige Wochen nach der Schaffung der Trizone fand das letzte Treffen statt. Die Konferenz war – wie die vorhergehenden – von vorneherein zum Scheitern verurteilt. Der **unüberbrückbare Dissens** wurde u. a. daran deutlich, dass die UdSSR einen aus der SBZ und den Westzonen paritätisch besetzten gesamtdeutschen Staatsrat wünschte, während die Westmächte den Beitritt der Länder der SBZ zum Bonner Grundgesetz vorschlugen.

Außenministerkonferenz von Paris (23.5. – 20.6. 1949) scheiterte an den grundsätzlichen deutschlandpolitischen Zielen der Westmächte und der UdSSR.

Die Entstehung der Bundesrepublik

Nach dem Scheitern der Londoner Außenministerkonferenz von 1947 forcierten die USA die Etablierung des Weststaats. Dieser sollte der SBZ in jeder Hinsicht überlegen sein und damit jede von den Sowjets initiierte Wiedervereinigung verhindern. Die Errichtung des Weststaats vollzog sich in folgenden Schritten:

Die Trizone

Im Frühsommer 1947 beschleunigten die USA den Ausbau der Bizone. Auf Weisung der beiden Besatzungsmächte schufen Mitte Juni die Ministerpräsidenten der amerikanischen und britischen Zone den **„Wirtschaftsrat für das Vereinigte Wirtschaftsgebiet“** mit Sitz in Frankfurt. Dieses wichtigste Organ bestand aus 52 Delegierten und entsprach dem politischen Kräfteverhältnis der einzelnen Landtage. In der Folgezeit bauten die angelsächsischen Mächte die Bizone trotz heftiger französischer Proteste systematisch aus. Der Wirtschaftsrat wurde verdoppelt und deutsche politische Institutionen geschaffen. Im Jahre 1948 kam es auf Druck der USA zu einer engeren Zusammenarbeit zwischen der Bizone und der französischen Zone, weshalb **seit Herbst 1948** in der Publizistik häufig die **Bezeichnung „Trizone“** verwendet wurde. Im Frühjahr 1949 begannen die Westmächte mit der Vorbereitung eines westdeutschen Staates. Hierfür beschlossen und schufen sie Anfang April 1949 die Trizone.

Trizone: 1947/48 bauten die angelsächsischen Mächte die Bizone trotz französischer Proteste systematisch aus. Im Jahre 1948 gab Frankreich auf amerikanischen Druck seinen Widerstand auf. Die Trizone entstand im Frühjahr 1949.

Die Währungsreform (20./21.6.1948)

Die Währungsreform (20./21.6.1948) führten die Westmächte als wirtschaftliche Basis des zu gründenden Weststaats durch. Jeder Westdeutsche und jeder Westberliner erhielt 60 Deutsche Mark. Löhne, Gehälter, Renten, Mieten wurden im Verhältnis 1:1, die meisten anderen Verbindlichkeiten im Verhältnis 10:1 (Reichsmark zu Deutscher Mark) umgestellt.

Die Besitzer von Sparguthaben verloren durch die Währungsreform, Besitzer von Sachwerten und Schuldner profitierten von ihr. Ludwig Erhard verknüpfte die Währungsreform mit Maßnahmen der Sozialen Marktwirtschaft.

Die Währungsreform hatte einen durchschlagenden Erfolg. Über Nacht füllten sich die Schaufenster der Geschäfte und die Wirtschaft der Trizone sprang an.

Als Grundvoraussetzung für die Einbeziehung Westdeutschlands in den Marshall-Plan und als entscheidende wirtschaftliche Basis des zu gründenden Weststaats sahen die USA eine Bereinigung der ungesunden Währungsverhältnisse an. Einer riesigen, aber praktisch wertlosen Geldmenge aus dem Dritten Reich (ca. 300 Milliarden Reichsmark) stand ein geringes Warenangebot gegenüber. Deshalb verkündeten die westlichen Militärgouverneure am 19.6.1948 ein neues Währungsgesetz, das an den beiden folgenden Tagen durchgeführt und am 24. Juni auch auf Westberlin erweitert wurde. Jeder Westdeutsche und jeder Westberliner erhielt 40 Deutsche Mark (D-Mark) sofort und weitere 20 im August. Unternehmen bekamen für jeden Arbeitnehmer 60 D-Mark. Löhne, Gehälter, Pensionen, Renten, Mieten und Pachtzinsen wurden im Verhältnis 1 (Reichsmark): 1(D-Mark) umgestellt, die meisten anderen Verbindlichkeiten im Verhältnis 10:1. Die Währungsreform traf vor allem die Besitzer von Bank- und Sparguthaben hart, deren Guthaben im Verhältnis 100:6,5 abgewertet wurden. Demgegenüber profitierten die Besitzer von Sachwerten und die Schuldner. Ludwig Erhard, der Direktor für Wirtschaft in der Trizonenverwaltung, verknüpfte am selben Tage die Währungsreform ohne Absprache mit den Westmächten im Sinne der von ihm initiierten „Sozialen Marktwirtschaft" mit einer entschiedenen Wirtschaftsreform: Er verkündete den Abbau zahlreicher Verwaltungsvorschriften, die Abschaffung des Bezugsscheinsystems und die Aufhebung der Preisbindung. Nicht mehr staatlicher Dirigismus, sondern Wettbewerb und Verbrauch bestimmten von nun an die Wirtschaft. Damit verhinderte Erhard planwirtschaftliche Ansätze.

Die Währungreform hatte einen durchschlagenden Erfolg. Die Bevölkerung setzte Vertrauen in die neue Währung, die Schaufenster füllten sich über Nacht und die Wirtschaft der Westzonen sprang an. Die Währungsreform erwies sich in der Folgezeit trotz aller Diskussionen um die Wirtschaftsordnung als Initialzündung der westdeutschen Wirtschaft und verlieh ihr schon bald eine derartige Dynamik, dass man im In- und Ausland voller Staunen und Bewunderung vom deutschen „Wirtschaftswunder" (➔ S. 146) sprach.

Am **23. Juni** verordnete die **SMAD** die **Währungsreform für** die **SBZ** und für Groß-Berlin. Sie begünstigte staatliche Unternehmen und Betriebe durch einen günstigeren Umtausch gegenüber privaten Unternehmen und Besitzern von Neubauernhöfen. Freier Handel wurde nicht erlaubt, Rationierung, Zwangsbewirtschaftung und totale Preiskontrolle blieben erhalten.

Die Frankfurter Dokumente (1. 7. 1948)

Aufgrund der Londoner Empfehlungen überreichten die drei westlichen Militärgouverneure den Länderchefs drei Schriftstücke, die zu den bedeutendsten Grundlagen der Staatswerdung der Bundesrepublik zählen (**„Geburtsurkunde der Bundesrepublik“**). Sie „schlugen“ darin folgende **drei Aufgaben** „vor“:

- Die Einberufung einer „Verfassunggebenden Versammlung“ bis zum 1. 8. 1948, die die Verfassung des zu gründenden föderativen Weststaats erarbeiten soll.
- Die Überprüfung der 1945 – 1947 entstandenen Ländergrenzen.
- Stellungnahme zu „Leitsätzen der Beziehungen“ zwischen der künftigen westdeutschen Regierung und den westlichen Besatzungsmächten.

Die **„Empfehlungen“ lösten** in der Bevölkerung und vor allem unter den Politikern eine **heftige Diskussion** aus, da man befürchtete, dass ihre Umsetzung die deutsche Spaltung zementieren würde. Deshalb entschieden sich die Ministerpräsidenten der Westzonen in ihrer ersten Versammlung (Hotel Rittersturz nahe Koblenz, 8.-10. Juli 1948) gegen eine Verfassunggebenden Versammlung und beschlossen stattdessen die Erarbeitung eines Verfassungsentwurfs durch eine Organisation oberhalb der Länderebene: Der **„Parlamentarische Rat“** sollte keine Verfassung, sondern ein **„Grundgesetz“** schaffen. Auf diese Weise und durch diese beiden Begriffe wollten die Ministerpräsidenten den provisorischen Charakter des zu bildenden Staates betonen. Dieses Vorgehen verärgerte die Westmächte, die mit Konsequenzen für ihr Verhältnis zu den Westdeutschen und der Preisgabe des eingeschlossenen Berlins drohten.
Bei ihrem zweiten Treffen (Schloss Niederwald bei Rüdesheim, 21./22. Juli 1948) überwanden die Ministerpräsidenten ihre Bedenken gegen einen Weststaat. Den Ausschlag gab der Berliner Oberbürgermeister Ernst Reuter mit dem Argument, dass die Spaltung Deutschlands bereits vorhanden sei und nicht erst durch einen Weststaat geschaffen werde. Die Annahme der alliierten Offerte ermögliche – so Reuter – eine schrittweise Wiedergewinnung der deutschen Souveränität zunächst im Westen, dann aufgrund der von hier ausgehenden politischen und wirtschaftlichen Anziehungskraft auch in der SBZ (**„Magnettheorie“**). Eine weitere Frage war, auf welcher Ebene das Grundgesetz angenommen werden sollte, an dem die Ministerpräsidenten kategorisch festhielten. Die Annahme per Volksabstimmung verwarfen sie, da dies ein westdeutsches Staatsvolk impliziert und der Einheit der Nation widersprochen hätte. Stattdessen sprachen sie sich einhellig für die **Annahme durch die Landtage** aus, da diese Lösung den **provisorischen Charakter der Verfassung** am klarsten verdeutliche. Nach harten Diskussionen lenkten die Westmächte schließlich ein und genehmigten die Annahme des Grundgesetzes durch die Länderparlamente.

Die Frankfurter Dokumente enthielten drei „Empfehlungen“:
1. rasche Einberufung einer Verfassungsgebenden Versammlung
2. Überprüfung der 1945 bis 1947 entstandenen Länder
3. Mitgestaltung der Beziehungen zwischen den westlichen Besatzungsmächten und der künftigen westdeutschen Regierung

Die geforderte Schaffung einer „Verfassung“ wurde von den Ministerpräsidenten und im Volk heftig kritisiert, weil man befürchtete, sie könne die Teilung zementieren.

Die Ministerpräsidenten mussten nachgeben, erreichten aber Zugeständnisse: Ein „Parlamentarischer Rat“ sollte ein „Grundgesetz“ erarbeiten, das nicht vom Volk, sondern von den Landtagen angenommen werden sollte.

„Parlamentarischer Rat“, „Grundgesetz“ und die Annahme durch die Landtage sollten den provisorischen Charakter betonen.

Der Parlamentarische Rat

Der Parlamentarische Rat bestand aus 65 Delegierten der 11 Landtage. Zusammensetzung: SPD 27, CDU 19, CSU 8, FDP 5, Deutsche Partei, Zentrum und KPD je 2.

Er hatte zwei wesentliche Ziele:
1. Erarbeitung einer Verfassung für den provisorischen westdeutschen Teilstaat und
2. Sicherung der demokratischen Regierungsform durch stabilisierende Verfassungselemente.

Umstritten waren die Kompetenzverteilung zwischen Bund und Ländern sowie das Ausmaß des Föderalismus.

Der Parlamentarische Rat nahm das Grundgesetz am 8.5.1949 mit 53 zu 12 Stimmen an. Dagegen stimmten die sechs Vertreter der drei kleinen Parteien sowie sechs Delegierte der CSU, der die Verfassung zu wenig föderalistisch war. Mit Ausnahme Bayerns stimmten alle Länderparlamente dem Grundgesetz zu. Bayern erklärte, eine Mehrheitsentscheidung mittragen zu wollen. Das GG wurde am 23. Mai 1949 unterzeichnet (= Geburtstag der Bundesrepublik Deutschland) und trat am folgenden Tag in Kraft.

Vom 10. bis 23. August erarbeitete ein von den Ministerpräsidenten einberufener **Verfassungskonvent** in **Herrenchiemsee** einen Verfassungsentwurf. Am 1. September trat in **Bonn** der **Parlamentarische Rat** zusammen. Er bestand aus 65 Mitgliedern, die von den Landtagen gewählt worden waren und spiegelte die innenpolitischen Verhältnisse wider: Die SPD stellte 27 Mitglieder, CDU/CSU 27, FDP 5, Zentrum, Deutsche Partei und KPD jeweils 2. Als erste Amtshandlung wählte der Parlamentarische Rat Konrad Adenauer (→ S. 82) (CDU) zum Präsidenten, Carlo Schmid (SPD) zum Vorsitzenden des wichtigen Hauptausschusses.
Der Parlamentarische Rat hatte **zwei** wesentliche **Ziele**: Die Ausarbeitung und Verabschiedung einer detaillierten Verfassungsgrundlage für einen provisorischen westdeutschen Teilstaat und die Schaffung der nötigen Voraussetzungen für ein stabiles Staatswesen durch geeignete Sicherungen innerhalb der Verfassung (Verfassungsschutz, Bundesverfassungsgericht, Vorstaatlichkeit der Grundrechte, Stellung der Parteien etc.). Im Detail gab es **Gemeinsamkeiten**, die von Anfang an existierten, **und heftig umstrittene Problembereiche**. Zu den Gemeinsamkeiten gehörten die Verhinderung einer Diktatur durch eine stabile demokratische Regierungsform, die Selbstbestimmung gegenüber den Besatzungsmächten und der Ausbau des sozialen Rechtsstaates. Als Problembereiche erwiesen sich vor allem die Kompetenzverteilung zwischen Bund und Ländern und – damit zusammenhängend – das Ausmaß und die Ausgestaltung des Föderalismus, da in beiden Bereichen auch die Vorstellungen der Besatzungsmächte erheblich differierten.
Nach heftigen Debatten nahm schließlich der Parlamentarische Rat am 8. Mai 1949 das Grundgesetz mit 53 zu 12 Stimmen an. Dagegen stimmten die Vertreter der drei kleinen Parteien sowie sechs der acht CSU-Delegierten. Mit Ausnahme Bayerns, dem die neue Staatsordnung zu zentralistisch und zu wenig föderalistisch ausgelegt war, stimmten alle Länderparlamente dem Grundgesetz zu. Bayern erklärte jedoch, sich der Mehrheitsentscheidung der Länder zu fügen und das Grundgesetz mitzutragen. Am 12. Mai genehmigten die Westmächte das **Grundgesetz**, das am **23. Mai** von den Ministerpräsidenten in Bonn **unterzeichnet** wurde und am folgenden Tag in Kraft trat. Das Grundgesetz **konstituierte die Bundesrepublik** nicht als neuen Staat, sondern organisierte sie als neue politische Ordnung des staatlichen Lebens für eine „Übergangszeit" (Präambel, Art. 146).

© Bergmoser + Höller Verlag AG

Das Grundgesetz als „Antiverfassung"

Das **Grundgesetz** wurde als bewusste **Reaktion auf** die **Weimarer Reichsverfassung** und auf die Verhältnisse im Dritten Reich geschaffen. Die meisten Väter des Grundgesetzes brachten ihre diesbezüglichen Erfahrungen bei der Konzipierung der Verfassung ein. Ihr vorrangiges Ziel war es deshalb, eine Verfassung zu schaffen, die – unabhängig von ihrem provisorischen Charakter– eine Demokratie gewährleisten und die von ihrem verfassungsmäßigen Rahmen her eine Diktatur unmöglich machen sollte. Zu deutlich stand das Bild der Weimarer Reichsverfassung vor Augen, die es Hitler ermöglicht hatte, die Macht zu „ergreifen" und mit scheinbar verfassungsrechtlicher Legalität die demokratischen Grundlagen zu beseitigen. Zu diesen **Sicherungsmechanismen** gehören:

- Die Vorstaatlichkeit und Unaufhebbarkeit der Grund- und Menschenrechte, die jegliche staatliche Gewalt binden (Art. 20 GG), geben, anders als in Weimar („Grundrechte nach Maßgabe der Gesetze"), den Rahmen für Gesetze vor.
- Der Schutz des Individuums vor staatlicher Willkür wird gewährleistet durch die Bindung aller staatlichen Institutionen an die Grundrechte, die unmittelbar geltendes Recht sind.
- Die Beschränkung der Macht des Bundespräsidenten auf repräsentative Funktionen. Er repräsentiert als Staatsoberhaupt die Bundesrepublik, hat ein hohes Ansehen, jedoch nur geringe politische Bedeutung.
- Das konstruktive Misstrauensvotum, das diejenigen Parteien, die es einbringen, verpflichtet, sich auf einen gemeinsamen Kanzlerkandidaten zu einigen.

Das Grundgesetz als Antiverfassung
Das Grundgesetz wurde als bewusste Reaktion auf die Schwächen und Defizite der Weimarer Reichsverfassung geschaffen.
Deshalb enthält es folgende Sicherungsmechanismen:
- Schutz des Individuums vor staatlicher Willkür durch „Vorstaatlichkeit" und Unaufhebbarkeit der Grund- und Menschenrechte, die jegliche Staatsgewalt binden
- Der Bundespräsident hat nur noch repräsentative Aufgaben.
- Stärkung des Bundeskanzlers durch das konstruktive Misstrauensvotum und durch ausschließliche Abhängigkeit vom Parlament („Richtlinienkompetenz", „Kanzlerdemokratie")

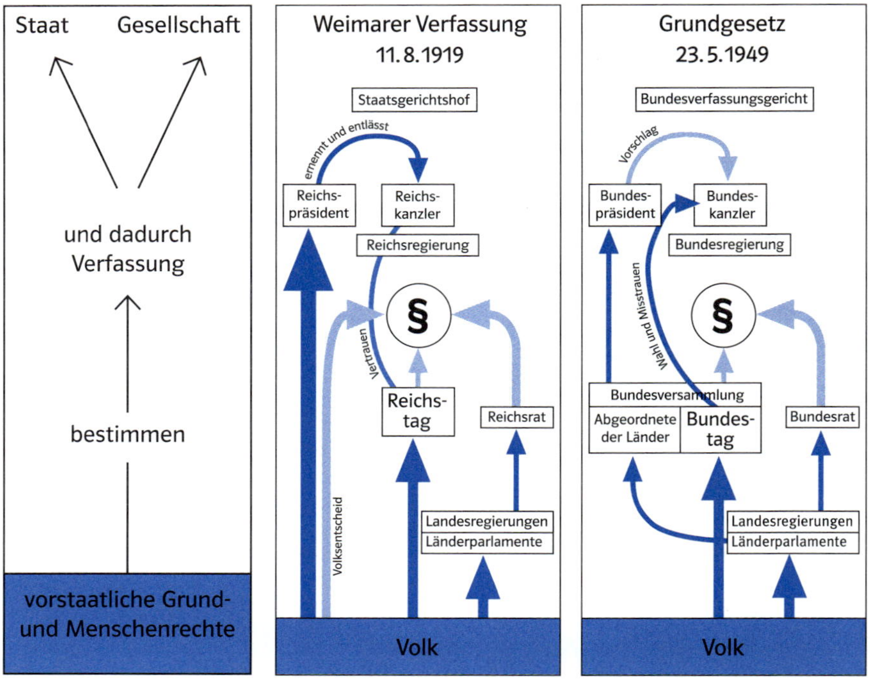

- Art. 1 (Menschenwürde) und Art. 20 (Grundlagen der staatlichen Ordnung) sind unveränderbar.

- Die ausschließliche Abhängigkeit des Bundeskanzlers vom Bundestag.
- Art. 1 und 20 (Menschenwürde, Grundlagen der staatlichen Ordnung) können nicht verändert werden.

Darüber hinaus wurde und wird die Bundesrepublik Deutschland durch eine Reihe von grundlegenden **Charakteristika** der **Verfassung** (=Grundgesetz) bestimmt. Dazu gehören:

Als weitere Charakteristika wurden bestimmt: Der provisorische Charakter der Bundesrepublik, die Wiedervereinigung als übergeordnetes Ziel, die pluralistische Gesellschaft, die sich aus den Grundrechten und dem Art. 20 ergibt, Schutz der Parteien, allgemeine, gleiche und geheime Wahlen, Regierungskontrolle, Konzentration der politischen Macht auf Bundestag, Bundesrat und Kanzler (Betonung des Repräsentativsystems), Garantie und Schutz des Grundgesetzes durch eine „wehrhafte" Demokratie.

- Der provisorische Charakter der Bundesrepublik (bis 1990).
- Die Wiedervereinigung war (laut Präambel) bis 1990 ein übergeordnetes Ziel, der soziale Rechtsstaat ist es auch heute noch.
- Die Bundesrepublik ist ein demokratischer, parlamentarisch-repräsentativer und sozialer Bundes- und Rechtsstaat, in dem alle Gewalt vom Volk ausgeht (Art. 20 GG). Hauptprinzipien dieser „freiheitlich-demokratischen Grundordnung" (→ S. 41) sind vor allem die vorstaatlichen Menschenrechte, die Volkssouveränität, das Repräsentativsystem (Parteien und Interessenverbände vertreten den Volkswillen), die Rechtsstaatlichkeit, Gewaltenteilung, die Verantwortlichkeit der Regierung, das Mehrparteien- und Mehrheitsprinzip als Ausdruck einer pluralistisch-demokratischen Gesellschaft und das Sozialstaatspostulat, was bedeutet, dass der Staat regulativ soziale Gerechtigkeit gewährleistet.
- Stärkung der Position des Kanzlers (Kanzlerdemokratie); der Kanzler hat laut Art. 65 GG die Richtlinienkompetenz der Politik und trägt dafür die

Verantwortung. Er kann nur durch ein konstruktives Misstrauensvotum gestürzt werden.
- Schutz der Parteien als verfassungsrechtlich festgeschriebene Institutionen.
- Wahlen sind allgemein, gleich, geheim und direkt.
- Die Regierung (Exekutive) wird durch Wahlen und die parlamentarische Opposition kontrolliert.
- Die politische Macht ist auf Bundestag, Bundesrat und Kanzler (=Betonung des Repräsentativsystems) konzentriert. Auf Bundesebene gibt es keine plebiszitären Elemente (wie in Weimar) mehr.
- Garantie und Schutz des Grundgesetzes und des Staates im Sinne der „streitbaren" bzw. „wehrhaften" Demokratie durch geeignete Bestimmungen, z. B. durch das Bundesverfassungsgericht und den Verfassungsschutz.

Die ersten Wahlen

Am 14. August 1949 wurde der erste Bundestag mit einer Wahlbeteiligung von 78,5 % gewählt. CDU und CSU stellten zusammen die größte Fraktion.

Erste Wahlen: Die **erste Bundestagswahl** (14.8.1949) brachte für die größeren Parteien folgende Ergebnisse: CDU/CSU 139 (von insgesamt 404 Parlamentssitzen); SPD 131, FDP 52, DP 17, Bayernpartei 17, Z 10. KPD 15, WAV 12.

Ergebnisse und Verteilung der Sitze im Bundestag:

	Gültige Zweitstimmen (in %)	Sitze	% aller Sitze	Direktmandate
CDU/CSU	31,0	139	34,7	115
SPD	29,2	131	32,6	96
FDP	11,9	52	13,0	12
DP (Deutsche Partei)	4,0	17	4,2	5
BP (Bayernpartei)	4,2	17	4,2	11
Z (Zentrumspartei)	3,1	10	2,5	–
KPD	5,7	15	3,7	–
WAV (Wirtschaftliche Aufbauvereinigung)	2,9	12	3,0	–
DRP (Deutsche Reichspartei)	1,8	5	1,2	–
SSW (Südschleswigscher Wählerverband)	0,3	1	0,2	–
Parteilose	4,8	3	0,7	3
Sonstige	1,1	–	–	–

Zum ersten **Bundespräsident** wurde (am 12.9.1949) **Theodor Heuss** (FDP), zum ersten Kanzler (am 15.9.1949) **Konrad Adenauer** (CDU) mit 202 von 402 Stimmen gewählt.
Kurt Schumacher (SPD) unterlag bei beiden Wahlen als Spitzenkandidat.

Die erste **Regierungskoalition** bildete sich aus CDU/CSU, FDP und DP.

Die Wahl des Bundespräsidenten (12.9.1949) gewann Theodor **Heuss** (FDP), der im Parlamentarischen Rat an der Entstehung des Grundgesetzes wesentlichen Anteil gehabt hatte, im zweiten Wahlgang gegen Kurt Schumacher (SPD). Der schwäbische Liberale besaß aufgrund seiner umfassenden Bildung, seines Humors, seiner politischen Autorität und Integrität großes Ansehen und wurde zur Symbolfigur eines anderen, neuen Deutschlands durch die bewusste Abkehr vom traditionellen Bild des „ersten Mannes in Uniform".
Drei Tage später, am 15.9.1949, entschied Konrad **Adenauer** (CDU) die Bundeskanzlerwahl gegen Kurt Schumacher (SPD) mit einer Stimme Mehrheit (202 von 402 Stimmen). Fünf Tage später bildete er das **erste Kabinett aus CDU/CSU, FDP und DP**. Damit war eine innenpolitische Entscheidung für längere Zeit gefallen, da die erste Regierung aufgrund der Unterstützung der Westmächte und vor allem aufgrund der politischen und wirtschaftlichen Entwicklung gute Rahmenbedingungen vorfand.

PORTRÄT

KONRAD ADENAUER
(5.1.1876 – 19.4.1967)

- Beruf: Jurist
- 1905 Eintritt in die Zentrumspartei
- 1917–1933 Oberbürgermeister von Köln
- 1921–1933 Präsident des preußischen Staatsrates
- 1933–1945 Amtsenthebung durch die Nationalsozialisten, mehrfach verhaftet
- 1945 Einsetzung als Oberbürgermeister von Köln durch die Amerikaner, von den Briten abgesetzt
- 1946 Vorsitzender der CDU in der britischen Zone
- 1950–1966 Bundesvorsitzender der CDU
- 1948/49 Präsident des Parlamentarischen Rates
- 1949–1963 Bundeskanzler

Die eingeschränkte Souveränität

Auch nach der Konstituierung der Bundesrepublik war diese nur bedingt souverän. Die oberste Regierungsgewalt blieb bei den westlichen Alliierten, die sich in einem **Besatzungsstatut**, das am 21.9.1949 in Kraft trat, folgende wesentlichen **Sonderbefugnisse** vorbehielten: militärische Sicherheitsfragen, auswärtige Angelegenheiten, die Genehmigung von Grundgesetzänderungen sowie die Kontrolle der Gesetzgebung, der Verwaltung, der Wirtschaft und der Außenhandelsbeziehungen. Eine Generalklausel ermächtigte sie, die Regierungsgewalt jederzeit „aus Sicherheitsgründen oder zur Aufrechterhaltung der demokratischen Ordnung in Deutschland" zu übernehmen. Dies bedeutete, dass die gesamte bundesdeutsche Rechtsordnung und damit auch das Grundgesetz vom Besatzungsrecht überlagert wurden („**Besatzungshoheit**").

Eingeschränkte Souveränität
Auch nach ihrer Konstituierung hatte die Bundesrepublik Deutschland nur eine eingeschränkte Souveränität. Die Siegermächte behielten die oberste Regierungsgewalt und hatten Sonderbefugnisse in den Bereichen militärische Sicherheitsfragen, Außenpolitik und Außenhandelsbeziehungen, Gesetzgebung, Verwaltung, Wirtschaft. Die Westmächte hatten also eine „Besatzungshoheit".

Die Entstehung der Deutschen Demokratischen Republik

In Übereinstimmung mit der sowjetischen Deutschlandpolitik initiierte die SED die von ihr gesteuerte „Volkskongressbewegung", die die Entstehung der DDR nach Weisung der SMAD pseudodemokratisch vorantrieb.
Am 6./7. **Dezember 1947** trat in Berlin der „**Erste Deutsche Volkskongress** für Einheit und gerechten Frieden" zusammen. Er forderte in Übereinstimmung mit der Besatzungsmacht die Vorbereitung eines Friedensvertrages und eine gesamtdeutsche Regierung aus Vertretern aller demokratischen Parteien, die die Grundlagen für einen ostdeutschen Staat schaffen sollte.

Der **Zweite Volkskongress** (17./18.3.**1948**), der sich als einzige legitime Vertretung des deutschen Volkes bezeichnete, lehnte den Marshall-Plan (→ S. 71) ab, erkannte die Oder-Neiße-Grenze an, beschloss ein Volksbegehren zur deutschen Einheit und wählte den von der SED gelenkten ersten „Deutschen Volksrat", der aus 400 Mitgliedern bestand, darunter 100 aus den Westzonen. Seine Aufgabe bestand darin, zwischen den Tagungen des Volkskongresses tätig zu sein. Nach dem Abschluss des **Brüsseler Pakts** (17.3.1948, → S. 90) ging die UdSSR von der faktischen Teilung Deutschlands aus und forcierte den Aufbau einer Volksdemokratie in der SBZ.

In den Jahren **1948** und **1949** vollzog die SED in Übereinstimmung mit den Vorgaben der SMAD die grundlegende und endgültige **Umwandlung des politischen, gesellschaftlichen und ökonomischen Systems**:

- Im April **1948** ließ die SMAD zwei neue Parteien zu, die Nationaldemokra-

Die Entstehung der Deutschen Demokratischen Republik (DDR)
- In Übereinstimmung mit der sowjetischen Deutschlandpolitik initiierte die SED die von ihr gesteuerte Volkskongressbewegung und trieb so die Entstehung der DDR pseudodemokratisch voran:
- 6./7.12.1947: Der „Erste Deutsche Volkskongress für Einheit und gerechten Frieden" forderte einen Friedensvertrag und eine „gesamtdeutsche Regierung".
- 17./18.3.1948: Der Zweite Volkskongress lehnte den Marshall-Plan ab, erkannte die Oder-Neiße-Grenze an und wählte einen „Deutschen Volksrat".

SED und Volksrat wandelten 1948/49 (auf Anordnung der SMAD) das gesellschaftspolitische und wirtschaftliche System der SBZ im sozialistischen Sinne durch folgende Maßnahmen um:
- Zulassung der Nationaldemokratischen und der Liberaldemokratischen Partei und deren Integration in den antifaschistisch-demokratischen Block
- Ausbau der Macht der SED
- Die SED wird eine marxistisch-leninistische „Partei neuen Typs".
- staatlich gelenkte Planwirtschaft
- Kontrolle des Bildungssystems durch die SED
- Festschreibung der „führenden Rolle der UdSSR" und der verpflichtenden Unterstützung der „Sowjetmacht"

tische Partei Deutschlands (**NDPD**) und die Demokratische Bauernpartei Deutschlands (**DBD**). Die Mitglieder der NDPD rekrutierten sich aus ehemaligen Offizieren und NSDAP-Mitgliedern sowie aus bürgerlichen Kreisen. Beide Parteien wurden zusammen mit den „gleichberechtigten", in Wirklichkeit von der SED gelenkten Massenorganisationen in den „antifaschistisch-demokratischen" Block integriert. Damit schwächte die SED die bürgerlichen Parteien CDU und LDPD, die nun mehr und mehr zu „Blockflöten" wurden, und baute ihre Machtposition entscheidend aus.

- Die **SED** festigte ihre Reihen organisatorisch und ideologisch und wandelte sich in eine „**Partei neuen Typs**" um. Dies bedeutete konkret: Schulung der Parteikader, organisatorische Straffung der Partei, Verschärfung der Parteidisziplin, Schaffung eines zuverlässigen Parteikerns in allen Massenorganisationen, Durchsetzung des Marxismus-Leninismus und „Entlarvung des amerikanischen Imperialismus".
- Im Herbst 1948 ging die SED-Führung von der Gründung der DDR aus, „wenn die Regierungsbildung im Westen erfolgt ist." Der Verfassungsausschuss des Volksrates, der sich als „die berufene Repräsentation für ganz Deutschland" bezeichnete, erarbeitete auf der Grundlage eines SED-Entwurfs von 1946 die „**Verfassung der Deutschen Demokratischen Republik**", die vom Volksrat gebilligt und am 19. **März 1949 beschlossen** wurde.
- Parallel zu den politischen Veränderungen verlief die **wirtschaftliche Umgestaltung** der SBZ. Sie begann mit der Durchsetzung der Planwirtschaft, dem Auf- bzw. Ausbau des „volkseigenen", d.h. staatlichen Sektors der Industrie und der staatlichen Handelsorganisation (HO), die Einzelhandels- und Gaststättenbetriebe umfasste. Ab Mitte 1948 arbeitete die Wirtschaft der SBZ nach Halbjahresplänen, in den Jahren **1949/50** nach dem ersten **Zweijahresplan**. Die von der SED bestimmte **Deutsche Wirtschaftskommission** (DWK, 12.2.1948) wurde das zentrale Führungsorgan der Wirtschaft. Da sie verbindliche Verfügungen erlassen konnte, war sie de facto die Vorstufe einer Regierung. Die von der SED initiierte Aktivistenbewegung („Hennecke-Bewegung") diente der „Ausrichtung" der Arbeiter auf das neue Produktionssystem und der Erhöhung der Arbeitsnorm. Im Oktober 1948 erfüllte der Bergarbeiter Adolf Hennecke (unter günstigsten Bedingungen) sein Tagessoll mit 380% und galt fortan als leuchtendes Beispiel sozialistischer Arbeitsmoral. Die Aktivistenbewegung sollte die Produktivität in die Höhe treiben und galt als wichtigster Hebel der Wirtschaft.
- Weitere Elemente zur Beherrschung von Staat und Gesellschaft durch die SED waren die **Kontrolle des Bildungssystems**, die **Festschreibung der „führenden Rolle" der UdSSR** und die Unterstützung der „Sowjetunion mit allen Kräften", die zur „Pflicht" der SED-Mitglieder erklärt wurde. Sta-

lins „Geschichte der KPdSU" wurde zur obligatorischen Grundlage der Parteischulung. Die Zentrale Partei-Kontrollkommission (ZPKK) wachte in der Folgezeit streng über die Einhaltung der ideologischen Linie und schaltete alle unbequemen oder missliebigen Parteigenossen aus.

- Der **Dritte Deutsche Volkskongress** (15./16.5.**1949**) wurde über eine Einheitsliste des antifaschistisch-demokratischen Blocks gewählt, wobei das Ergebnis (Anzahl der Delegierten pro Partei bzw. Massenorganisation) bereits vor der Wahl festgelegt worden war. Die Wahl war manipuliert, da die Annahme oder Ablehnung der Wahlliste mit der Suggestivfrage gekoppelt war, ob der Wähler für die Einheit Deutschlands und einen Friedensvertrag sei. Trotz eines großen Propagandaaufwands war das Ergebnis (66,1% Ja-Stimmen) kein voller Sieg für die SED.

Der Dritte Deutsche Volkskongress (15./16.5.1949) wurde in einer manipulierten Wahl über eine Einheitsliste des antifaschistisch-demokratischen Blocks gewählt. Er nahm die vom Deutschen Volksrat erarbeitete Verfassung der DDR an.

Der Kongress nahm die vom Deutschen Volksrat ausgearbeitete **Verfassung der DDR** (in der Fassung von 1948) an. Sie war einerseits eine „bürgerlich-demokratische" Verfassung mit folgenden **Charakteristika**:

- Deutschland ist eine unteilbare Republik.
- Die DDR hat eine zentralistische Staatsform mit der Volkskammer als „höchstem Organ der Republik". Allerdings gab es eine starre Verteilung der Sitze in der Volkskammer, die von Wahlergebnissen unabhängig war.
- Die Staatsgewalt geht vom Volk aus.
- Garantie der Grund- und Menschenrechte

Sie hatte folgende demokratische Charakteristika:
- Volkssouveränität
- die Volkskammer als das „höchste Organ der Republik"
- Garantie der Grund- und Menschenrechte (im sozialistischen Rahmen)

Andererseits enthielt die Verfassung jedoch auch folgende typische Charakteristika eines autoritären bzw. sogar eines totalitären Systems:

- Das Blocksystem als Verfassungsprinzip, das die Ausschaltung der parlamentarischen Opposition bedeutet.
- Die Justiz war ein „der Volksvertretung untergeordnetes Organ".
- „Boykotthetze gegen demokratische Einrichtungen und Organisationen ... und alle sonstigen Handlungen, die sich gegen die Gleichberechtigung richten" (Art. 6), wurden als Verbrechen deklariert. Dieser Artikel ermöglichte der SED die Unterdrückung jeglicher Kritik und die Ausschaltung einer eventuellen Opposition.

Die Verfassung der DDR enthielt jedoch typische Grundzüge eines totalitären Systems:
- das Blocksystem, das die Ausschaltung der Opposition bedeutete,
- die Unterordnung der Justiz unter die (von der SED beherrschte) Volksvertretung,
- die Ausschaltung von Kritik und Opposition aus dem Volk durch die in Art. 6 festgeschriebene „Boykotthetze". Dieser Artikel war so vage formuliert, dass alles darunter fiel, was sich gegen die Politik der SED richtete.

Den **pseudorechtlichen Charakter der Volksdemokratie** verdeutlichte Gerhart Eisler in der Vorstandssitzung der SED Anfang Oktober 1949: „Wenn wir eine Regierung gründen, geben wir sie niemals wieder auf, weder durch Wahlen noch durch andere Methoden" und Walter Ulbricht pflichtete ihm bei: „Das haben einige noch nicht verstanden."[2]

Am 7.10.1949 konstituierte sich der zweite Deutsche Volksrat als „Volkskammer" (= Parlament der DDR) und beauftragte Otto Grotewohl (SED) mit der Regierungsbildung (= Geburtsstunde der DDR). Erster Präsident wird Wilhelm Pieck (SED).

Der Kongress wählte auch den **Zweiten Deutschen Volksrat**, der am **7. 10. 1949** zusammentrat, sich als **provisorische Volkskammer** (= Parlament) der „Deutschen Demokratischen Republik" konstituierte (= „**Geburtstag" der DDR**) und Otto **Grotewohl** (SED, früher SPD) mit der Bildung einer **Regierung** beauftragte. Am 11. Oktober wählten die Volkskammer und die Provisorische Länderkammer Wilhelm **Pieck** zum **Präsidenten der DDR**. Am folgenden Tag bestätigte die Volkskammer die erste Regierung unter ihrem Ministerpräsidenten Grotewohl. Damit war die Gründung der DDR abgeschlossenen und ihre weitere Entwicklung vorgezeichnet. Die SMAD wurde aufgelöst und durch die Sowjetische Kontrollkommission ersetzt, die auch in den folgenden Jahren die gesellschaftspolitische Entwicklung der DDR bestimmte.

Die Gründung der beiden deutschen Staaten

Die Entstehung der beiden deutschen Staaten vollzog sich vor dem Hintergrund der bipolaren Weltordnung des Ost-West-Konflikts und des Kalten Kriegs.

- **Pariser Außenministerkonferenz** (1946): Sie verdeutlichte die konträren deutschlandpolitischen Vorstellungen der Besatzungsmächte.
- **Byrnes-Rede** (1946): Ankündigung der neuen amerikanischen Politik.
- **Bizone** (1947): Zusammenschluss der amerikanischen und der britischen Zone; „Wirtschaftsrat für das Vereinigte Wirtschaftsgebiet"; Ludwig Erhard initiiert die „Soziale Marktwirtschaft".
- **Moskauer Außenministerkonferenz** (1947): Die UdSSR fordert einen deutschen Einheitsstaat mit sozialistischen Strukturen, die angelsächsischen Besatzungsmächte einen föderalistischen Staat nach westlichem Vorbild.
- **Truman-Doktrin, Marshall-Plan** (1947): Truman verspricht allen vom Kommunismus bedrohten Völkern massive finanzielle und militärische Hilfe; der Marshall-Plan fördert den Wiederaufbau Europas.
- **Münchner Ministerpräsidentenkonferenz** (1947): Sie verdeutlicht die völlige Abhängigkeit der Deutschen von den Besatzungsmächten und die Auseinanderentwicklung der östlichen und westlichen Deutschlandpolitik.
- **Londoner Außenministerkonferenz** (1947): Offensichtliche Feindseligkeit zwischen USA und UdSSR. USA und GB forcieren die rasche Weststaatslösung.
- **Londoner Sechsmächtekonferenz** (1948): Die Westmächte (und die Benelux-Staaten) beschließen die Gründung eines föderalistischen Weststaats.
- **Warschauer Achtmächtekonferenz**: Die Ostblockstaaten kritisieren die Weststaatslösung und fordern einen Friedensvertrag gemäß den Beschlüssen des Potsdamer Abkommens.
- **Berlin-Blockade** (1948/49): Als Reaktion auf die Währungsreform in den Westzonen blockiert die UdSSR vom 24.6.1948 bis zum 12.5.1949 die Zufahrtswege nach Westberlin, das durch die alliierte Luftbrücke versorgt wird.
- **Deutschlandkonferenz von Washington** (1949): Die Westmächte beschließen die Schaffung der Trizone.
- **Trizone** (1949): Erweiterung der Bizone zur Trizone.
- **Pariser Außenministerkonferenz** (1949): Die Westmächte fordern die Wiedervereinigung durch Beitritt der SBZ zum Bonner Grundgesetz, die UdSSR will einen aus SBZ und Westzonen paritätisch besetzten gesamtdeutschen Staatsrat.

Die Vereinheitlichung der westlichen Deutschlandpolitik und die Umsetzung der Weststaatslösung dokumentierte sich in der Entstehung der Trizone, in der Währungsreform, in den Frankfurter Dokumenten, der Etablierung des Parlamentarischen Rats und der Schaffung des Grundgesetzes. Dieses sollte einerseits den provisorischen Charakter des Weststaats betonen und andererseits als bewusste Antiverfassung zur Weimarer Reichsverfassung die Stabilisierung der Demokratie und die Verhinderung einer Diktatur durch Schutzmechanismen erreichen.

In der SBZ baute die SED in den Jahren 1948/49 ihre Macht aus und trieb die Umstrukturierung von Staat, Wirtschaft und Gesellschaft voran. Die von ihr gelenkte Volkskongressbewegung schuf in diesen Jahren die sozialistischen Grundlagen der DDR und war federführend bei ihrer Konstituierung.

Die Entstehung der Blöcke

Das westliche Militärbündnis: Am 17.3.1948 schlossen Großbritannien, Frankreich und die Benelux-Staaten den gegen die UdSSR gerichteten militärischen **Brüsseler Pakt**. Am 4.4.1949 entstand die **NATO** (North Atlantic Treaty Organization), ein gegen die UdSSR gerichtetes defensives Militärbündnis. In den Pariser Verträgen trat 1954 die BRD dem Brüsseler Pakt, der dadurch zur **Westeuropäischen Union** (WEU) wurde, und 1955 der NATO bei. WEU und NATO waren bzw. sind die Pfeiler der westlichen Sicherheit.
Das östliche Militärbündnis: Der Warschauer Pakt („Vertrag über Freundschaft, Zusammenarbeit und gegenseitigen Beistand"), ein militärisches Defensivbündnis, entstand durch den Zusammenschluss von UdSSR, Polen, CSSR, Bulgarien, Rumänien, Albanien und der DDR am 14.5.1948.

„Goodness ... there she is again!"
(New York Times, 1955)
Die deutsche Frage als lästiges Dauerproblem.

Westintegration und Souveränität der Bundesrepublik

Westintegration und Souveränität der BRD

Adenauer befürwortete die Westintegration aus folgenden Gründen: Niedergang Europas, Abhängigkeit von den beiden Supermächten, sowjetischer Expansionsdrang, strukturelle Schwäche der demokratischen Außenpolitik, Skepsis gegenüber dem deutschen Demokratiebewusstsein. Er verband mit der Westintegration **drei Ziele**: Freiheit, Frieden und nationale Einheit (= Wiedervereinigung mit Hilfe des Westens) aus einer „Politik der Stärke" gegenüber der UdSSR) heraus. Seine Deutschlandpolitik war umstritten, aber alternativlos.
Weitere Schritte der Westintegration waren:
Der **Beitritt zur OEEC** (Organization for European Cooperation, 3.10.1949), zuständig für die Umsetzung des Marshall-Plans.
Das Petersberger Abkommen (2.11.1949): Die BRD wird Mitglied der Internationalen Ruhrbehörde.
Der Deutschlandvertrag (26.5.1952) zwischen der BRD und den Westmächten beendete die Besatzungsherrschaft und machte die BRD souverän.
Der EVG-Vertrag (Vertrag über die Europäische Verteidigungsgemeinschaft, 27.5.1952) beinhaltete die Integration der Streitkräfte Frankeichs, der BRD, Italiens und der Benelux-Staaten in die EVG. Die vom Westen abgelehnten **Stalinnoten** (1952, Angebot: Vereinigung Deutschlands; Forderungen: Militärische Neutralität, Anerkennung der Oder-Neiße-Grenze) und die **Berliner Außenministerkonferenz** der Siegermächte (25.1.–18.2.1954) zeigten, dass die Westintegration ein Faktum war.
Die Pariser Verträge (23.10.1954): Die BRD trat der EVG bei und erhielt als Gegenleistung (durch den modifizierten Deutschlandvertrag von 1952) die **endgültige Souveränität**, die am 5.5.1955 in Kraft trat. Parallel dazu verlief die **Integration in die Europäische Gemeinschaft**: Europarat 1950, Montanunion 1951, EURATOM (Europäische Atomgemeinschaft) und Europäische Wirtschaftsgemeinschaft (1957).

5 Deutschlandpolitik in den Fünfzigerjahren

Ostintegration und Souveränität der DDR

Die Ostintegration der DDR

Sie erfolgte durch die Angleichung des volksdemokratischen Systems an das der anderen Ostblockstaaten.
Maßnahmen: Die DDR wird Mitglied des Rats für gegenseitige Wirtschaftshilfe (RGW, 1950); zentrale Lenkung und Planung der Wirtschaft durch Fünfjahrespläne; Zentralisierung der politischen Macht durch Schaffung der 14 von SED-Sekretären geleiteten Verwaltungsbezirke; einseitige Förderung der Schwerindustrie und erzwungene Kollektivierung der Landwirtschaft; Aufbau des Sozialismus", d.h. Übernahme des stalinistischen Systems, durch Säuberung der SED, Schaffung der „Nationalen Front" (SED-gelenkte Vereinigung der Parteien und Massenorganisationen); „ideologischer Klassenkampf"; sozialistische Neuordnung des Gerichtswesens; Aufbau des „Ministeriums für Staatssicherheit" (MfS = Stasi); Wahlen per Einheitsliste; Unterdrückung jeglicher Kritik; strikte Lenkung und Kontrolle von Erziehung, Wissenschaft, Kunst und Kultur; exzessiver Personenkult um Stalin.

Der Arbeiteraufstand

Nach Stalins Tod (5.3.1953) musste die DDR-Führung auf sowjetischen Druck Fehler eingestehen und einen „Neuen Kurs" verkünden. Da sie trotz einer Versorgungskrise die Arbeitsnormen bei gleichbleibenden Löhnen erhöhte, entstanden am 16. Juni in Ost-Berlin Streiks, die über 250 Orte der DDR erfassten. Als am folgenden Tag politische Forderungen laut wurden, schlug die Rote Armee den Arbeiteraufstand mit brutaler Waffengewalt nieder. Dies verstärkte die Fluchtbewegung aus der DDR und dokumentierte ihre Instabilität.

Die Auswirkungen der Ost- bzw. Westintegration

Diese waren: Verschärfung der Teilung der Welt, Europas, Deutschlands und Berlins; Konsolidierung der Einflusssphären; Veränderungen, in erster Linie die Wiedervereinigung, waren in diesem Rahmen auf absehbare Zeit nicht mehr möglich. Damit verlor die deutsche Frage ihre Bedeutung und wurde für die Supermächte angesichts der vielschichtigen globalen Probleme und Konflikte zu einem lästigen Teilproblem.

Souveränität

Sie erlangte die DDR nach ihrem Beitritt zum Warschauer Pakt am 15.5.1955, als die UdSSR ihr „erweiterte Souveränitätsrechte" verlieh.

Das Selbstverständnis der BRD und der DDR

BRD: Rechtsnachfolge des Dritten Reiches als Staat; Wiedervereinigung in den Grenzen von 1937; Alleinvertretungsanspruch für alle Deutschen; Nichtanerkennung der DDR; Hallstein-Doktrin; Einheit der deutschen Nation.
DDR: BRD und DDR sind gleichberechtigte Staaten; es gibt zwei deutsche Staaten und zwei deutsche Nationen; entscheidend ist das gesellschaftspolitische System.

5 Deutschlandpolitik in den Fünfzigerjahren

KURZINFO

- Bis 1955 bildeten sich die beiden ideologischen, politischen und wirtschaftlichen Blöcke unter Führung der Supermächte heraus und die bipolare Weltordnung verfestigte sich.
- In diesem Rahmen vollzog sich die Entstehung und Entwicklung der beiden deutschen Staaten.
- Die Anfangsphase der Bundesrepublik bestimmte Konrad Adenauer, der die rasche Westintegration anstrebte.
- Auf dem Weg zur Souveränität spielten folgende Stationen eine wichtige Rolle:
- Petersberger Abkommen (1949), Deutschland- und EVG-Vertrag (1952), die Stalinnoten (1952), die Berliner Außenministerkonferenz (1954) und die Pariser Verträge (1955).
- Die Integration der DDR in den Ostblock wurde erreicht durch die Angleichung ihres gesellschaftlichen und politischen Systems an das volksdemokratische System der Ostblockstaaten.
- In diesem Rahmen veränderte sich die deutsche Frage: Der Status quo machte eine Wiedervereinigung sehr unwahrscheinlich und die deutsche Frage trat für die Supermächte immer mehr in den Hintergrund.
- Diese Entwicklung wirkte sich auf die Bonner Deutschlandpolitik maßgeblich aus, denn ihre Beibehaltung erwies sich als sehr problematisch.

Die Entstehung der Blöcke

Das westliche Militärbündnis

Das westliche Militärbündnis: 1948 schlossen GB, F und die Benelux-Staaten den gegen die UdSSR gerichteten Brüsseler Pakt. Er verpflichtete die Mitglieder zur automatischen Beistandspflicht bei einem Angriff auf einen Bündnispartner. 1949 wurde das ebenfalls gegen die UdSSR gerichtete Defensivbündnis North Atlantic Treaty Organization (NATO) gegründet.

Es entwickelte sich zwischen 1948 und 1955. Drei Jahre nach Kriegsende entstand mit dem **Brüsseler Pakt** das erste westeuropäische Sicherheitsbündnis (17. 3. 1948). Ihm gehörten Großbritannien, Frankreich und die Benelux-Staaten an. Sein Ziel bestand in der gegenseitigen militärischen Unterstützung gegen jeglichen Angriff auf einen Bündnispartner (automatische Beistandspflicht). Obwohl nicht ausdrücklich genannt, richtete sich der Pakt gegen die UdSSR.
Im folgenden Jahr wurde auf britische Initiative die **North Atlantic Treaty Organization** (NATO) gegründet (4. 4. **1949**), da deutlich wurde, dass der Brüsseler Pakt allein keine Sicherheit vor der militärisch überlegenen UdSSR bot. Ihr gehörten neben den Brüsseler Paktstaaten die USA, Kanada, Island, Dänemark, Norwegen, Italien und Portugal an. In den folgenden Jahren traten Griechenland und die Türkei bei (1952) sowie die Bundesrepublik (1955). Die NATO, die

eindeutig gegen die UdSSR gerichtet war, ist ein defensives Militärbündnis souveräner Staaten zum Zwecke der Verteidigung ihrer Freiheit und der demokratischen Herrschaftsform. Heute hat die Nato 28 Mitgliedstaaten.

Nach dem Scheitern der Europäischen Verteidigungsgemeinschaft (→ S. 97) schlug der britische Außenminister Bevin noch unter dem Eindruck des Koreakriegs (1950–1953) die Erweiterung des Brüsseler Paktes vor. In den Pariser Verträgen (23.10.1954 → S. 100) traten die Bundesrepublik und Italien dem Pakt bei, der dadurch zur **Westeuropäischen Union** (WEU) wurde. Diese Erweiterung diente der engen militärischen und politischen Verbindung zwischen NATO und Brüsseler Pakt. Mit der NATO und der WEU waren die beiden entscheidenden Pfeiler der westlichen Sicherheit entstanden.

1954 traten Deutschland und Italien der NATO und dem Brüsseler Pakt bei. Dieser wurde zur **Westeuropäischen Union (WEU)**. Mit NATO und WEU waren die beiden entscheidenden Pfeiler der westlichen Sicherheit entstanden.

Auch außerhalb Europas bildeten sich Bündnisse unter Führung der USA. Der **ANZUS-Pakt** (auch: Pazifikpakt, 1952) zwischen den USA, Australien und Neuseeland verpflichtet die Partnerstaaten zum gegenseitigen militärischen Beistand im Angriffsfall.

In der **South East Asia Treaty Organization** (SEATO, 1954–1977), der die USA, Großbritannien, Frankreich, Australien, Neuseeland, die Philippinen, Thailand und Pakistan angehörten, verpflichteten sich die Bündnispartner zum militärischen Beistand und vereinbarten wirtschaftliche und technische Zusammenarbeit.

Weitere außereuropäische Bündnissysteme entstanden:
- ANZUS-Pakt
- South East Asia Treaty Organization (SEATO)

Zusätzlich schlossen die USA eine große Anzahl von politisch und strategisch wichtigen zweiseitigen Verträgen und Abkommen und sicherten sich ein **weltumspannendes Netz von Stützpunkten**. Nach Ausbau ihres Bündnissystems unterhielt die westliche Supermacht Mitte der Sechzigerjahre mit fast 50 Staaten engere militärische Beziehungen und besaß knapp 400 größere Militärstützpunkte sowie nahezu 3000 kleinere militärische Einrichtungen weltweit.

Zusätzlich bauten die USA ein weltumspannendes Netz von militärischen Stützpunkten auf.

Das östliche Bündnissystem

Am **14.5.1955** wurde der Prozess der bipolaren Blockbildung in Europa durch die Gründung des östlichen Militärbündnisses abgeschlossen. Neun Tage nach dem Beitritt der Bundesrepublik zur NATO gründete die UdSSR den **Warschauer Pakt** (WP). De facto hatte er aufgrund bilateraler Verträge der Ostblockstaaten untereinander und mit der UdSSR schon seit Kriegsende bestanden. Jetzt schlossen die UdSSR, Polen, Ungarn, die CSSR, Bulgarien, Rumänien und Albanien (Mitglied bis 1968) unter großem propagandistischen Aufwand den „**Vertrag über Freundschaft, Zusammenarbeit und gegenseitigen Beistand**", wie der WP offiziell hieß. Die DDR trat zur „Verteidigung der gesetzmäßigen [sozialistischen] Errungenschaften" 1956 bei. Die Notwendigkeit des WP wurde mit der „Remilitarisierung der revanchistischen Bundesrepublik" und ihrer Integration

Das östliche Militärbündnis: Mitte Mai 1949 schlossen UdSSR, Polen, Ungarn, CSSR, Bulgarien, Rumänien, Albanien und die DDR ein Defensivbündnis, den „Vertrag über Freundschaft, Zusammenarbeit und gegenseitigen Beistand", den **Warschauer Pakt**. Tatsächlich hatte er aufgrund zahlreicher bilateraler Verträge der Ostblockstaaten untereinander und mit der UdSSR schon seit Kriegsende bestanden.

in die NATO begründet. Offiziell war auch der WP ein **Defensivbündnis**. Allerdings unterschied er sich in seiner Struktur wesentlich von der NATO. Während im westlichen Bündnis trotz der unangefochtenen Führungsrolle der USA das Konsensprinzip galt bzw. gilt (gemeinsame Beschlussfassung), beherrschte die **UdSSR** den WP eindeutig und **benutzte** ihn **zur Demonstration der** angeblichen **Geschlossenheit** und Homogenität **der sozialistischen Staatengemeinschaft**.

Außerhalb des Ostblocks baute die UdSSR durch zahlreiche Beistandspakte, durch die Unterstützung von „Befreiungsbewegungen" und durch militärische Stützpunkte ein weltweites Bündnissystem auf.

Nach den Aufständen in Polen und Ungarn 1956 „schloss" die UdSSR Verträge über die Stationierung der Roten Armee in Polen (1956), Ungarn, Rumänien und der DDR (1957) ab.

Auch außerhalb des Ostblocks baute die UdSSR ein **Bündnissystem** auf **durch zahlreiche Beistandspakte**, z.B. mit der Volksrepublik Mongolei (1946), China, (1950) und Nordkorea (1961), durch die weltweite **Unterstützung von „Befreiungsbewegungen"** und durch **militärische Stützpunkte** in sozialistischen oder sozialistisch gesinnten Ländern.

Die bipolare Weltordnung

Die bipolare Weltordnung:
Die Entstehung der Blöcke bewirkte die Bipolarität, d.h. zunächst die politische und ideologische Teilung Europas.
Da beide Supermächte versuchten, ihren Einfluss auch auf außereuropäische Staaten auszudehnen, wurde die Bipolarität in den Fünfzigerjahren global.

Die Bipolarität teilte die Welt auch gesellschaftspolitisch. Den westlichen Staaten mit Demokratie und pluralistischer Gesellschaft standen die Ostblockstaaten mit ihrem marxistisch-leninistischen System gegenüber.

Die Entstehung der militärischen Blöcke, die auch ideologisch und wirtschaftlich verfestigt wurden, veränderte die gesamte internationale Ordnung und bewirkte eine politische, ideologische und militärische **Teilung der Welt in Ost und West**, der sich auf Dauer nur wenige Staaten entziehen konnten. Mit der Ausbildung der Blöcke entstand der Begriff der bipolaren Weltordnung, der folgende Situation beschreibt: Zwei Blöcke standen sich in Europa feindlich gegenüber, jeweils geführt von einer Supermacht. Als beide Supermächte versuchten, ihren Einfluss auch auf außereuropäische Staaten auszudehnen, wurde die **Bipolarität in den Fünfzigerjahren global**. Dadurch, dass die Supermächte nahezu automatisch in Krisen in Asien und Afrika hineingezogen wurden, überlagerte und verschärfte sie zahlreiche regionale oder lokale Konflikte.

Die Bipolarität teilte nicht nur die Welt, sie prägte sie auch gesellschaftspolitisch. Die **westlichen Staaten** hatten bzw. haben die **Demokratie** mit garantierten Freiheits- und Gleichheitsrechten als Herrschaftsform **sowie** eine **pluralistische Gesellschaft**. Dementsprechend unterschiedlich ist auch die politische Struktur der westlichen Staaten. Das entscheidende Charakteristikum der **Ostblockstaaten** war ihr **monistisches,** d.h. absolut einheitliches **System**, in dem nur eine Ideologie, der Marxismus-Leninismus, erlaubt war. Der Ostblock bildete also nach eigenem Verständnis eine monolithische Einheit. Dies bedeutete, dass der gesellschaftspolitische Aufbau aller Ostblockstaaten identisch war und dass alle Staaten politisch, militärisch und wirtschaftlich **von Moskau beherrscht** und straff geführt wurden. Abweichende politische Richtungen und Ansätze zur „Verwestlichung" des Systems wurden von der UdSSR rigoros und oft auch mit brutalen Mitteln unterdrückt.

Die Bundesrepublik: Westintegration und Souveränität

Die außen- und deutschlandpolitische Konzeption Adenauers

Bestimmungsfaktoren

- Niedergang Europas aufgrund der Selbstzerfleischung in zwei Weltkriegen;
- daraus folgte eine politische, wirtschaftliche und ideologische Abhängigkeit von den Führungsmächten.
- Sowjetischer Expansionsdrang, als dessen Indizien Adenauer die Sowjetisierung Osteuropas, die weltrevolutionäre Ideologie des Kommunismus, die starke Aufrüstung und den Weltmachtsdrang der UdSSR ansah; vor allem der Koreakrieg (→S. 147) beeinflusste ihn und alle westlichen Politiker und Militärs stark, da man in ihm den Beginn einer groß angelegten kommunistischen Offensive sah. Adenauers antisowjetische Grundhaltung prägte sein politisches Konzept maßgeblich.
- der Ost-West-Konflikt (bzw. der Kalte Krieg), der einen Zusammenschluss der freien Welt unter Führung der USA unumgänglich machte
- strukturelle Schwächen der demokratischen Außenpolitik, verursacht durch innenpolitische Rücksichtnahme, Regierungskoalitionen, wahltaktische Effekthascherei, Schwächung durch kommunistische Parteien, übersteigerter, kurzsichtiger Pazifismus
- große Skepsis gegenüber dem deutschen Demokratiebewusstsein

Adenauers außen- und deutschlandpolitisches Konzept ging von folgenden Faktoren aus:
- Niedergang Europas
- Abhängigkeit von den Führungsmächten
- sowjetischer Expansionsdrang
- Ost-West-Konflikt
- strukturelle Schwächen der demokratischen Außenpolitik
- große Skepsis gegenüber dem deutschen Demokratiebewusstsein

Adenauers drei Ziele

Adenauer strebte **drei deutschlandpolitische Ziele** an, deren Reihenfolge besonders wichtig ist:

1. Freiheit, die seiner Meinung nach nur durch die Westintegration zu erreichen war.
2. Frieden und
3. nationale Einheit (=Wiedervereinigung) mit Hilfe des Westens durch eine „Politik der Stärke" gegenüber der UdSSR.

Entscheidend war, dass die Westintegration für ihn die unverzichtbare Voraussetzung für die nationale Einheit war.

Adenauer hatte **3 außenpolitische Ziele**, deren Reihenfolge wichtig war:
1. Freiheit (durch Westintegration)
2. Frieden
3. nationale Einheit (=Wiedervereinigung) mit Hilfe des Westens durch eine „Politik der Stärke" gegenüber der UdSSR

Diese Ziele wollte er mit folgender **Strategie** erreichen:
- Einheit und Geschlossenheit der westlichen Welt, für die eine Aussöhnung mit Frankreich maßgeblich war.
- Führung Europas durch die USA
- Schaffung eines dichten Netzes multinationaler und supranationaler Institutionen und Konfrontation des Westens mit der UdSSR auf dieser Basis (= Politik der Stärke)
- Grundlegende Voraussetzung war die politische, wirtschaftliche und ideologische Westintegration der BRD.

Adenauers Strategie

Zur Erreichung dieser Ziele hatte Adenauer eine klare **Strategie**, die sich für ihn aus folgenden Bestimmungsfaktoren ergab:

- Grundvoraussetzung seiner Außen- und Deutschlandpolitik war die Einheit und Geschlossenheit der freien (=westlichen) Welt, die es möglichst schnell zu erreichen galt. In diesem Zusammenhang kam der Aussöhnung Deutschlands mit dem „Erzfeind" Frankreich eine besondere Bedeutung zu.
- Führung Europas durch die USA
- Schaffung eines möglichst dichten Netzes von politischen, militärischen und wirtschaftlichen multinationalen und supranationalen westlichen Institutionen und die Konfrontation des Westens mit der UdSSR auf dieser Basis
- die „Politik der Stärke"
- Erster und unverzichtbarer Schritt zur Erreichung seiner Ziele war die umfassende politische, wirtschaftliche und ideologische Westintegration der Bundesrepublik.
- Die westliche „Politik der Stärke" durch Aufrüstung, Ausbau der NATO und – notfalls – militärische Integration der Bundesrepublik sollte der Abschreckung dienen, die Expansionsbestrebungen der UdSSR verhindern und die Wiedervereinigung mit Hilfe der Verbündeten ermöglichen.

Die **Adenauersche Deutschlandpolitik** war umstritten: Wiedervereinigung durch die „Politik der Stärke" war zu seiner Zeit unrealistisch. Andererseits geben ihm die Ereignisse der Jahre 1989/90 recht: Die zerfallende UdSSR brauchte den Westen und in dieser Situation war die Wiedervereinigung mit Unterstützung der westlichen Partner möglich.

Beurteilung der Deutschlandpolitik Adenauers

Die Adenauer'sche Deutschlandpolitik war aus mehreren Gründen umstritten: Ob er die Wiedervereinigung durch die „Politik der Stärke" in absehbarer Zeit tatsächlich für realistisch hielt, darf bezweifelt werden. Einerseits bedeutete die Westintegration die Zementierung der Spaltung und spätestens mit der Entstehung des Ost-West-Konflikts war klar geworden, dass die „Politik der Stärke" nur mit Hilfe massiver militärischer Maßnahmen durchzusetzen und deshalb unrealistisch war. Die NATO war ein Defensivbündnis und dass die USA für ein derartiges Vorgehen nicht zu gewinnen waren, hatte die Berlin-Blockade gezeigt.

Andererseits erhofften die Deutschen damals die Wiedervereinigung und die Mehrheit der Vertriebenen hatte ihre politische Heimat in der CDU/CSU gefunden. Deshalb musste Adenauer aus innenpolitischen Erwägungen eine Deutschlandpolitik anbieten, in deren Mittelpunkt sich die Wiedervereinigung befand. In diesem Sinne führte er vor dem Fraktionsvorstand der CDU/CSU Ende März 1952 aus: „Wenn die Neuordnung Europas kommt – und sie wird kommen –, dann wird man aber auch nicht vorbeigehen können an einer Neuordnung im europäischen Sinne… Wir müssen mit den Sowjets im richtigen Augenblick ins Gespräch kommen. Das kann aber erst sein, wenn der Westen so stark ist, dass die Sowjets auf uns und den Westen hören."[1]

Im Gegensatz dazu stand Adenauers **realistische Einschätzung der Wiedervereinigung**, die die Ereignisse der Jahre 1989 und 1990 eindrucksvoll bestätigten: Wiedervereinigung war für ihn in absehbarer Zeit aufgrund der bestehenden Verhältnisse nicht erreichbar. Er ging aber davon aus, dass die UdSSR – wie jeder Staat, der auf Unterdrückung aufgebaut ist – irgendwann einmal in eine Situation geraten werde, in der sie einen neutralen Westen oder gar dessen Unterstützung brauche. Dann sei der Zeitpunkt gekommen, entsprechende deutschlandpolitische Forderungen zu stellen (→ S. 176).

Entscheidend ist, dass es zur **Adenauer'schen Deutschlandpolitik**, die im Parlament und im Volk vor allem wegen der militärischen Integration heftige Diskussionen auslöste, **keine wirkliche Alternative** gab, zumal die Bundesrepublik nicht souverän, sondern immer noch von den Westmächten abhängig war. Außerdem erzwangen drei außenpolitische Ereignisse praktisch die Westintegration: Der Marshall-Plan, mit dessen Annahme die Entscheidung für die Westintegration gefallen war, der Kalte Krieg, insbesondere die Berlin-Blockade, und der Koreakrieg (1950–1953).

Zur Adenauer'schen Deutschlandpolitik gab es keine wirkliche Alternative, zumal die BRD auch nicht souverän war. Der Marshall-Plan, der Kalte Krieg und der Koreakrieg erzwangen die Westintegration.

Betrachtet man Adenauers Deutschlandpolitik aus der Rückschau, dann ist die Feststellung des Historikers Rudolf Morsey (von 1991) absolut treffend: „ Die von Adenauer prognostizierte Entwicklung hat mit der Epochenzäsur von 1989 begonnen, seine Deutschlandpolitik eine späte und … vollständige Rechtfertigung erfahren.“[2]

Der Beitritt zur OEEC (3.10.1949)

Den ersten Schritt in Richtung Gleichberechtigung machte die Bundesrepublik durch den Beitritt zur **Organization for European Economic Cooperation** (OEEC) Ende Oktober 1949, deren Aufgabe in der Verteilung der Gelder und Sachlieferungen des Marshall-Plans bestand (→ S. 71).

Okt. 1949: Beitritt zur Organization for European Economic Cooperation, die OEEC kümmerte sich um die Umsetzung des Marshall-Plans.

Das Petersberger Abkommen (22.11.1949)

Am 22. November 1949 unterzeichneten die Hohen Alliierten Kommissare und Adenauer das Petersberger Abkommen, in dem die Bundesrepublik zusagte, **Mitglied der „Internationalen Ruhrbehörde“** zu werden (Beitritt: 30.11.1949), nicht wieder aufzurüsten und ihre Demokratie zu schützen. Dafür erhielt sie zahlreiche **Vorteile**: Die Einschränkung der Demontagen, die Möglichkeit, Mitglied in internationalen Organisationen (z.B. im Europarat) zu werden und die Erlaubnis, konsularische Beziehungen zu westlichen Staaten aufzunehmen. Die SPD kritisierte das Petersberger Abkommen heftig, da sie darin eine Gefährdung der Wiedervereinigung sah.

Nov. 1949: Eingliederung in die europäische Gemeinschaft und Akzeptanz der internationalen Kontrolle des Ruhrgebiets durch das Petersberger Abkommen

Die Revision des Besatzungsstatuts (6. 3. 1951)

März 1951: **Revision des Besatzungsstatuts**

Im März 1951 erfolgte die Neufassung des Besatzungsstatuts: Die Hohe Alliierte Kommission verzichtete auf die Kontrolle der Bundes- und Ländergesetzgebung und erweiterte die Kompetenzen der Bundesregierung in auswärtigen Angelegenheiten. Dafür erklärte die Bundesregierung sich bereit, ihre Rohstoffpolitik mit den westlichen Alliierten abzustimmen und die deutschen Auslandsschulden, die vor und nach dem Zweiten Weltkrieg entstanden waren, anzuerkennen.

Der Deutschlandvertrag (26. 5. 1952)

26. 5. 1952: **Der Deutschlandvertrag** zwischen der BRD und den drei Westmächten gab der BRD die Souveränität und beschränkte die alliierten Sonderrechte. Die Vertragspartner verpflichteten sich, ein wiedervereinigtes Deutschland mit freiheitlich-demokratischer Verfassung mit friedlichen Mitteln anzustreben.

Die Außenminister der Westmächte, Acheson (USA), Eden (GB) und Schuman (F), unterzeichneten im Mai 1952 in Bonn den „Vertrag zwischen der Bundesrepublik Deutschland und den Drei Mächten“ (**Deutschlandvertrag**; auch General- oder Bonner Vertrag genannt). Er beendete die Besatzungsherrschaft, **machte die Bundesrepublik souverän** und **beschränkte die alliierten Sonderrecht**e auf die Stationierung der alliierten Truppen, auf ihr Eingreifen bei einem Notstand, auf Berlin und Deutschland als Ganzes (=Wiedervereinigung, Friedensvertrag). Ausdrücklich verpflichteten sich die Vertragspartner, ein „wiedervereinigtes Deutschland“ mit friedlichen Mitteln anzustreben, „das eine freiheitlich-demokratische Verfassung ähnlich wie die Bundesrepublik besitzt“, und sie machten die endgültige Festlegung der Grenzen Deutschlands (im Osten) von einem Friedensvertrag für ganz Deutschland abhängig. Entscheidend war, dass dieser Vertrag **durch ein Junktim mit** dem **EVG-Vertrag verknüpft** wurde.

Der EVG-Vertrag (27. 5. 1952)

Am folgenden Tag schlossen in Paris Frankreich, die Bundesrepublik, Italien und die Benelux-Staaten den „Vertrag über die **Europäische Verteidigungsgemeinschaft** (EVG-Vertrag). Er ging auf die Initiative des französischen Ministerpräsidenten René Pleven zurück, der bei der Gründung der NATO (April 1949) eine europäische Armee zur Verteidigung Westeuropas angeregt hatte. Adenauer hatte einen westdeutschen Beitrag befürwortet, den Beitritt jedoch von konkreten deutschlandpolitischen Zugeständnissen, z. B. der Souveränität, abhängig gemacht. Der EVG-Vertrag sah die Integration der nationalen Streitkräfte unter einen gemeinsamen Oberbefehl, gleiche Ausrüstung, Ausbildung und Dienstzeit der Soldaten vor. In der Bundesrepublik führte die Ratifizierung des EVG-Vertrags aus zwei Gründen zu heftiger Opposition im Parlament und im Volk: Wiederbewaffnung und Wiederaufrüstung stießen sieben Jahre nach Kriegsende auf die Ablehnung weiter Kreise und viele befürchteten, dass eine militärische Integration die Teilung Deutschlands unwiderruflich festschreiben würde.

27. 5. 1952: Den **Vertrag über die Europäische Verteidigungsgemeinschaft** (EVG-Vertrag) schlossen F, die BRD, I und die Benelux-Staaten. Er beinhaltete die Integration der nationalen Streitkräfte unter einen gemeinsamen Oberbefehl.

Der EVG-Vertrag **scheiterte** Ende August **1954** an der französischen Nationalversammlung. Die Mehrheit der Parlamentarier hatte Bedenken gegen eine supranationale Armee, die damit verbundene Schwächung der französischen Souveränität, eine Allianz mit dem ehemaligen Gegner und wegen des Fehlens des traditionellen Verbündeten Großbritannien. **Trotz** des **Scheiterns** hatten beide Verträge **große Bedeutung für die Bonner Deutschlandpolitik**. Die Bundesrepublik hatte ihre Bereitschaft bekundet, auch militärisch innerhalb des Westens an einer europäischen Neuordnung mitzuarbeiten und sie hatte dafür die Anerkennung als gleichberechtigter Partner erhalten.
Die UdSSR bzw. die DDR reagierten auf die militärische Integration der Bundesrepublik prompt. Noch am Tag der Unterzeichnung wurde die Grenze zu Westdeutschland abgeriegelt und die SED verkündete den „planmäßigen Aufbau des Sozialismus“.

Der in Deutschland heftig umstrittene EVG-Vertrag scheiterte schließlich an der französischen Nationalversammlung. Damit war auch der Deutschlandvertrag gescheitert.
Die BRD hatte aber ihre Bereitschaft gezeigt, sich auch militärisch in den Westen zu integrieren.

Die Stalinnoten (10. 3., 9. 4., 24. 5., 23. 8. 1952)

Als sich im Frühjahr 1952 eine militärische Integration der Bundesrepublik in den Westen abzeichnete, richtete Stalin nach mehreren deutschlandpolitischen Initiativen der DDR-Regierung die erste der vier so genannten Stalinnoten an die Westmächte. Sie hatte folgenden **Inhalt**:

Die Stalinnote vom 10. März 1952

Angebote	Forderungen
einheitlicher Staat, Ende der Spaltung	keine Koalition, kein Militärbündnis gegen ehemaligen feindlichen Staat (= militärische Neutralität)
Abzug der Streitkräfte der Besatzungsmächte binnen 1 Jahres, demokratische Rechte für das deutsche Volk	Gültigkeit der territorialen Bestimmungen des Potsdamer Abkommens (= Anerkennung der Oder-Neiße-Grenze)
keine wirtschaftlichen Beschränkungen	
nationale Streitkräfte	
Aufnahme Deutschlands in die UNO	

Die Stalinnoten 1952: Im März 1952 richtete Stalin eine Note an die Westmächte, um die militärische Integration der BRD zu verhindern.

Er schlug vor: Ende der deutschen Teilung, einen einheitlichen deutschen Staat, Abzug der Streitkräfte der Besatzungsmächte, nationale Streitkräfte für das vereinigte Deutschland und dessen Aufnahme in die UNO.

Er forderte: Militärische Neutralität des vereinigten Deutschlands und Anerkennung der territorialen Bestimmungen des Potsdamer Abkommens (Oder-Neiße-Grenze).

Die Westmächte lehnten Stalins Angebot wegen fehlender freier Wahlen für das zu vereinigende Deutschland ab. Daraufhin sicherte Stalin in weiteren Noten (April, Mai und August 1952) diese ausdrücklich zu.

Die Westmächte lehnten die Stalinnoten ab, da ein neutrales Gesamtdeutschland nicht in ihr außen- und sicherheitspolitisches Konzept passte.

Adenauer lehnte sie ab, da er die Integration in den Westen wollte. Die SPD kritisierte Adenauer scharf, da er eine Chance der Vereinigung verspielt habe.

Die Aufnahme der Stalinnoten

Die **Westalliierten** gingen zwar davon aus, dass Stalins Angebot ernst gemeint sei, lehnten es jedoch ab, da ein einheitliches, aber neutrales Deutschland nicht in ihr außen- und sicherheitspolitisches Konzept passte. Zudem **misstrauten** sie **Stalin** aufgrund der Erfahrungen der letzten Jahre und betrachteten die Note als Störmanöver. Offiziell begründeten sie ihre Ablehnung mit dem Fehlen freier Wahlen in Stalins Angebot. Daraufhin schob Stalin im April, Mai und August drei Noten nach, in denen er sich bereit erklärte, die Frage gesamtdeutscher Wahlen zu „erörtern". Die internationale Kontrolle der „freien" Wahlen lehnte er jedoch ab. Dieses weitestgehende Angebot der Wiedervereinigung, das die UdSSR jemals machte, löste in der bundesrepublikanischen Öffentlichkeit und vor allem im Bundestag heftige Diskussionen aus.

Adenauer machte unmissverständlich klar, dass die **Stalinnoten**, die er als **„Bauernfängerei"** bezeichnete, nichts an der Integration der Bundesrepublik in den Westen änderten. Seiner Meinung nach war das Angebot insgesamt zu vage, seine Diskussion hätte das mühsam erworbene Vertrauen der Westmächte in Frage gestellt und ein Verzicht auf die Westintegration hätte „früher oder später" die Einbeziehung des neutralen Deutschlands in den sowjetischen Machtbereich bedeutet. Die Regierungskoalition teilte mehrheitlich die Meinung ihres Kanzlers, die SPD jedoch und einzelne Politiker aller Parteien verlangten, die UdSSR beim Wort zu nehmen und die Ernsthaftigkeit ihres Angebots zu überprüfen. Die Kritiker Adenauers machten ihm den Vorwurf, durch seine rigorose Haltung die Chance einer Wiedervereinigung verspielt zu haben.

Die Bewertung der Stalinnoten war und ist umstritten.

Die Ernsthaftigkeit der Angebote Stalins wird überwiegend bezweifelt. Gründe:
- zeitlicher Zusammenhang zwischen militärischer Integration der BRD und den Noten
- Praxis „freier Wahlen" im sowjetischen Machtbereich
- Freie Wahlen hätten eine Opferung der sozialistischen DDR bedeutet und der UdSSR großen Imageverlust in der sozialistischen Welt eingebracht.

Die Bewertung der Stalinnoten

Die Bewertung der Stalinnoten muss von den Fragen ausgehen, welche Ziele Stalin verfolgte, ob seine Angebote ernst gemeint waren und ob durch die Ablehnung die Chance der Wiedervereinigung verspielt wurde. Folgende Aspekte müssen in die Bewertung einfließen:

- Die Ziele Stalins bestanden entweder in der Verzögerung der Westintegration oder – im Idealfall – in ihrer Verhinderung.
- **Aussagen** über die Stalinnoten **können** aufgrund der unzureichenden Quellenlage **nur hypothetisch** sein. In der Fachliteratur wird ihre Ernsthaftigkeit überwiegend bezweifelt. In diesem Zusammenhang wird auf den zeitlichen Kontext (Deutschlandvertrag, EVG-Vertrag) hingewiesen und auf die Praxis „freier" Wahlen im sowjetischen Machtbereich. Außerdem hätten freie Wahlen aufgrund der Bevölkerungsverhältnisse in Deutschland die Opferung der sozialistischen DDR durch die UdSSR, die ideologische Führerin des Marxismus bedeutet und einen außerordentlich hohen Prestige- und Glaubwürdigkeitsverlust der UdSSR vor allem bei den sozialistisch orientierten Staaten der Dritten Welt bewirkt.

- Der Vorwurf gegenüber Adenauer, zu starr, zu unflexibel gehandelt zu haben, ist unzutreffend, da allein die Westmächte handlungsberechtigt waren, Adenauer bzw. die Bundesrepublik angesichts der Verhältnisse überhaupt keine freie Entscheidungsmöglichkeit hatte und sich auch nicht gegen die Westmächte hätte durchsetzen können.

Die Berliner Außenministerkonferenz (25. 1. – 18. 2. 1954)

Sie kam auf Initiative der Westmächte zustande, da vor allem die französische Regierung das erwartete Scheitern der Konferenz als wesentliche Voraussetzung für die Annahme des EVG-Vertrags in der französischen Nationalversammlung ansah. Die Konferenz wurde Anfang des Jahres 1954 von den Außenministern Dulles (USA), Molotow (UdSSR), Eden (GB) und Bidault (F) durchgeführt, weil man im Westen die europäischen und weltpolitischen Rahmenbedingungen als günstig ansah. Einig waren sich die Außenminister in ihrem Ziel der Wiedervereinigung Deutschlands als Ausgangspunkt für eine friedliche Reglung des Zusammenlebens in Europa. Trotzdem war die Konferenz von Anfang an **zum Scheitern verurteilt**, weil beide Seiten nicht bereit waren, von ihren deutschlandpolitischen Vorstellungen abzurücken. Entscheidend war, dass in den Plänen völlig gegensätzliche Prioritäten gesetzt wurden:

Jan./Febr. 1954:
Berliner Außenministerkonferenz
Verhandlungspartner waren die vier Außenminister Dulles (USA), Molotow (UdSSR), Eden (GB) und Bidault (F).

Die Deutschlandpläne der Berliner Außenministerkonferenz

Eden-Plan	Molotow-Plan
1. Freie Wahlen in ganz Deutschland	1. Ausarbeitung eines Friedensvertrages mit Vertretern der DDR und der Bundesrepublik
2. Einberufung einer aus diesen Wahlen hervorgegangenen Nationalversammlung	2. Bildung einer provisorischen Regierung durch Volkskammer und Bundestag
3. Ausarbeitung einer Verfassung und Vorbereitung von Friedensverhandlungen	3. Durchführung gesamtdeutscher Wahlen durch die provisorische Regierung
4. Annahme der Verfassung, Bildung einer gesamtdeutschen Regierung	4. Bildung einer gesamtdeutschen Regierung
5. Unterzeichnung und In-Kraft-Treten des Friedensvertrages	

Die Konferenz war zum Scheitern verurteilt, da beide Seiten an ihren gegensätzlichen deutschlandpolitischen Vorstellungen festhielten. Deshalb verdeutlicht die Konferenz die Problematik und die Kontinuität der Deutschlandpolitik in den Fünfzigerjahren.

Die Bewertung der Konferenz

Beide Seiten verfolgten mit ihren Plänen völlig gegensätzliche Ziele. Die Westmächte wollten die endgültige Integration durch das Blockieren der ohnehin als unwahrscheinlich angesehenen Wiedervereinigung beschleunigen. Deshalb legten sie den Schwerpunkt auf freie Wahlen und außenpolitische Handlungsfreiheit der frei gewählten Regierung (z. B. Beitritt zur EVG bzw. zur NATO). Die UdSSR versuchte, wie mit den Stalinnoten, die Integration der Bundesrepublik in den Westen zu verhindern und forderte deshalb die gleichberechtigte Zusammenarbeit beider deutscher Staaten. Außerdem sahen die Westmächte die Lösung der deutschen Frage als Voraussetzung für Entspannungsbemühungen an, während die UdSSR sie als Teilproblem des Gesamtkomplexes „Entspannung" betrachtete. Aus diesen Gründen verdeutlicht die Konferenz einmal mehr die Problematik und die Kontinuität der Deutschlandpolitik.

Die Pariser Verträge (23. 10. 1954)

23.10.1954:
Die Pariser Verträge regelten das Verhältnis der westlichen Staaten durch folgende Verträge neu:
1. Die neue Version des Deutschlandvertrags von 1952 (Westmächte – BRD), dieser Vertrag beendete die Besatzungsherrschaft und gab der BRD die Souveränität.
2. Beitritt der BRD (und Italiens) zum Brüsseler Pakt, der dadurch zur Westeuropäischen Union (WEU) wurde.
3. Beitritt der BRD zur NATO
4. Das Saarstatut (zwischen F und der BRD) gab dem Saarland einen europäischen Status.

Trotz zahlreicher ostdeutscher und sowjetischer Initiativen zwischen 1950 und 1954, die eine westeuropäische Integration der Bundesrepublik verhindern sollten, vollzog sich die Einigung Westeuropas und die von Adenauer forcierte Eingliederung der Bundesrepublik kontinuierlich. Beide Entwicklungen fanden ihren Höhepunkt auf der von der britischen Regierung initiierten Konferenz von Paris, die als Ergebnis die Neuregelung des Verhältnisses der westlichen Staaten durch die **vier Pariser Verträge** hatte, die am 5.5.1955 in Kraft traten:

1. Die Westmächte und die Bundesrepublik unterzeichneten den modifizierten **Deutschlandvertrag** von 1952, der bis 1990 Gültigkeit hatte. Er bedeutet das Ende der Besatzungsherrschaft und die Souveränität der Bundesrepublik (mit Ausnahme der alliierten Vorbehalte: Wiedervereinigung, Berlin-Regelung).
2. Durch Beitritt der Bundesrepublik und Italiens wird aus dem Brüsseler Vertrag die **Westeuropäische Union** (WEU, → S. 91). Sie verpflichtet – anders als der NATO-Pakt – alle Mitglieder im Falle eines Angriffs gegen ein Mitglied zu bedingungslosem Beistand. Die Bundesrepublik unterwirft sich Rüstungsbeschränkungen (keine Herstellung und kein Besitz von atomaren, biologischen und chemischen Waffen), der Rüstungskontrolle und verpflichtet sich, die Wiedervereinigung Deutschlands bzw. Grenzänderungen nicht gewaltsam anzustreben. Die WEU, die die EVG (→ S. 96) ersetzte, sollte die Einheit Europas und die europäische Integration fördern und der europäische Pfeiler der NATO sein.
3. Die 14 NATO-Mitgliedsstaaten und die **Bundesrepublik** vereinbarten deren **Beitritt zum Nordatlantikpakt**.

4. Adenauer und sein französischer Kollege Mendès-France unterzeichneten das **Saarstatut**, das dem Saarland einen europäischen Status gab und die demokratischen Rechte dort wiederherstellte. Da die saarländische Bevölkerung im Oktober 1955 das Saarstatut mit großer Mehrheit ablehnte, vereinbarten beide Vertragspartner ein Jahr später im **Saarabkommen** die Eingliederung des Saarlands in die Bundesrepublik zum 1. 1. 1957. Ferner vereinbarten sie, die wirtschaftliche und kulturelle Zusammenarbeit zu intensivieren.

Im Anschluss an die Pariser Verträge wurden von den Vertragspartnern folgende **grundsätzliche Ziele der westlichen Deutschlandpolitik** festgelegt:
- Die Anerkennung der Bundesregierung als einzige rechtmäßige deutsche Regierung;
- eine friedensvertragliche Regelung für Gesamtdeutschland;
- die Wiedervereinigung Deutschlands mit friedlichen Mitteln;
- die Garantie der Sicherheit der Bundesrepublik und Berlins.

Die **Pariser Verträge** wurden daraufhin vom Bundestag ratifiziert und **traten am 5. Mai 1955 in Kraft**. Damit war die **Bundesrepublik souverän**.

Im Anschluss an die Pariser Verträge legten die Vertragspartner als grundsätzliche Ziele der westlichen Deutschlandpolitik fest:
- Anerkennung der Bundesregierung als einzige rechtmäßige deutsche Regierung
- friedensvertragliche Regelung mit Gesamtdeutschland
- Wiedervereinigung mit friedlichen Mitteln
- Garantie der Sicherheit der BRD und Berlins

Die Souveränität der Bundesrepublik (5. 5. 1955)

Die Pariser Verträge waren von entscheidender Bedeutung für die Bundesrepublik. Die Besatzungsherrschaft war beendet, die Bundesrepublik souverän und im Westen ein gleichberechtigter Partner. Nur bezüglich Berlins, der Wiedervereinigung und eines Friedensvertrages behielten sich die ehemaligen (westlichen) Besatzungsmächte Sonderrechte vor. In die Freude über die Souveränität mischte sich jedoch auch eine gewisse Skepsis, ob es dem jungen westdeutschen Staat gelingen werde, sich als freier und unabhängiger Staat mit schwerer historischer Belastung in der Weltpolitik etablieren und behaupten zu können. Die Allgemeine Frankfurter Zeitung (FAZ) brachte dies am 6.5.1955 auf den Punkt: „Sie [die westlichen Nationen] wissen vielleicht mehr, als es uns selbst bewusst geworden ist, dass die außenpolitische Handlungsfreiheit, die den zu Verbündeten gewordenen Westdeutschen nun gegeben worden ist, auch ein Risiko bedeutet und dass sie auf allen Seiten eine noch größere Staatskunst erfordert, als sie die Erreichung der jetzigen Etappe schon verlangte.“[4]

Die Pariser Verträge wurden daraufhin vom Bundestag ratifiziert und traten am 5.5.1955 in Kraft. Damit war die BRD souverän. Bezüglich der Wiedervereinigung, Berlins und eines Friedensvertrages behielten sich die ehemaligen Besatzungsmächte Sonderrechte vor.

Die Integration in die Europäische Gemeinschaft

Die Integration in die Europäische Gemeinschaft:

1950: **Beitritt zum Europarat** als assoziiertes Mitglied; ein Jahr später wird die BRD Vollmitglied.

1951: F, I, die BRD und die Benelux-Staaten schaffen durch den „Vertrag über die Europäische Gemeinschaft für Kohle und Stahl" (EGKS) die **Montanunion**.

1957: Dieselben Vertragspartner begründen durch die **Römischen Verträge** die Europäische Atomgemeinschaft (EURATOM) und die Europäische Wirtschaftsgemeinschaft (EWG).

1967: EGKS, EURATOM und EWG werden zur **Europäischen Gemeinschaft** (EG) zusammengefasst.

1992: Der Vertrag von Maastricht begründet die **Europäische Union** (EU).

Der Gedanke eines europäischen Zusammenschlusses entstand nach 1945. Er wurde gefördert von Vertretern einer Europabewegung, der ehemalige Widerstandskämpfer, Parlamentarier und führende Politiker (z.B. Churchill, Schumann, Monnet, Adenauer) angehörten. Die Bundesrepublik integrierte sich wirtschaftlich in folgenden Schritten in die europäische Gemeinschaft:

- **1950** (8.7.)**:** Beitritt zum **Europarat** (als assoziiertes, d. h. nicht stimmberechtigtes Mitglied), der das gemeinsame europäische Erbe pflegen, den wirtschaftlich-sozialen Fortschritt seiner Mitglieder fördern und eine enge Verbindung zwischen diesen herstellen will. Vollgültiges Mitglied wurde die Bundesrepublik am 2.5.1951.
- **1951** (18.4.)**:** Die **Montanunion**: Frankreich, Italien, die Bundesrepublik und die Benelux-Staaten unterzeichnen auf Initiative des französischen Außenministers Schumann den „Vertrag über die Europäische Gemeinschaft für Kohle und Stahl" (EGKS). Der für 50 Jahre geltende Vertrag brachte erste wirtschaftliche Absprachen. Da er Institutionen mit supranationalen Hoheitsrechten beinhaltete, bildete er den Anfang der europäischen Integration.
- **1957** (23.5.): Durch die **Römischen Verträge** begründen Frankreich, Italien, die Benelux-Staaten und die Bundesrepublik die Europäische Atomgemeinschaft (EURATOM) und die Europäische Wirtschaftsgemeinschaft (EWG).
- **1967** (1.7.)**:** Die drei Organe EGKS, EURATOM und EWG werden zur **Europäischen Gemeinschaft** (EG) zusammengefasst.
- **1992** (7.2.): Der europäische Einigungsprozess, an dem das vereinigte Deutschland maßgeblich beteiligt ist, führt durch den „Vertrag über die Europäische Union" (allgemein: **Vertrag von Maastricht**) zur **Gründung der Europäischen Union**, die die wirtschaftliche Zusammenarbeit der Europäischen Gemeinschaft, die gemeinsame Außen- und Sicherheitspolitik (GASP) und die Zusammenarbeit in der Innen- und Rechtspolitik regelt.

Die DDR: Ostintegration und Souveränität

Wirtschaftliche, strukturelle und politische Integration

Mit der Gründung der DDR war nach offizieller DDR-Version die „Phase der antifaschistisch-demokratischen Ordnung" abgeschlossen und die des „planmäßigen Aufbaus des Sozialismus" begann. Die SED betrieb nun die endgültige **Integration der DDR** in den sowjetischen Machtblock **durch** die **Angleichung des volksdemokratischen Systems** an die anderen Ostblockstaaten. Dies wurde durch folgende **Maßnahmen** erreicht:

- Am 29.9.1950 wurde die DDR **Mitglied des Rats für gegenseitige Wirtschaftshilfe** (RGW bzw. Communist Economies, COMECON). Ihr Außenhandel mit den anderen Ostblockstaaten wuchs in der Folgezeit kontinuierlich.
- Der **erste zentral geplante und gelenkte Fünfjahresplan** (1951 – 1955) hatte das schnelle Wachstum der industriellen und landwirtschaftlichen Produktion „im Interesse des gesamten deutschen Volkes und des Kampfes um die Einheit des demokratischen Deutschlands" zum Ziel.
- Die Zentralisierung der politischen Macht wurde am 23.7.1952 durch die **Auflösung der Länder** und die **Schaffung von 14 Bezirken**, die von SED-Sekretären geleitet wurden, verstärkt. Damit wurden die letzten Reste von Föderalismus, Selbstverwaltung und Landestraditionen beseitigt. SED-geführte Bezirkstage und Bezirksräte bildeten jetzt die obersten Organe der mittleren Verwaltungsbehörde. An der Spitze eines Bezirks stand der Sekretär, der grundsätzlich SED-Funktionär war.
- Die **Zahl der Volkseigenen Betriebe** (VEB) **stieg**. Sie wurden nach sowjetischem Vorbild ausgebaut und betrieben. Im Juni 1951 gab deshalb die SED die Losung aus: „Von der Sowjetunion lernen heißt siegen lernen".

1950: Die DDR wird Mitglied des Rats für gegenseitige Wirtschaftshilfe **(RGW)**.

1951 – 1955: **Erster Fünfjahresplan** und steigende Anzahl der Volkseigenen Betriebe

1952: Zentralisierung der politischen Macht durch **Auflösung der 5 Länder** und Schaffung von 14 Bezirken, die von SED-Sekretären geleitet werden

Die einseitige **Förderung der Schwerindustrie** brachte gute Wachstumszahlen. Die **erzwungene Kollektivierung** bewirkte jedoch im Nahrungsmittelbereich Versorgungsengpässe.

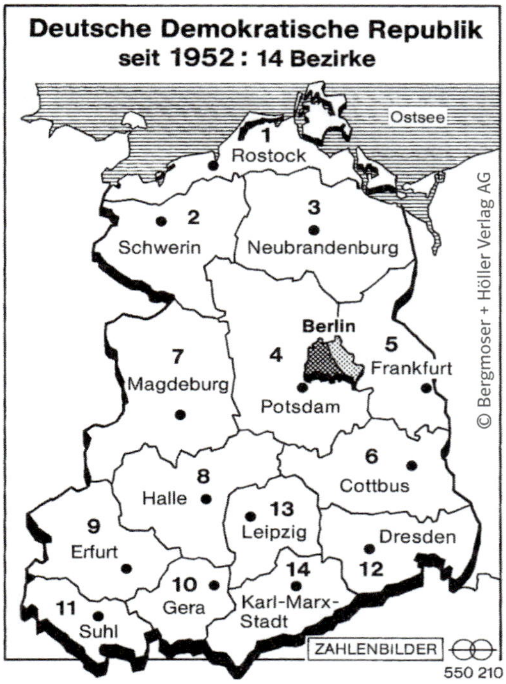

Die Verwaltungsstruktur der DDR

Der **„Aufbau des Sozialismus“** bedeutete die Übernahme des stalinistischen Systems der UdSSR.

Es wurde mit folgenden **Maßnahmen** erreicht:
- demokratischer Sozialismus (Ausübung der Macht innerhalb der SED, von oben nach unten)
- Säuberung der SED
- systematische Besetzung des Staatsapparats mit SED-Funktionären
- Schaffung der SED-gelenkten „Nationalen Front“ (Vereinigung der Parteien und Massenorganisationen)
- ideologischer „Klassenkampf“ gegen Bauern, Selbstständige und die Kirchen
- sozialistische Neuordnung des Gerichtswesens
- Aufbau des „Ministeriums für Staatssicherheit“ (MfS, Stasi)
- Wahlen per Einheitsliste
- Das „Gesetz zum Schutz des Friedens“ unterdrückte jegliche Kritik an der SED bzw. ihrem Kurs.
- strikte Lenkung von Kunst, Kultur, Erziehung und Wissenschaften
- exzessiver Personenkult um Stalin

- Die **einseitige Förderung der Schwerindustrie** brachte zunächst gute Wachstumszahlen. Die mit Nachdruck vorangetriebene **Kollektivierung** (Zusammenschluss landwirtschaftlicher Betriebe zu genossenschaftlichen oder staatlichen Betrieben) führte jedoch zu Engpässen bei der Versorgung der Bevölkerung. Zu Beginn der Fünfzigerjahre waren Fett, Fleisch und Zucker immer noch rationiert, der Lebensstandard war erheblich niedriger als in der Bundesrepublik.
- Der „Aufbau des Sozialismus“ bedeutete auch die **Übernahme des stalinistischen Herrschaftssystems** der UdSSR. Die SED wurde strukturell systematisch an die KPdSU angepasst, ihr Machtapparat umfassend ausgebaut, sodass sie die Suprematie, die alleinige Macht, innehatte, die von einer kleinen Gruppe von Spitzenfunktionären ausgeübt wurde. **Maßnahmen** zur Erreichung und zur Stabilisierung der Suprematie:
  - der **„demokratische Sozialismus“**, d.h. die strikte Ausübung der Macht innerhalb der Partei von oben nach unten;
  - eine **Säuberung der Partei** nach stalinistischem Vorbild;
  - die **systematische Besetzung des Staatsapparates** mit SED-Funktionären;
  - die **Schaffung** der SED-gelenkten **„Nationalen Front“** (NF), in der nur „fortschrittliche“ Mitglieder nichtkommunistischer Parteien, z.B. frühere Beamte, Soldaten, Offiziere und Generäle der deutschen Wehrmacht sowie die ehemaligen Nazis aufgenommen wurden. Die NF war zwar als gesamtdeutsche Bewegung zur „Rettung der deutschen Nation“ konzipiert, wurde jedoch von der SED zu einer sozialistischen Volksbewegung verändert. Sie war danach das umfassendste „Bündnis aller politischen und sozialen Kräfte des werktätigen Volkes unter Führung der Arbeiterklasse und ihrer Partei“. Damit war die NF zusammen mit dem 1948 etablierten „Demokratischen Block“ (SED, CDU, LDPD, NDPD, DBD und die Massenorganisationen) ein wesentlicher „Transmissionsriemen“ der Machtausübung.
  - Der **ideologische „Klassenkampf“** gegen Bauern, Selbstständige und die Kirchen;
  - die sozialistische **Neuordnung des Gerichtswesens**;
  - der **Aufbau des Ministeriums für Staatssicherheit** (MfS) mit dem nur dem Politbüro unterstehenden **Staatssicherheitsdienst** (SSD, zusammenfassender Begriff für die Zentrale des MfS; im Volksmund: Stasi), dessen Hauptaufgabe als „Schwert und Schild“ der Partei in der Ausschaltung der Opposition bestand;
  - **Wahlen per Einheitsliste:** Die SED erstellte nicht nur die Einheitsliste, sondern bestimmte auch, wie viele Delegierte eine Partei oder Massenorganisation in die Volkskammer entsenden durfte;

- das **„Gesetz zum Schutz des Friedens“**, das die „Hetze“ gegen „Teilnehmer am Kampf für Frieden“ verbot. Da die DDR-Führung den Anspruch erhob, den Friedenskampf zu organisieren und zu leiten, bedeutete jede Kritik an ihr „Hetze“ und wurde dementsprechend bestraft.

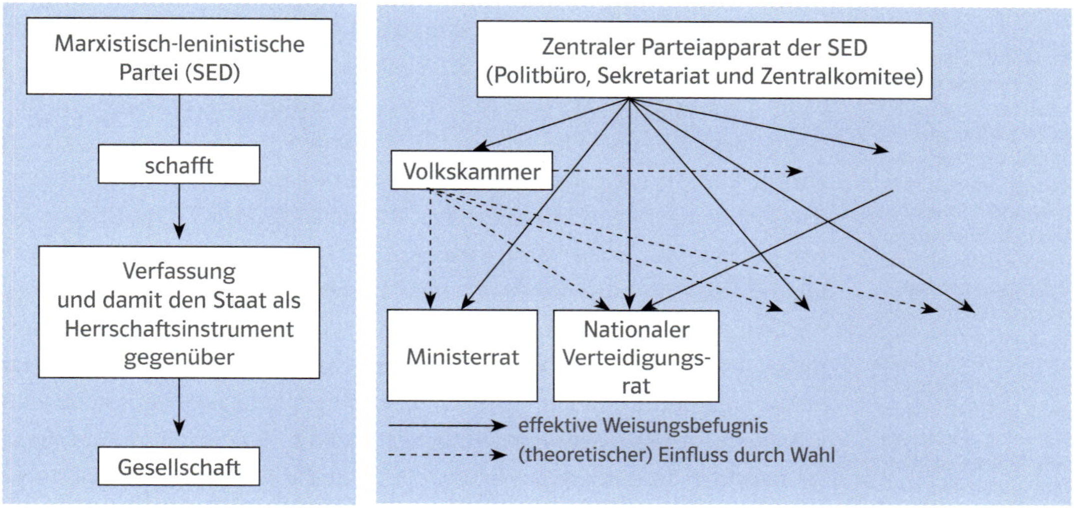

Staat, Verfassung und politische Struktur der DDR

- Auch Kunst, Kultur, Erziehung und Wissenschaften wurden von der SED gleichgeschaltet und an die Verhältnisse in der UdSSR angepasst. Ulbricht bzw. die SED betrieben einen extremen Personenkult um Stalin und profilierten sich als treue "Kampfgenossen der KPdSU".

Der Aufstand vom 17. Juni 1953

Nach Stalins Tod (5.3.1953) musste die DDR-Führung auf sowjetischen Druck einen „Neuen Kurs" einschlagen.

Da sie trotz einer Versorgungskrise die Arbeitsnormen bei gleich bleibenden Löhnen erhöhte, entstanden am 16.6.1953 in Ostberlin Streiks und Arbeiterdemonstrationen. Sie dehnten sich rasch über mehr als 250 Orte der DDR aus. Als am folgenden Tage politische Forderungen laut wurden (freie Wahlen, Rücktritt der Regierung, Wiedervereinigung) schlug die Rote Armee den Arbeiteraufstand mit Waffengewalt nieder.

Die DDR-Führung reagierte mit der Erhöhung von Löhnen und kündigte Reformen an, spielte den Aufstand aber propagandistisch als Werk westlicher Provokateure und Krimineller herunter.

Daraufhin setzte eine starke Fluchtbewegung in die BRD ein.

Die einseitige Bevorzugung der Schwerindustrie führte zu Beginn der Fünfzigerjahre zu einem Rückgang der Konsumgüterproduktion und zu einer Versorgungskrise. Nach dem **Tod Stalins (5. 3. 1953)** musste die DDR-Führung auf sowjetischen Druck Fehler eingestehen und einen „Neuen Kurs" einschlagen, der zu einer Verbesserung des Lebensstandards führen sollte. Da sie jedoch gleichzeitig die Arbeitsnormen bei gleich bleibenden Löhnen um 10% erhöhte, kam es am 16. Juni zu **Streiks und Arbeiterdemonstrationen in Ostberlin**, die sich rasch über mehr als 250 Orte in der DDR ausbreiteten. Zwar beteiligten sich bis zur Niederschlagung nur ca. 10% der Arbeiterschaft, aber die wichtigsten Industriegebiete der DDR waren betroffen. Als am folgenden Tag **politische Forderungen** laut wurden (z.B. freie Wahlen, Rücktritt der Regierung, Wiedervereinigung), die das politische System der DDR bedrohten, griff die Rote Armee ein und schlug den Arbeiteraufstand noch am 17. Juni mit brutaler Waffengewalt nieder. Dabei kamen ca. 300 Menschen ums Leben. Die DDR-Führung reagierte danach mit der Erhöhung von Löhnen, kündigte Reformen an, spielte andererseits den Aufstand als Werk westlicher Agenten, Provokateure und Krimineller herunter. In einer Säuberungswelle ging die Staatsführung rigoros gegen alle vor, die „den Sturz der Arbeiter- und Bauernmacht" angestrebt hatten. Ca. 13000 Bürger der DDR wurden verhaftet und ca. 1600 angeklagt. Die meisten erhielten lange Zuchthausstrafen, zwei wurden zum Tode verurteilt.

Der Aufstand hatte zwei wesentliche **Folgen**: Erstens, die Behauptung vom „Arbeiterstaat" und von der „Arbeiterpartei" SED hatte sich als unzutreffend erwiesen, womit die Legitimation der SED-Herrschaft in Frage gestellt wurde. Zweitens, da sich in der Folgezeit die wirtschaftliche Lage nicht verbesserte, verstärkte sich die Fluchtbewegung (überwiegend von Jugendlichen, Facharbeitern und Bauern) in den Westen und dokumentierte die Instabilität der DDR.

Die Souveränität der DDR

Am 15.5.1955 verlieh die UdSSR der DDR die Souveränität mit Ausnahme der alliierten Vorbehalte (Friedensvertrag, Wiedervereinigung, Berlin).

Am 25.3.1954 verlieh die UdSSR der DDR **„erweiterte Souveränitätsrechte"**. Sie konnte nun nach eigenem Ermessen über ihre inneren und äußeren Angelegenheiten bestimmen. Damit war aus der sowjetischen Besatzungszone ein souveräner Staat geworden. In der Praxis konnte die Souveränität nur in dem Rahmen ausgeübt werden, den die UdSSR als östliche Führungsmacht vorgab bzw. zuließ. Die politische und wirtschaftliche Integration der DDR in den Ostblock hatte sie zu einem verlässlichen Partner der UdSSR gemacht. Dieser Entwicklung trug die UdSSR Rechnung und verlieh der DDR im folgenden Jahr in dem „Vertrag über die Beziehungen zwischen der DDR und der UdSSR" die volle **Souveränität** (15.5.1955) mit Ausnahme der alliierten Vorbehalte (Wiedervereinigung, Friedensvertrag, Berlin).

Die militärische Integration der beiden deutschen Staaten

Die Integration der BRD in die NATO

Bereits bei der Gründung der NATO kalkulierten die USA im Rahmen ihrer antisowjetischen Eindämmungspolitik (containment) einen **militärischen Beitrag der Bundesrepublik** ein, da sie sich neben der Erhöhung der militärischen Schlagkraft von ihrer Lage an der Nahtstelle der Bündnisse einen geostrategischen Vorteil versprachen. Diese Integration scheiterte an dem Widerspruch Frankreichs. Da im Rahmen des Kalten Kriegs ein militärischer Beitrag der Bundesrepublik aus Sicht der Westmächte unumgänglich war, schlug der französische Premierminister Pleven im Oktober 1950 den Aufbau einer europäischen Armee vor, an der nur kleine bundesrepublikanische Truppenkontingente beteiligt sein sollten. Dies hätte dem französischen Sicherheitsbedürfnis dadurch Rechnung getragen, dass die Bundesrepublik als schwacher Bündnispartner in ein von Großbritannien und Frankreich bestimmtes westeuropäisches Bündnissystem integriert worden wäre. 1952 beschloss die Regierungskoalition auf Betreiben Adenauers im Bundestag den Beitritt der Bundesrepublik zur EVG (→ S. 96). Nachdem die EVG an den französischen Bedenken gescheitert war, trat die Bundesrepublik der WEU (23.10.1954) und der NATO (9.5.1955) bei.

Schon bei der Gründung der NATO planten die USA aus geostrategischen Erwägungen den militärischen Beitrag der BRD. Frankreich bevorzugte aus Sicherheitsgründen die Integration der BRD in ein von Frankreich und Großbritannien bestimmtes europäisches Sicherheitssystem. Die Integration der BRD in die EVG scheiterte 1954 an der französischen Nationalversammlung. Daraufhin integrierte sich die BRD 1954/55 in die NATO.

Die Integration der DDR in den Warschauer Pakt

Ähnliche Gründe spielten auch bei der militärischen **Integration der DDR in** den **Warschauer Pakt** eine Rolle. Zwar wurde sie mit dem „Schutz der gesetzmäßigen Entwicklung“ des Sozialismus begründet, zu dem alle sozialistischen Staaten verpflichtet seien, doch war ausschlaggebend, dass die DDR für die UdSSR aus geostrategischen Gründen genauso wichtig war wie die Bundesrepublik für die NATO. In beiden Fällen kam die Absicht der Führungsmächte hinzu, über einen von ihnen dominierten militärischen Beistandspakt eine Vereinheitlichung und Steuerung ihrer Außen- und Sicherheitspolitik zu erreichen.
Als am 14. 5. **1955**, wenige Tage nach dem Beitritt der Bundesrepublik zur NATO, der **Warschauer Pakt** gegründet wurde, gehörte die DDR zu den Unterzeichnerstaaten und wurde nach der Umwandlung der „Kasernierten Volkspolizei“ in die „Nationale Volksarmee“ und dem „Gesetz über die Schaffung der Nationalen Volksarmee“ Anfang 1956 ein gleichberechtigter militärischer Verbündeter im Warschauer Pakt.

Auch für die UdSSR waren geostrategische Gründe für die militärische Integration entscheidend. Die DDR wurde Mitglied des Warschauer Paktes am 14. 5. 1955.
Neben militärischen und sicherheitspolitischen Aspekten versprachen sich die Supermächte von einem von ihnen geführten Sicherheitspakt die Vereinheitlichung und Lenkung ihrer Außen- und Sicherheitspolitik.

Die Entstehung der Blöcke und die Integration der beiden deutschen Staaten in sie hatte zwei Auswirkungen:
- Sie verschärfte die Teilung der Welt, Europas und Deutschlands;
- sie bildete den Rahmen der Deutschlandpolitik bis zum Beginn der 90er-Jahre.

Die Entstehung der Blöcke (und die Integration der beiden deutschen Staaten) hatte **zwei** wesentliche **Auswirkungen**: Sie verschärfte die Teilung der Welt, Europas, Deutschlands und Berlins und sie bildete bis zum Beginn der Neunzigerjahre den Rahmen der Deutschlandpolitik.

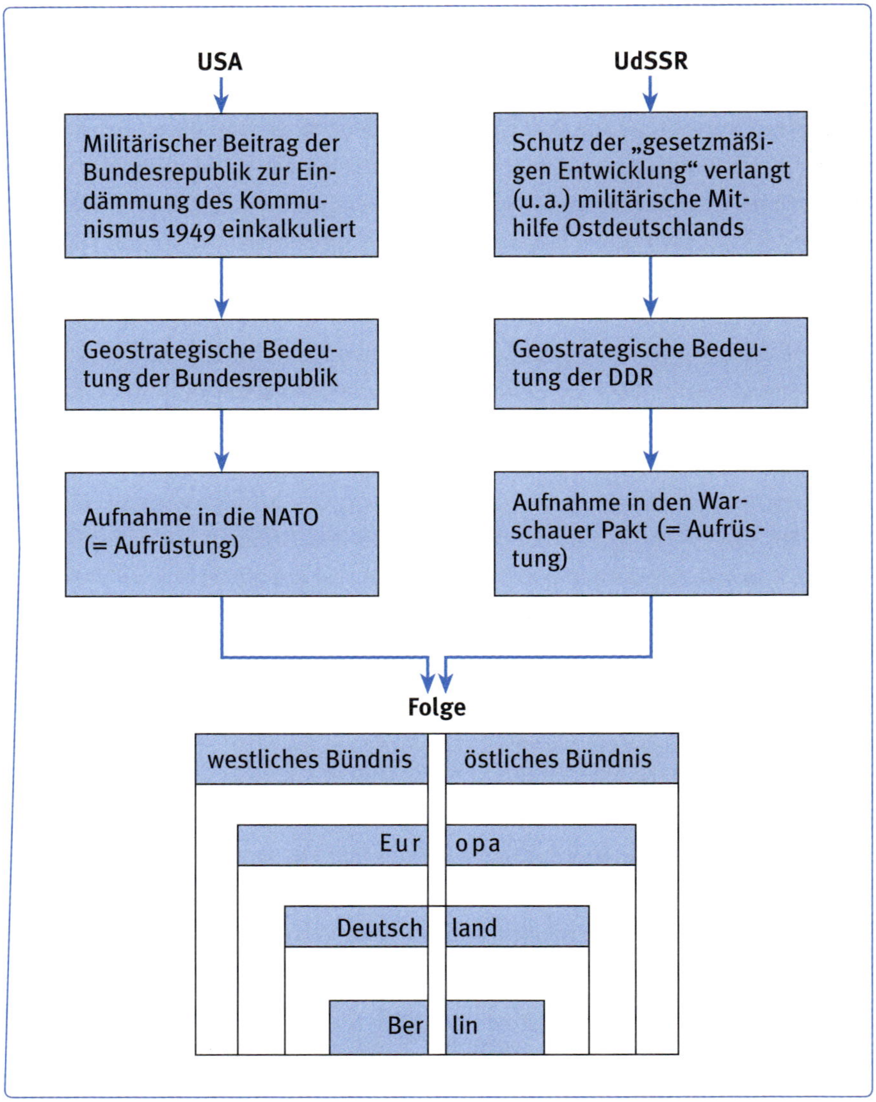

Die Auswirkungen der Blockbildung auf die Deutschlandpolitik

Die Relativierung der deutschen Frage

Mit der **Einbeziehung der Bundesrepublik in die NATO und der DDR in den Warschauer Pakt** war die in den Jahren 1947/48 eingeleitete Spaltung Deutschlands zu einem vorläufigen Abschluss gekommen. Die beiden Supermächte hatten in Europa ihre Einflusssphären konsolidiert, womit ein weiteres Ringen um Deutschland nicht mehr nötig war.

Eine **grundsätzliche Entscheidung auf unabsehbare** Zeit war getroffen worden. „In diesen sieben Jahren hatten sich die weltpolitischen Voraussetzungen, die am Anfang des Weges für die Entschlussfassung bestimmend gewesen waren, jedoch grundlegend gewandelt. Die Überschätzung der Deutschlandfrage für die Weltpolitik, die Befürworter und Gegner in dem jahrelangen verbissenen Ringen – ohne dass es ihnen bewusst war – vereint hatte, trat nun sehr schnell zu Tage. … Um den jetzt in Mitteleuropa erreichten Zustand doch noch zu verändern, bedurfte es einer viel längerfristig angelegten politischen Strategie als bisher.“ [6]

Die **deutsche Frage** im Spiel der Großmächte war seit Beginn des atomaren Patts (1954/55) den Anstrengungen untergeordnet, einen Modus Vivendi zwischen Ost und West zu finden. Damit war die deutsche Frage seit der Berliner Außenministerkonferenz von 1954 mit dem **Problem der europäischen Sicherheit und** seit 1955 auch mit dem der **Abrüstung** verknüpft. Sie hatte ihren hervorragenden Stellenwert und ihre Priorität bei den Westmächten eingebüßt.

Mit der Ausbildung der Blöcke und der Integration der beiden deutschen Staaten hatten die Supermächte ihre Einflusssphären in Europa konsolidiert. Veränderungen waren auf absehbare Zeit nicht mehr möglich.

Damit verlor die deutsche Frage ihren bisherigen Stellenwert und ihre Priorität. Sie war nun ein Teilproblem der europäischen Sicherheit und der Abrüstung geworden.

Die Problematik der Bonner Deutschlandpolitik

Die Veränderung des Stellenwerts der deutschen Frage bedeutete für Bonn eine wichtige Zäsur, da man feststellen musste, dass die Bundesrepublik mit der von Adenauer konzipierten und vertretenen Deutschlandpolitik immer mehr in die Isolation geriet. So wurde die Bundesregierung zwar an den westlichen Vorbereitungen für Ost-West-Konferenzen beteiligt, konnte sich mit ihren Vorstellungen und Wünschen jedoch nicht durchsetzen. Die Westmächte, vor allem Großbritannien und Frankreich, in wachsendem Maße aber auch die USA, zeigten deutlich, dass sie zu der von Adenauer verlangten Konzentration aller Ost-West-Gespräche auf die Wiedervereinigung nicht mehr bereit waren. Hinzu kam, dass der Bonner Wiedervereinigungskurs einem allgemeinen Entspannungskurs entgegenstand und deshalb zu einer ernsten Belastung für das Verhältnis der NATO-Partner wurde.

Aufgrund der veränderten Rahmenbedingungen trat die **Bonner Deutschlandpolitik**, vor allem ihr Wiedervereinigungsbestreben, immer stärker in den Hintergrund. Sie wurde zu einer Belastung für das Verhältnis der NATO-Partner und die ersten Ansätze der Entspannung.

Berlin: Rechtsgrundlagen und Krisen

1944: Aufteilung Berlins in drei Zonen und Verwaltung durch eine gemeinsame Kommandantur

12.9.1944: Im (ersten) Londoner Protokoll wurden zwischen den USA, der UdSSR und Großbritannien drei Besatzungszonen und „ein besonderes Berliner Gebiet" festgelegt, das nicht zur sowjetischen Besatzungszone gehören sollte.

14.11.1944: Das zweite Londoner Protokoll über Berlin bestimmte, dass die Stadt durch eine gemeinsame Kommandantur verwaltet werden wird.

1945: Aufteilung Berlins in vier Besatzungszonen und Übernahme der Regierungsgewalt durch die Alliierte Kommandantur

5.6.1945: Die vier Mächte übernahmen die Regierungsgewalt in Deutschland und teilten Berlin in vier Besatzungszonen auf.

26.7.1945: Frankreich wurde vierte Besatzungsmacht.

16.6.1948: Der sowjetische Stadtkommandant stellte seine Mitarbeit in der Alliierten Kommandantur ein. Diese bestand als oberste Verwaltung der drei Westsektoren weiter.

21.6.1948: Nach Ablehnung durch die Sowjets wurde die Währungsreform (→ S. 76) der Westmächte nur auf Westberlin übertragen, zwei Tage später begann die von der UdSSR verordnete Währungsreform für die SBZ und Groß-Berlin.

Juni 1948 – Mai 1949: Berlin-Blockade

24.6.1948: Beginn der Berlin-Blockade (→ S. 74)

30.11.1948: Spaltung Berlins durch die Ausrufung eines „provisorischen demokratischen Magistrats" im Ostsektor durch die SED.

4.5.1949: Im Jessup-Malik-Abkommen einigten sich die USA und die UdSSR über die Beendigung der Berlin-Blockade und bestätigten den Status der Stadt als Vier-Mächte-Stadt und den freien Zugang für alliiertes Militärpersonal.

12.5.1949: Offizielles Ende der Berlin-Blockade

1949: Die Konstituierung der beiden deutschen Staaten änderte nichts an dem Viermächtestatus Berlins.

23.5. bzw. 7.10.1949: Weder die Gründung der beiden deutschen Staaten noch ihre Souveränität änderten etwas am Viermächtestatus Berlins, auch wenn die beiden deutschen Staaten in der Folgezeit West- bzw. Ostberlin als Teil ihres Staates ansahen. Beide Teile Berlins blieben jedoch fester Bestandteil des Rechts-, Wirtschafts- und Finanzsystems der Bundesrepublik bzw. der DDR.

1.9.1950: Die Verfassung Westberlins stellte (im Gegensatz zu der von den Alliierten vertretenen Rechtslage) fest: „Berlin ist ein Land der Bundesrepublik Deutschland. Grundgesetz und Gesetze der Bundesrepublik Deutschland sind für Berlin bindend."

1950: Die Verfassung Westberlins stellte im Gegensatz zur Rechtslage fest, dass Berlin ein Teil der Bundesrepublik sei.

21.5.1952: Die Westmächte erklärten, dass internationale Verträge der Bundesrepublik von nun an auch Westberlin einschließen.

17.6.1953: Arbeiteraufstand in der DDR (→ S. 106)

1953: Arbeiteraufstand in der DDR

5.5.1955: In der „alliierten Erklärung über Berlin" gewährten die Westmächte Westberlin „die größtmögliche Freiheit", die „mit der besonderen Lage Berlins vereinbar ist". Danach übte die Stadt (in diesem Falle Westberlin) mit Ausnahme sicherheitsrelevanter Bereiche alle Rechte, Machtbefugnisse und Verantwortlichkeiten aus, wie sie in der Westberliner Verfassung von 1950 festgelegt worden waren.

1955: Westberlin erhielt von den Westmächten „die größtmögliche Freiheit", die mit der „besonderen Lage" der Stadt vereinbar war.

27.11.1958: Berlin-Ultimatum Chruschtschows (→ S. 115)

1958: Berlin-Ultimatum Chruschtschows

10.1.1959: Der von den Westmächten zurückgewiesene sowjetische Friedensvertragsentwurf sah für Berlin den Status einer entmilitarisierten „Freien Stadt" vor (→ S. 116).

1959: der sowjetische Friedensvertragsentwurf für Berlin

25.7.1961: US-Präsident John F. Kennedy benannte die drei Grundbedingungen für die Existenz Westberlins (→ S. 123).

1961: US-Präsident Kennedy benannte die drei Grundbedingungen für die Existenz Westberlins.

13.8.1961: Bau der Mauer durch Berlin (→ S. 144)

1961: Bau der Berliner Mauer

3.9.1971: Viermächteabkommen über Berlin (→ S. 135)

1971: Viermächteabkommen über Berlin

7.10.1989: Beginn der Revolution in Ostberlin (→ S. 170)

12.9.1990: Der Zwei-plus-vier-Vertrag beendete den Sonderstatus Berlins als Vier-Mächte-Stadt (→ S. 178).

1990: Der Zwei-plus-vier-Vertrag beendete den Sonderstatus Berlins als Vier-Mächte-Stadt.

3.10.1990: Mit der Vereinigung Deutschlands wurde Berlin (laut Einigungsvertrag) Hauptstadt des vereinigten Deutschlands (→ S. 182).

1990: Berlin wurde Hauptstadt des vereinigten Deutschlands.

Deutschlandpolitik in der zweiten Hälfte der Fünfzigerjahre

Die amerikanische Außenpolitik in der Ära Eisenhower (1953 – 1961)

Die amerikanische Außenpolitik unter Präsident Eisenhower (**1953 – 1961**) war geprägt von der Roll-back-Sicherheitspolitik (= Zurückdrängen des Kommunismus bzw. der UdSSR). Mitte der 50er-Jahre erreichte die UdSSR durch die Produktion von Atomwaffen ein „atomares Patt" und die USA mussten ihre Außen- und Sicherheitspolitik den neuen Machtverhältnissen anpassen.

Der ehemalige Oberkommandierende der US-Streitkräfte im Zweiten Weltkrieg Dwight D. **Eisenhower** gewann die amerikanische Präsidentschaftswahl von 1952. Zusammen mit seinem Außenminister John Foster Dulles steuerte er einen scharfen propagandistischen und antikommunistischen bzw. antisowjetischen Kurs. Dulles ging sofort daran, die Position der USA international zu stärken und auszubauen. Die Containment-Strategie seines Vorgängers ersetzte er durch die aggressive Sicherheitspolitik des „**Roll back**", dessen Ziel nicht mehr die Eindämmung, sondern die Zurückdrängung des Kommunismus war. Mittel dieser „**Policy of Liberation**" (Befreiungspolitik) waren u. a. ein Gürtel von Militärstützpunkten rund um die Erde, zahlreiche gegen die UdSSR gerichtete militärische und sicherheitspolitische Verträge und Bündnissysteme sowie eine ausgeprägte „**Dollarhegemonie**", durch die strategisch wichtige Länder (wie z. B. Ägypten, süd- bzw. mittelamerikanische Staaten) stärker an die USA gebunden werden sollten. Durch die **massive Aufrüstung der UdSSR** veränderte sich das Verhältnis der Supermächte entscheidend. Die UdSSR erreichte Mitte der Fünfzigerjahre ein atomares Patt und man sprach nun von einem „**Gleichgewicht des Schreckens**". Dies bedeutete einen Wendepunkt, denn nun erwies sich die Politik des „Roll back" als ebenso überholt wie das dazugehörige sicherheitspolitische Konzept der „massiven Vergeltung" („massive retaliation"). Die USA mussten ihre Außen- und Sicherheitspolitik den veränderten Verhältnissen anpassen.

Die sowjetische Außenpolitik unter Chruschtschow (1953 – 1964)

Chruschtschows Politik der „friedlichen Koexistenz" zwischen Völkern mit unterschiedlichen Gesellschaftssystemen (1956) zielte auf technologische Hilfe des Westens ab und bedeutete keine Aufgabe der bisherigen Außenpolitik.

Aus den parteiinternen Machtkämpfen nach dem Tode Stalins ging Nikita S. **Chruschtschow** als Sieger hervor, der die sowjetische Politik als Erster Sekretär der KPdSU und als Ministerpräsident der UdSSR von 1953 bis 1964 maßgeblich bestimmte. Seine Außenpolitik war zweigleisig und in vielfacher Hinsicht verwirrend. Mit der „**Entstalinisierung**" leitete er 1956 eine „**Phase des Tauwetters**" ein, die in seinem Prinzip der **„friedlichen Koexistenz"** zwischen Völkern unterschiedlicher gesellschaftlicher Systeme gipfelte. Die „friedliche Koexistenz" war jedoch nichts anderes als ein Mittel der beschleunigten wirtschaftlichen Entwicklung der UdSSR, für die die Hilfe des wirtschaftlich und technologisch höher entwickelten Westens unumgänglich war. Sie bedeutete keineswegs die Aufgabe der bisherigen sowjetischen Ziele. Die UdSSR führte den ideologisch-propagandistischen und machtpolitischen Kampf gegen die USA bzw. den Westen mit unverminderter Schärfe weiter und betrieb in der zweiten Hälfte der Fünfzigerjahre eine ausgesprochen **aggressive Außenpolitik gegenüber den USA**. Chruschtschow war nämlich überzeugt, dass die UdSSR den USA bezüglich Dynamik, Geschlossenheit und Machtwille weit überlegen sei und auch aufgrund ihres leistungsfähigeren militärisch-industriellen Bereichs eindeutig über das größere militärische Potenzial verfüge. Zwischenstaatliche **Kooperation** (Staatsbesuche, Gipfeltreffen, diplomatische und wirtschaftliche Kontakte) **und** die ideologisch-machtpolitische **Konfrontation** (Ultimaten, Drohgebärden, massive Aufrüstung) waren die wechselnden Bestimmungsfaktoren der aggressiven Chruschtschow'schen Außenpolitik gegenüber dem Westen und insbesondere gegenüber den USA. Sie gipfelte schließlich in der **Kuba-Krise** (1962 → S. 125), die die Welt an den Rand des dritten Weltkriegs brachte. Die sowjetische Außenpolitik gegenüber den „sozialistischen Bruderländern" war geprägt von Dominanz und Unterdrückung, die auch vor brutalsten Methoden (wie z. B. 1956 in Ungarn) nicht zurückschreckte.

Gegenüber dem Westen und besonders gegenüber den USA betrieb Chruschtschow die zweigleisige Politik von Kooperation und Konfrontation. Diese Politik gipfelte in der Kuba-Krise (1962).

Das Selbstverständnis der beiden deutschen Staaten: Hallstein-Doktrin und Zwei-Staaten-These

Die außen- und deutschlandpolitischen Ziele und Konzeptionen der Supermächte bestimmten nicht nur ihre eigene Deutschlandpolitik, sondern auch diejenige ihrer Bündnispartner. Die Bonner Deutschlandpolitik war abhängig von ihrem Verhältnis zu den USA und vom Fortbestehen des amerikanischen sicherheitspolitischen Konzepts gegenüber der UdSSR. Die Deutschlandpolitik Ostberlins war völlig der sowjetischen Außen- und Sicherheitspolitik untergeordnet.

Das staatliche Selbstverständnis der BRD

Das deutsch-deutsche Verhältnis wurde bis 1969 von folgenden **Grundpositionen der Bundesrepublik** bestimmt:

- **Rechtsnachfolge**: Die BRD ging davon aus, dass 1945 das nationalsozialistische Regime untergegangen sei, nicht aber das Deutsche Reich als Staat. Da nur die Deutschen in der Bundesrepublik aufgrund freier Wahlen über ihr politisches Schicksal hätten entscheiden können, bestehe die „staatliche Lizenz" nur in der Bundesrepublik fort.
- Die **Wiedervereinigung** (in den Grenzen von 1937) als oberstes Ziel verpflichtete alle Politiker und alle politischen Institutionen.
- **Alleinvertretungsanspruch**: Da die Bundesrepublik der einzige frei gewählte deutsche Staat sei, habe allein sie das Recht, alle Deutschen zu vertreten.

Das **staatliche Selbstverständnis der BRD** wurde von folgenden sechs Grundpositionen bestimmt:
- Rechtsnachfolge: Das Deutsche Reich besteht in der BRD fort.
- Wiedervereinigung in den Grenzen von 1937
- Alleinvertretungsanspruch: Allein die BRD hat das Recht, alle Deutschen zu vertreten.

- Nichtanerkennung der DDR
- Hallstein-Doktrin: Abbruch aller Beziehungen zu Staaten, die die DDR als souveränen Staat anerkennen
- Einheit der Nation

- **Nichtanerkennung der DDR**: Da der DDR – nach Ansicht der Bundesrepublik – die freiheitliche Legitimation fehle, wurde sie nicht als Staat anerkannt. Der andere De-facto-Staat wurde als geografischer Raum („Mitteldeutschland") bzw. als Machtbereich eines autoritären Regimes ohne wirkliche Herrschaftslegitimation angesehen.
- **Hallstein-Doktrin**: Nachdem beide Staaten 1955 souverän geworden waren, verschärfte die Bundesrepublik die **Nichtanerkennung der DDR auf diplomatischem Wege**. Sie drohte, keine politischen und wirtschaftlichen Beziehungen zu denjenigen Staaten zu unterhalten, die die DDR völkerrechtlich anerkannten. Im Falle der UdSSR musste aus politischen Gründen jedoch von Anfang an eine Ausnahme gemacht werden. Da die Bundesrepublik auch ihre Wirtschaftspolitik und ihre Entwicklungshilfe mit der Hallstein-Doktrin verknüpfte, konnte sie bis Ende der Sechzigerjahre viele Staaten von der Anerkennung der DDR abhalten. Es zeigte sich jedoch bald, dass die Hallstein-Doktrin zunehmend politische und wirtschaftliche Probleme brachte.
- Aus diesen Positionen ergab sich für die Bundesrepublik zwingend das Festhalten an der **Einheit der Nation**.

Das **Selbstverständnis der DDR** basierte auf:
1. Äquivalenztheorie: Auf dem Territorium des 1945 untergegangenen Deutschen Reichs sind zwei gleichwertige (= äquivalente) deutsche Staaten entstanden.
2. Es gibt zwei deutsche Staaten, aber nur eine deutsche Nation (bis Ende der 60er-Jahre).
3. Es existieren zwei deutsche Staaten und zwei deutsche Nationen (seit Beginn der 70er-Jahre).
4. Nationale Zusammengehörigkeit spielt keine Rolle mehr, entscheidend sind die Ideologie (Marxismus-Leninismus) und das darauf basierende gesellschaftspolitische System (Sozialismus).

Das staatliche Selbstverständnis der DDR

Die **DDR** vertrat folgende, von den Ostblockstaaten unterstützte **Grundpositionen**: Die auf dem Territorium des 1945 untergegangenen Deutschen Reichs entstandenen deutschen Staaten seien voneinander unabhängig und absolut gleichwertig **(Äquivalenzthese)**. Deshalb forderte die DDR die **völkerrechtliche Anerkennung** durch die Bundesrepublik. Trotz dieser These hielt die DDR an der **Zwei-Staaten-eine-Nation-These** fest. Wiedervereinigung war also möglich und erstrebenswert, aber nur, wenn das vereinigte Deutschland sozialistisch werden würde. Zu Beginn der Siebzigerjahre gab die DDR die Position der nationalen Einheit auf und sprach von nun an von zwei deutschen Staaten und zwei antagonistischen deutschen Nationen, einer kapitalistischen und einer sozialistischen **(Zwei-Staaten-zwei-Nationen-These)**. Als ausschließliche Grundlage der sozialistischen deutschen Nation sah die DDR den Marxismus-Leninismus und das darauf basierende staatliche, gesellschaftliche und ökonomische System an. Aus der Vergangenheit stammende Zusammengehörigkeitsfaktoren spielten für sie nun keine Rolle mehr.

Die Westmächte, v.a. die USA, unterstützten die Bonner Deutschlandpolitik bis zum Beginn der Sechzigerjahre, als die Entspannung zwischen Ost und West einsetzte und das Deutschlandproblem sich als lästiger Hemmschuh entpuppte. Dann setzte ein **wachsender Druck auf die Bundesrepublik** ein, **ihre** Außen- und **Deutschlandpolitik** den veränderten Rahmenbedingungen **anzupassen**.

Die **UdSSR** trug das staatliche Selbstverständnis der DDR bis ins Jahr 1990. Sie **unterstützte** die **„Zwei-Staaten-These"** und sah als einzigen Weg für eine Wiedervereinigung die Schaffung eines Systems der kollektiven Sicherheit in Europa sowie wirtschaftliche und politische Kontakte zwischen den gleichberechtigten deutschen Staaten. Keinesfalls könne eine Wiedervereinigung „mechanisch", d.h. ohne Berücksichtigung der tatsächlichen Verhältnisse vor sich gehen. Dies sei unrealistisch. Wiedervereinigung sei nur denkbar unter Wahrung der „sozialistischen Errungenschaften" der DDR. Dies bedeutete im Klartext: Wiedervereinigung ist möglich, aber nur, wenn die Bundesrepublik sozialistisch wird. Mit der Zwei-Staaten-These, die von allen Ostblockstaaten mit Ausnahme von Rumänien und Jugoslawien unterstützt wurde, übte die UdSSR einen starken Druck auf die Bundesrepublik aus, die DDR als gleichberechtigten Verhandlungspartner und als souveränen zweiten deutschen Staat anzuerkennen. Diese Entwicklung bewirkte eine **weitere Verschärfung des innerdeutschen Gegensatzes.** Er war nun gekennzeichnet durch die strikte Ablehnung der DDR und die Hallstein-Doktrin auf der einen Seite (Bundesrepublik) und durch die totale ideologisch-gesellschaftliche Abgrenzung sowie die Forderung nach staatlicher Anerkennung auf der anderen Seite (DDR).

Während die UdSSR die Zwei-Staaten-These der DDR vehement unterstützte, übten die Westmächte starken Druck auf die BRD aus, ihre Deutschlandpolitik den geänderten Rahmenbedingungen anzupassen.
Daraus ergab sich eine Verschärfung des innerdeutschen Gegensatzes.

Die deutsche Frage in der zweiten Hälfte der Fünfzigerjahre

Obwohl die UdSSR ihr Ziel, die Wiederbewaffnung der Bundesrepublik zu verhindern, nicht erreicht hatte, startete sie Mitte der Fünfzigerjahre aus verschiedenen Gründen eine neue Entspannungsoffensive: Die Blockbildung war abgeschlossen, Drohgebärden machten angesichts des atomaren Patts keinen Sinn und eine Entspannungspolitik sollte eine stärkere Konzentration der westlichen Kräfte vermeiden und gleichzeitig über die Schwächen der UdSSR hinwegtäuschen. Deshalb stimmte sie in kürzester Zeit dem österreichischen Staatsvertrag zu (15.5.1955) und begrüßte die von Frankreich vorgeschlagene **Gipfelkonferenz** (der Regierungschefs und Außenminister) von **Genf** (18.-23.7.**1955**). Obwohl diese Konferenz von den beteiligten Staatsmännern (Eisenhower, Bulganin und Chruschtschow, Eden, Faure) zum ersten Male seit 1947 wieder diplomatisch-höflich geführt wurde, blieb sie in der Deutschlandfrage ohne Ergebnis, da die Westmächte die Anerkennung einer souveränen DDR kategorisch ablehnten.

Nach einer kurzen Entspannungsoffensive um die Mitte der 50er-Jahre schlug Chruschtschow wieder einen aggressiven außen- und deutschlandpolitischen Kurs ein.

In den folgenden Jahren wurde Berlin mehr und mehr zum Testfall für das Ost-West-Verhältnis. Am 10.11.**1958** forderte **Chruschtschow** im **Moskauer Sportpalast** die Beseitigung des Viermächtestatus für Berlin, was das Aufgehen der Stadt in der DDR bedeutet hätte. Ende des Monats (27. November) erklärte er in einer an die Westmächte gerichteten Note, dem so genannten **Berlin-Ultimatum**, dass die UdSSR die den Status Berlins betreffenden Abmachungen

Am 10.11.1958 forderte Chruschtschow in seiner Moskauer Sportpalastrede die Aufgabe des Viermächtestatus Berlins, was ein Aufgehen der ganzen Stadt in der DDR bedeutet hätte.

In seinem Berlin-Ultimatum vom 27.11.1958 forderte er die Umwandlung Westberlins in eine entmilitarisierte „Freistadt" binnen 6 Monaten; ansonsten werde die UdSSR dies tun. Die Westmächte hielten am Viermächtestatus fest, das Ultimatum verlief im Sand.

(vom 12. September 1944) als nicht mehr bindend betrachte. Die „richtigste und natürlichste Lösung dieser Frage" sei die Wiedervereinigung der Stadt und ihre Eingliederung in die DDR. In Anbetracht der „gegenwärtigen irrealen Politik" der Westmächte und um der Bevölkerung Westberlins ihre gewohnte Lebensform zu erhalten, sehe die UdSSR die Lösung in der **Umwandlung Westberlins in eine** souveräne, entmilitarisierte „**Freistadt**", der die DDR den ungehinderten Verkehr „mit der Außenwelt" garantieren würde. Diese wesentliche Voraussetzung relativierte Chruschtschow jedoch sofort wieder: Westberlin, das ein „Sprungbrett für verstärkte Spionage-, Diversions- und sonstige Wühlarbeit gegen die sozialistischen Länder" sei, dürfe dann in seinem Gebiet keine „feindselige, subversive Tätigkeit gegen die DDR oder einen anderen beliebigen Staat" mehr dulden. Abschließend verkündete er das so genannte Berlin-Ultimatum: Sollte nicht innerhalb von sechs Monaten eine Übereinkunft bezüglich Berlins (im sowjetischen Sinne) erreicht sein, dann werde die UdSSR zusammen mit der DDR die geplanten Maßnahmen umsetzen und Westberlin zu einer „Freistadt" machen.

In ihrer Zurückweisung des Ultimatums bekräftigten die Westmächte die Verpflichtung aller Besatzungsmächte gegenüber Berlin und stellten fest, dass „die Berliner Frage nur im Rahmen eines Abkommens mit der Sowjetunion über die gesamte Deutschlandfrage" geregelt werden könne. Sie äußerten jedoch ihre Bereitschaft, das Berlin-Problem „in dem weiten Rahmen von Verhandlungen zur Lösung des deutschen Problems wie auch des Problems der europäischen Sicherheit zu erörtern".

In seinem Friedensvertragsentwurf vom 10.1.1959 nannte Chruschtschow als Voraussetzungen für die Wiedervereinigung die Gleichberechtigung der beiden deutschen Staaten, die Neutralität des vereinigten Deutschlands und die Anerkennung der Oder-Neiße-Grenze.

Chruschtschows Antwort auf die Zurückweisung des Ultimatums bestand in dem **Friedensvertragsentwurf** für Deutschland, den er am 10.1.**1959** an die Westmächte richtete. Dieser Vorschlag, über den ultimativ innerhalb von zwei Monaten auf einer „Friedenskonferenz" verhandelt werden sollte, beinhaltete alle wesentlichen Forderungen der sowjetischen Deutschlandpolitik seit 1952: Die Wiedervereinigung auf der Grundlage einer „Konföderation" beider gleichberechtigter deutscher Staaten, die Neutralität des vereinigten Deutschlands und die Anerkennung der Oder-Neiße-Grenze. Westberlin sollte bis zur Bildung eines „einheitlichen deutschen Staates" den Status einer „entmilitarisierten Freien Stadt" erhalten. Bei Ablehnung seines Vorschlags drohte Chruschtschow mit einem Separatfrieden mit der DDR. Dies hätte bedeutet, dass die Westmächte neue vertragliche Regelungen über die Zufahrtswege nach Westberlin mit der DDR hätten aushandeln müssen.

Angesichts der massiven Drohungen Chruschtschows einigten sich die Alliierten kurz vor Ablauf des Berlin-Ultimatums auf die **Genfer Außenministerkonferenz** (11.5.–13.7.**1959**), an der zum ersten Male auch Beratungsdelegationen der beiden deutschen Staaten teilnahmen. Wie schon in den vorhergegangenen Jahren scheiterte die Konferenz auch diesmal bereits am „Aufschnüren des Pakets“: Die Westmächte sahen die Wiedervereinigung, die Berlin-Frage und die europäische Sicherheit als Verhandlungseinheit an und erklärten, die einzelnen Bereiche könnten nicht isoliert verhandelt werden. Die UdSSR dagegen ging von zwei Verhandlungsgegenständen aus, nämlich von einem Friedensvertrag zwischen den Alliierten und dem vereinigten (sozialistischen) Deutschland und vom Status Berlins. Die Wiedervereinigung selbst sei eine Angelegenheit der beiden souveränen deutschen Staaten, in die sich die Alliierten nicht einzumischen hätten.

Der in Genf vorgelegte Plan des amerikanischen Außenministers Herter (**„Herter-Plan“**) verdeutlichte einmal mehr die Kontinuität der westlichen Deutschlandpolitik, da er im Wesentlichen dem Eden-Plan (von 1954 → S. 99) entsprach. Die Vereinigung Deutschlands sollte sich in drei Phasen vollziehen:
1. Der Vereinigung Deutschlands sollte die Vereinigung Berlins vorangehen.
2. Dann sollte ein gemischter Ausschuss, bestehend aus 25 Vertretern der Bundesrepublik und zehn der DDR die Modalitäten der Wiedervereinigung erarbeiten.
3. Für die letzte Phase sah der Herter-Plan freie Wahlen für eine „Gesamtdeutsche Versammlung“ vor, deren Aufgaben die Erarbeitung einer gemeinsamen Verfassung, die Bildung einer gesamtdeutschen Regierung und der Abschluss eines Friedensvertrages mit den Alliierten sein sollten. Aufgrund der konträren deutschlandpolitischen Vorstellungen endete diese Konferenz, wie auch die früheren, ohne konkrete Beschlüsse. Allerdings einigten sich die Westmächte während der Konferenz darauf, die Berlin-Frage künftig isoliert von der deutschen Frage zu lösen. Das Viermächteabkommen von 1971 (→ S. 135) markierte den Endpunkt dieser von nun an isolierten Berlin-Entwicklung.

Auf der **Genfer Außenministerkonferenz** (Mai – Juli 1959) legte der amerikanische Außenminister Herter einen Plan der Wiedervereinigung vor, der die Kontinuität der westlichen Deutschlandpolitik verdeutlichte:
1. Erst soll Berlin, dann Deutschland vereinigt werden.
2. Ein Ausschuss (25 Delegierte der BRD, 10 der DDR) soll die Modalitäten der Wiedervereinigung erarbeiten.
3. Eine durch freie Wahlen zustande gekommene „Gesamtdeutsche Versammlung“ sollte eine Verfassung, eine Regierung und einen Friedensvertrag schaffen.

Die Konferenz endete ohne Ergebnis.

Die Problematik der Bonner Deutschlandpolitik

In einem Jahrzehnt war die deutsche Frage von einem europäischen Kernproblem zu einem der zahlreichen weltweiten Probleme geworden. Die Bonner Deutschlandpolitik fand nun keine Unterstützung mehr bei den Verbündeten, eine Anpassung war unumgänglich. Eine deutliche Korrektur hätte aber große Stimmenverluste der Regierungsparteien bewirkt. Deshalb veränderten sie zunächst nichts.

Der **veränderte Stellenwert der deutschen Frage** hatte weit reichende und für die Bonner Regierungsparteien unangenehme Konsequenzen. Die Bundesrepublik geriet mit der von Adenauer vertretenen Deutschlandpolitik immer stärker in die Isolation und stieß mit ihren deutschlandpolitischen Wünschen und Vorstellungen bei den westlichen Verbündeten zunehmend auf taube Ohren. In der zweiten Hälfte der Fünfzigerjahre wurde deutlich, dass ein **Überdenken bisheriger deutschlandpolitischer Positionen** und eine Reaktion auf die veränderten Rahmenbedingungen **unumgänglich** waren. Bei einer Korrektur oder gar Aufgabe ihrer bisherigen Deutschlandpolitik befürchteten CDU und CSU jedoch große Stimmenverluste, vor allem bei den Flüchtlingen und Vertriebenen, weshalb sie zunächst ihre bisherigen Positionen beibehielten.

Deutschlandpolitik in den Fünfzigerjahren

Zwischen 1945 und 1955 bildeten sich die politisch, wirtschaftlich und militärisch gegensätzlichen Blöcke unter Führung der Supermächte USA und UdSSR heraus und bewirkten eine **bipolare Weltordnung**. Der pluralistisch-demokratischen westlichen Welt stand die sozialistisch-monistische östliche gegenüber. In diesem Rahmen vollzogen sich Entstehung und Entwicklung der beiden deutschen Staaten.

Die Anfangsphase der BRD bestimmte Adenauer, der die rasche **Westintegration** betrieb. Die **Wiedervereinigung** wollte er mit Unterstützung der westlichen Partner aus einer **„Position der Stärke"** heraus erreichen. Zu diesem Konzept gab es angesichts der politischen Verhältnisse keine wirkliche Alternative.

Die **politische Integration der Bundesrepublik** verlief in folgenden Schritten: Petersberger Abkommen (1949), Revision des Besatzungsstatuts (1951), Deutschlandvertrag und EVG-Vertrag (1952), Stalinnoten (1952), Berliner Außenministerkonferenz (1954), Pariser Verträge (1954) und die Souveränität (1955). Die wirtschaftliche Integration vollzog sich über den Beitritt zum Europarat (1950), Montanunion (1951), Euratom und EWG (1957).

Die **Eingliederung der DDR in den Ostblock** bewirkten folgende Maßnahmen: Mitgliedschaft im RGW, staatlich gelenkte Wirtschaft auf der Basis von Fünfjahresplänen, einseitige Förderung der Schwerindustrie, systematischer Ausbau der Macht der SED bis zur Suprematie, Schaffung der „Nationalen Front" und des sozialistischen Gerichtswesens, ideologischer Klassenkampf, Aufbau der Staatssicherheit, Wahlen per Einheitsliste, „Gesetz zum Schutz des Friedens", Verwaltungsreform mit 14 Bezirken anstelle von 5 Ländern, Gleichschaltung von Kunst, Kultur, Erziehung und Wissenschaft auf der Grundlage des Sozialismus.

Der **Arbeiteraufstand vom 17. Juni 1953** dokumentierte die Unzufriedenheit der Arbeiterschaft und zeigte die Instabilität des SED-Regimes.

1954 erhielt die **DDR** die eingeschränkte, 1955 die volle **Souveränität**.

Die **militärische Integration der beiden deutschen Staaten** schloss die Blockbildung 1955 ab. Sie spaltete die Welt, Europa, Deutschland und Berlin und zementierte die Rahmenbedingungen der Deutschlandpolitik. Diese verlor ihre frühere Bedeutung und wurde für die Supermächte zunehmend lästig.

Das **Selbstverständnis der BRD** ergab sich aus Rechtsnachfolge, Wiedervereinigungsgebot, Alleinvertretungsanspruch, Nichtanerkennung der DDR, Hallstein-Doktrin und Einheit der Nation. Die **DDR** betonte die Äquivalenzthese und forderte die völkerrechtliche Anerkennung.

Auch in der zweiten Hälfte der 50er-Jahre veränderten weder Konferenzen (Genf 1955, 1959), noch Pläne (Herter-Plan), noch sowjetische Drohungen (Berlin-Ultimatum, Chruschtschows Friedensplanentwurf) die Situation Deutschlands. Für die BRD erwies sich die Isolierung ihrer Deutschlandpolitik als problematisch.

Von der Konfrontation zur Kooperation

Der Verlust des Atomwaffenmonopols in den 50er-Jahren veränderte die US-Politik. **Kennedys „geopolitischer Realismus“** sah vor: Aufgabe des antisowjetischen Kurses, Entspannung und Kooperation, Anerkennung der Hegemonialstellung der UdSSR im sozialistischen Lager, Anerkennung der machtpolitischen Verhältnisse in Europa. Die Folge war ein verringertes deutschlandpolitisches Engagement der USA. Am 26.7.1961 verkündete Kennedy die neue US-Berlinpolitik, die **„three essentials“**: Stationierung der westlichen Truppen in West-Berlin; ungehinderter Zugang für sie, Gewährleistung der freien Wahl der Lebensform für die Westberliner. Damit akzeptierte er Ostberlin als sowjetischen Einflussbereich. Der Weg war frei für den von Ulbricht geforderten **Bau der Berliner Mauer** (13.8.1961), der die Massenflucht von DDR-Bürgern stoppen sollte.

Die **Kuba-Krise** entstand, als der kubanische Diktator Castro sein Land für sowjetische Mittelstreckenraketen öffnete. Kennedy beantwortete diese Bedrohung mit einem Ultimatum. Chruschtschow erkannte das unkalkulierbare Risiko, gab nach und schwenkte auf den Entspannungskurs ein. Die Kuba-Krise hatte **vier Auswirkungen**: Die Supermächte respektierten die bestehenden Verhältnisse, vermieden eine direkte, militärische Konfrontation, verfolgten in Krisengebieten ihre Interessen oft durch Stellvertreterkriege und bauten durch Abrüstungskonferenzen die Entspannung aus, der die „Deutsche Frage“ untergeordnet wurde. Die Supermächte sahen deren „Lösung“ in der Anerkennung der bestehenden Verhältnisse. Eine Wiedervereinigung wurde dadurch unwahrscheinlich.

Die Ost- und Deutschlandpolitik

Die Ost- und Deutschlandpolitik der sozial-liberalen Koalition

Brandt (SPD) und Scheel (FDP) hatten zwei **Ziele:**
Erstens Fortschritte in der deutschen Frage ohne die DDR völkerrechtlich anzuerkennen und zweitens einen Beitrag zur Entspannung zu leisten. Dabei ging Brandt von folgenden **Grundlagen** aus: Verhandlungen mit der DDR auf gleichberechtigter Ebene trotz Festhaltens an der Wiedervereinigung; De-facto-Anerkennung der DDR, aber kategorische Ablehnung der völkerrechtlichen Anerkennung der DDR; Gewaltverzicht und Anerkennung der innerdeutschen Grenze.

Strategie: Aufgrund der bestehenden Verhältnisse zielte Brandts Deutschlandpolitik nicht vorrangig auf Wiedervereinigung ab, sondern auf „Wandel (in der DDR) durch Annäherung“. Brandts Deutschlandpolitik wurde im Ausland begrüßt, in der BRD je nach politischer Einstellung verteidigt oder heftig kritisiert.

Die Mauer aus Sicht der BRD und der DDR

6 Deutschlandpolitik zwischen Konfrontation und Kooperation (1960 – 1989)

der sozial-liberalen Koalition 1969 – 1973

Der Moskauer Vertrag (12. 8. 1970)
zwischen der UdSSR und der BRD nannte als Ziele den Beitrag zum Frieden und zur Entspannung, die Normalisierung der Lage in Europa; Gewaltverzicht, Unverletzlichkeit der bestehenden Grenzen, insbesondere der Oder-Neiße-Grenze und die territoriale Integrität. Seine Bedeutung bestand in erster Linie darin, dass er den Weg frei machte für weitere Verträge. Der Brief zur deutschen Einheit, den Außenminister Scheel der UdSSR am Tag der Vertragsunterzeichnung übergab, verdeutlichte das Ziel der BRD, an der Wiedervereinigung mit friedlichen Mitteln festzuhalten.

Der Warschauer Vertrag (7. 12. 1970)
Er ist inhaltlich weitgehend identisch mit dem Moskauer, regelt jedoch zwei spezifisch deutsch-polnische Probleme: Die Oder-Neiße-Grenze bildet die westliche Staatsgrenze Polens und beide Partner werden keine Gebietsansprüche erheben. In der BRD wurde der Begriff „Staatsgrenze“ teilweise heftig kritisiert, da die Kritiker in ihm den Verzicht auf die Ostgebiete sahen.

Das Viermächteabkommen über Berlin (3. 9. 1971)
der ehemaligen Besatzungsmächte hatte folgende Bestimmungen: Bekräftigung ihrer gemeinsamen Verantwortung für ganz Berlin; Aufrechterhaltung der Bindungen Westberlins an die BRD; diplomatische Vertretung Westberlins durch die BRD; ungehinderter Transitverkehr nach Westberlin; Verbesserung der Kommunikation zwischen West- und Ostberlin.
Das Abkommen normalisierte die Situation Berlins, löste ein europäisches Kernproblem und machte den Weg frei für weitere Entspannungsschritte.

Der Verkehrsvertrag (26. 5. 1972)
Er war der erste Staatsvertrag zwischen BRD und DDR. Er regelte den Straßen-, Schienen- und Wasserverkehr.

Der Grundlagenvertrag (21. 12. 1972)
Er hatte folgende deutschlandpolitischen Inhalte: Gutnachbarliche Beziehungen auf der Grundlage der Gleichberechtigung; Aufgabe des Alleinvertretungsanspruchs und der Hallstein-Doktrin; Souveränität beider Staaten; Normalisierung der Beziehungen; Austausch „ständiger Vertreter“ (anstelle von „Botschaftern“). Das Hauptproblem, die nationale Einheit, wurde ausgeklammert, um die Entspannung nicht zu gefährden.
Bedeutung: Beide Vertragspartner hatten Teilziele erreicht und in wesentlichen Bereichen Zugeständnisse machen müssen. Aus Sicht der Siegermächte war das deutsche Problem gelöst, der Weg frei für eine „Konferenz über Sicherheit und Zusammenarbeit in Europa“ (KSZE 1975).

Der Prager Vertrag (11. 12. 1973)
zwischen BRD und CSSR schloss die Brandt'sche Vertragspolitik ab, die die sozial-liberale Regierung Schmidt und die christlich-liberalen Regierungen Kohl bis 1990 fortsetzten.

6 Deutschlandpolitik zwischen Konfrontation und Kooperation (1960 – 1989)

KURZINFO

- Auf die militärische Gleichwertigkeit der UdSSR reagierte Präsident Kennedy mit einer neuen Außen- und Sicherheitspolitik. Deren wesentliche Elemente waren der geopolitische Realismus und die Entspannung.
- Der Berliner Mauerbau (1961) war der erste Testfall des neuen amerikanischen Kurses.
- Nach der Kuba-Krise, die die Supermächte an den Rand eines Kriegs führte, schwenkte die UdSSR auf den neuen Entspannungskurs ein.
- Die sozial-liberale Koalition betrieb eine angesichts der veränderten Rahmenbedingungen realistische Ost- und Deutschlandpolitik. Sie hatte zwei wesentliche Ziele:
  1. Verbesserung des deutsch-deutschen Verhältnisses durch eine Vertragspolitik („Wandel durch Annäherung").
  2. Beitrag zu dem von den Supermächten angestrebten System der kollektiven Sicherheit.
- Diesen Zielen dienten der Moskauer und der Warschauer Vertrag, das Viermächteabkommen über Berlin, der Grundlagen- und der Prager Vertrag sowie die Aufnahme diplomatischer Beziehungen zu Ostblockstaaten.

Von der Konfrontation zur Kooperation der Supermächte

Kennedys geopolitischer Realismus

Kennedys geopolitischer Realismus
Auf die atomare Gleichwertigkeit der UdSSR Ende der 50er-Jahre reagierte John F. Kennedy (1961-1963) mit dem „geopolitischen Realismus". Er besagte: USA und UdSSR sollten den Status quo in Europa und der Welt anerkennen und dadurch gefährliche Krisen vermeiden. Dieses Konzept beinhaltete: Aufgabe des antisowjetischen Kurses, Politik der Entspannung und Kooperation, Anerkennung der Hegemonialstellung der UdSSR im sozialistischen

Gegen Ende der Fünfzigerjahre verloren die USA ihr Monopol nuklearer Trägerwaffen. Die UdSSR erreichte auf diesem Gebiet Parität und wurde damit auf dem Rüstungssektor zur gleichwertigen Supermacht. Da zudem die Dekolonisation Afrikas und Asiens zahlreiche Krisen auslöste, veränderten sich die welt- und sicherheitspolitischen Voraussetzungen für die USA und damit für den Westen entscheidend. Dieser neuen Situation trug Präsident John F. Kennedy bei seinem Amtsantritt Rechnung (20.1.1961) und vollzog einen grundlegenden Wandel der amerikanischen Außenpolitik. An die Stelle der Konfrontationspolitik der Fünfzigerjahre und des bisher propagierten weltweiten Engagements trat nun der „**geopolitische Realismus**". Dieser neue Kurs hatte grundlegende **Auswirkungen** auf die amerikanischen Außen- und Deutschlandpolitik:

- Aufgabe des antisowjetischen Kurses;
- Politik der Entspannung und Kooperation;
- Anerkennung der Hegemonialstellung der UdSSR im sozialistischen Lager und damit der machtpolitischen Verhältnisse in Europa;
- Anerkennung der bestehenden territorialen Verhältnisse in Europa;

- verringertes deutschlandpolitisches Engagement, dies machte auf lange Sicht eine entscheidende deutschlandpolitische Kurskorrektur Bonns unumgänglich.

Mit dieser neuen amerikanischen Außenpolitik war die **Deutschlandpolitik Adenauers** endgültig **hinfällig** geworden. Sehr schnell machte Kennedy seinem westlichen Verbündeten klar, dass er ohne allzu große Rücksicht auf Bonn mit der UdSSR auf der Basis der Gleichberechtigung zu einer tragfähigen Verständigung kommen wollte und dass er von der Bundesrepublik einen Beitrag zu seiner neuen Politik erwartete.

Lager und der territorialen Verhältnisse in Europa, verringertes deutschlandpolitisches Engagement der USA. Kennedy erwartete von der BRD einen wesentlichen Beitrag zu seiner neuen Politik. Damit war die Deutschlandpolitik Adenauers endgültig hinfällig geworden.

Die Berliner Mauer als Testfall der neuen amerikanischen Außenpolitik

Am 25. Juli 1961 verkündete Kennedy in einer Fernsehansprache an das amerikanische Volk u.a. die Grundlagen der amerikanischen Berlin-Politik, die so genannten „**three essentials**“. Dazu gehörten:
- die Stationierung der westlichen Truppen in den Westsektoren;
- der freie, ungehinderte Zugang für sie;
- die Gewährleistung der freien Wahl der Lebensform für zwei Millionen Westberliner.

Entscheidend war, dass Kennedy seine Forderungen ausdrücklich nur auf Westberlin bezog. „Geopolitischer Realismus“ bedeutete hier also die **Anerkennung Ostberlins als Herrschaftsgebiet der UdSSR**. Aus seiner Rede konnte die gegnerische Seite das Zugeständnis ableiten, dass die USA und die westlichen Verbündeten nicht in Maßnahmen der UdSSR oder der DDR eingreifen würden, die den Ostteil der Stadt betrafen. Damit war der Weg frei für die von der DDR-Regierung seit 1953 von der UdSSR geforderte Aktion zur Bereinigung einer äußerst kritischen Situation. Immer mehr DDR-Bürger waren seit dem Aufstand von Juni 1953 (➔ S. 106) von Ost- nach Westberlin geflohen. Neben dem spürbaren Verlust an Arbeitskräften schadete diese Fluchtbewegung – unmittelbar vor dem Mauerbau flohen ca. 1000 DDR-Bürger pro Tag – der DDR auch propagandistisch, da sie als „Abstimmung mit den Füßen“ gewertet wurde. Bis zum gescheiterten Gipfeltreffen zwischen Kennedy und Chruschtschow (3./4. Juni 1961) hatte die UdSSR der DDR den Bau der Mauer mit der Begründung verweigert, dass man die Lage nicht einseitig korrigieren könne.

Walter Ulbricht (1893 - 1973), zwischen 1950 und 1971 führender Politiker der DDR (Generalsekretär bzw. Erster Sekretär des Zentralkomitees der SED), 1971 entmachtet

Der Bau der Berliner Mauer
25.7.1961: Kennedy verkündet die „three essentials“ seiner Berlin-Politik:
1. Stationierung der westlichen Truppen in Westberlin
2. ungehinderter Zugang für sie.
3. Gewährleistung der freien Wahl der Lebensform für die Westberliner

Da sich die drei wesentlichen Grundlagen seiner Berlin-Politik ausschließlich auf Westberlin bezogen, akzeptierte Kennedy Ostberlin als Einflussbereich der UdSSR.

Damit war der Weg frei für die von Ulbricht geforderte Berliner Mauer, die die wirtschaftlich und propagandistisch äußerst problematische Massenflucht von DDR-Bürgern in den Westen stoppen sollte.

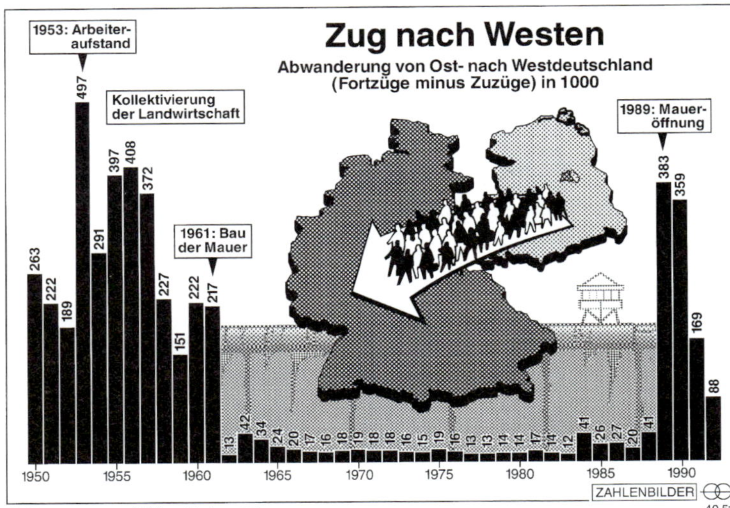

© Bergmoser + Höller Verlag AG

Die DDR begründete den Mauerbau (13.8.1961) mit der „feindlichen Tätigkeit revanchistischer und militaristischer westdeutscher Kräfte“.

Die westlichen Truppen griffen nicht ein.

Der Mauerbau war der Testfall der neuen amerikanischen Außenpolitik.

Der **Bau der Berliner Mauer**, der am **13. August 1961** begann, sollte diese Probleme ein für alle Mal beseitigen. Offiziell begründete der Ministerrat der DDR den Mauerbau damit, dass zur „Unterbindung der feindlichen Tätigkeit der revanchistischen und militaristischen Kräfte Westdeutschlands und Westberlins eine solche Kontrolle an den Grenzen der DDR einschließlich der Grenze zu den Westsektoren von Groß-Berlin eingeführt [wird], wie sie an den Grenzen jedes souveränen Staates üblich ist.“[1]

„Westberlin ist ein Zentrum des Militarismus und eine Brutstätte imperialistischer Kriegshetzer“ (Walter Ulbricht)

Der amerikanische Außenminister Rusk erklärte am selben Tage, von der Bundesregierung zu Gegenmaßnahmen aufgefordert, dass sich die Vorgänge innerhalb des sowjetischen Machtbereichs abspielten und die Position der Westmächte in Westberlin nicht bedroht sei. Dementsprechend schwächlich fiel der gemeinsame **Pro-forma-Protest der Westmächte** aus. An dieser Berlin-Politik änderten auch Lippenbekenntnisse westeuropäischer bzw. amerikanischer Politiker nichts.

Die Kuba-Krise und ihre Bedeutung für die Deutschlandpolitik

Seine große Chance, die globalen Machtverhältnisse entscheidend zu verändern, sah der sowjetische Parteichef im sozialistischen Kuba. 1961 hatten kubanische Exilanten mit Unterstützung der USA vergeblich versucht, dem kubanischen Staatschef **Fidel Castro** die Macht zu entreißen (**Invasion in der Schweinebucht**). Castro wandte sich daraufhin der UdSSR zu und öffnete Kuba für sowjetische Mittelstreckenraketen. Deren Stationierung im „Hinterhof der USA" hätte nicht nur das Kräfteverhältnis wesentlich verändert, sondern die USA zum ersten Mal in ihrer Geschichte im eigenen Lande massiv bedroht. Damit verletzte die UdSSR eine stillschweigende Vereinbarung, die bisher immer gegolten hatte und die von Kennedy sogar zum offiziellen Programm erhoben worden war, nämlich die Respektierung der unmittelbaren Interessensphären der gegnerischen Supermacht. Kennedy betrachtete die Stationierung sowjetischer Raketen als „tödliche Herausforderung" und reagierte am 22.10.1962, bevor die bereits auf Kuba installierten Raketen scharf gemacht und weitere dorthin gebracht werden konnten, mit der **Blockade Kubas** und einem **Ultimatum an die UdSSR**, ihre Raketen aus Kuba abzuziehen. Am folgenden Tag gab Chruschtschow auf Druck der sowjetischen Führungsspitze nach. Die **UdSSR**, die das unkalkulierbare Risiko ihrer aggressiven Konfrontationspolitik erkannt hatte, **schwenkte** nun **auf** Kennedys Kurs des **„geopolitischen Realismus" und** damit auf die **Entspannung ein**. Erste Ergebnisse des neuen Verhältnisses waren 1963 die Verbesserung des Krisenmanagements durch die Einrichtung des „heißen Drahts" (engl. „hot line"), einer direkten telefonischen Verbindung zwischen dem amerikanischen Präsidenten und dem Generalsekretär der KPdSU, und das Atomteststoppabkommen von 1963.

Aus der Kuba-Krise ergaben sich **vier wesentliche Konsequenzen**, die von nun an das Verhältnis der Supermächte bestimmten:

1. Der Status quo wurde da, wo die Blockgrenzen klar erkennbar verliefen, respektiert.
2. Die Streitkräfte der Supermächte rückten in Krisengebieten auseinander (engl. „disengagement") und vermieden eine direkte Konfrontation.
3. Die nach wie vor bestehende Rivalität wurde häufig durch so genannte Stellvertreterkriege von Bündnispartnern, befreundeten Staaten oder ideologisch gleich gesinnten politischen Gruppierungen geführt.
4. Abrüstungsgespräche und -konferenzen der Entspannung bestimmten die zweite Hälfte der Sechziger- und die Siebzigerjahre.

Der kubanische Diktator Fidel Castro öffnete den Inselstaat für sowjetische Mittelstreckenraketen, die die USA massiv bedroht hätten.

Kennedy reagierte darauf am 22.10.1962 mit einem Ultimatum an die UdSSR, ihre Raketen umgehend abzuziehen.

Die UdSSR erkannte das unkalkulierbare Risiko ihrer aggressiven Konfrontationspolitik, gab nach und schwenkte auf den amerikanischen Entspannungskurs ein.

Die Kuba-Krise hatte vier wesentliche Auswirkungen auf die europäische Politik und die Weltpolitik:

1. Die Supermächte respektierten von nun an die bestehenden Verhältnisse.
2. Sie vermieden eine direkte, militärische Konfrontation.
3. Sie verfolgten in Krisengebieten ihre Interessen oft durch Stellvertreterkriege und
4. bauten die Entspannung durch Abrüstungsgespräche und Abrüstungskonferenzen aus.

Die Supermächte waren sich einig, dass die Lösung der deutschen Frage der Entspannung unterzuordnen und damit ein „langwieriger“ Prozess“ sei.

Mit dem Beginn der Entspannung veränderte sich nicht nur das Verhältnis der Supermächte sondern auch ihre Deutschlandpolitik. Sie waren sich nun einig, dass eine Lösung der deutschen Frage der Entspannung unterzuordnen sei. Während die UdSSR daran festhielt, dass die Wiedervereinigung zu einem sozialistischen Gesamtdeutschland führen müsse, gingen die USA recht vage von einem „langwierigen“ Vereinigungsprozess aus.

Die **Bonner Deutschlandpolitik** musste den veränderten Verhältnissen rasch und umfassend angepasst werden.

Die Bonner Deutschlandpolitik zwischen West und Ost

Da dies eine existenzgefährdende Krise der Regierungsparteien CDU/CSU bedeutet hätte, hielten die Regierungen Adenauer (bis 1963), Erhard (1963 – 1966) und Kiesinger (1966 – 1969) an der bisherigen Deutschlandpolitik fest.

Die Jahre **1961 und 1962** bedeuteten für die Weltpolitik und ganz besonders für die Deutschlandpolitik die **tiefste Zäsur seit 1945**:

- Begriffe wie „Entspannung“ und „Anerkennung des territorialen Status quo“ verdrängten die alten Kampfbegriffe „containment“, „roll back“, „Zwei-Lager-These“.
- Chruschtschow gab die Außenpolitik des „offensiven Risikos“ auf und die UdSSR schwenkte auf den Entspannungskurs ein.
- Damit geriet die Bonner Deutschlandpolitik in eine problematische Situation, da sie die Entspannungspolitik behinderte.
- Die neue Situation brachte die Regierungsparteien CDU/CSU, die ihre bisherige Deutschlandpolitik überdenken bzw. ändern mussten, in eine existenzgefährdende innere Krise.

Dadurch wurde die Bonner Deutschlandpolitik zu einem Hemmschuh der Entspannung und es drohte eine deutschlandpolitische Einigung der Supermächte ohne die Deutschen. Darauf reagierten die bundesrepublikanischen Regierungen mit vorsichtigen verbalen Korrekturen ihrer bisherigen Politik.

Entspannung und Deutschlandpolitik

USA	Bundesrepublik	UdSSR
– Lösung im europäischen Rahmen – Anerkennung des Status quo – Ablehnung der Alleinvertretung – Wiedervereinigung ist ein langwieriger Prozess, der von Realitäten ausgehen muss	– Lösung mit Hilfe der Westmächte – Selbstbestimmungsrecht, Wiedervereinigung – Alleinvertretung – Nichtanerkennung der DDR – Hallstein-Doktrin	– Lösung im europäischen Rahmen – Anerkennung des Status quo – Verzicht auf Alleinvertretung – Wiedervereinigung (im sozialistischen Sinne) muss von den Realitäten ausgehen (z. B. von zwei souveränen deutschen Staaten)

Die deutsche Frage hatte sich entscheidend verändert: Die Supermächte sahen ihre „Lösung“ in der Anerkennung der bestehenden Verhältnisse. Wiedervereinigung im bisherigen Sinne (als Zusammenschluss der beiden deutschen Staaten) wurde immer unwahrscheinlicher.

Die Regierungen **Adenauer** (bis 1963), **Erhard** (1963–1966) und **Kiesinger** (1966–69) **hielten** in den Sechzigerjahren im Wesentlichen **an der** bisherigen

Deutschlandpolitik fest, bauten jedoch gleichzeitig die Handelsbeziehungen zu Ostblockstaaten aus. Bonn geriet auf diese Weise immer mehr in die Isolation, da die von den Supermächten angestrebte Entspannung zuerst die Lösung des europäischen Kernproblems, nämlich der deutschen Frage, voraussetzte. „Lösung“ aber bedeutete für die Siegermächte schon längst nicht mehr „Wiedervereinigung“, sondern „Normalisierung“ der bestehenden Verhältnisse, also ein vertraglich geregeltes Nebeneinander der beiden deutschen Staaten.
Da eine Einigung der Siegermächte ohne die Deutschen drohte, passte Adenauer seine Deutschlandpolitik 1963 vorsichtig und ausschließlich verbal an die neuen Verhältnisse an. Bonn strebte nun vorrangig „menschliche Erleichterungen“ in der DDR an und Adenauer erklärte sich bereit, „über vieles mit sich reden zu lassen“, wenn die Bevölkerung der DDR ihr Leben frei gestalten könne. Die **Wiedervereinigung** im bisherigen Sinne (Verschmelzung der beiden deutschen Teilstaaten) **trat** nun immer mehr **in den Hintergrund**.

In der zweiten Hälfte der Sechzigerjahre brachten mehrere nahezu identische **„Appelle“ der Ostblockstaaten** an den Westen (Bukarest 1966, Karlsbad 1967, Budapest 1969) Bewegung in die Entspannung. Sie stellten folgende **Forderungen**:

- die Unantastbarkeit der europäischen Grenzen;
- Normalisierungsbemühungen müssen von den „real existierenden“ Grenzen ausgehen, darunter der Oder-Neiße-Grenze und der innerdeutschen.
- Eine deutsche Friedensregelung bzw. die Lösung der deutschen Frage muss sich im europäischen Rahmen vollziehen.
- Voraussetzung hierfür sind die Anerkennung der DDR, die Gleichberechtigung der beiden deutschen Staaten sowie die Regelung des Berlin-Problems durch die Besatzungsmächte.
- Wiedervereinigung führt nur über die Entspannung und die Annäherung der beiden deutschen Staaten.

Zudem stellten sie fest, dass eine europäische Konferenz für Sicherheit und Zusammenarbeit in Europa, die ein System der kollektiven Sicherheit schaffen solle, eine große Bedeutung für diese Gesamtentwicklung hätte.
Die **NATO** reagierte auf diese Initiativen mit dem **„Harmel-Bericht“** (**1967**; benannt nach dem belgischen Außenminister Pierre Harmel) und dem **„Signal von Reykjavik“** (**1968**). Sie schlug bilaterale (USA-UdSSR) und multilaterale (NATO-Warschauer Pakt) Gespräche und Verhandlungen zu den zentralen politischen Fragen in Europa vor, „zuerst und zunächst die deutsche Frage“ sowie einen gegenseitigen, ausgewogenen Truppenabbau und vertrauensbildende Maßnahmen.
Die Initiativen der Ostblockstaaten und die positive Reaktion der NATO bewirkten die entscheidende **Wende zur Entspannung auf der Ebene der Bündnissysteme**. Damit war aber auch das Bezugsfeld der Deutschlandpolitik für die

In der zweiten Hälfte der 60er-Jahre veränderten weder „Appelle“ der Ostblockstaaten (Bukarest 1966, Karlsbad 1967, Budapest 1969) noch Reaktionen der NATO (Harmel-Bericht 1967, „Signal von Reykjavik 1968“) die deutsche Frage.

Allerdings bewirkten die Initiativen der Ostblockstaaten und die positiven Reaktionen der NATO die entscheidende Wende zur Entspannung auf der Ebene der Bündnissysteme.

Damit war auch das Bezugssystem der Deutschlandpolitik der beiden nächsten Jahrzehnte festgelegt.

nächsten Jahrzehnte festgelegt. Es wurde in den folgenden Jahren geprägt von zahlreichen Abrüstungskonferenzen, Abkommen und Verträgen, die langsam ein System der kollektiven europäischen Sicherheit entstehen ließen. Die wichtigsten Abrüstungsabkommen waren SALT I (Strategic Arms Limitation Talks, 1972), die Verhandlungen über einen gegenseitigen ausgewogenen Truppenabbau (Mutual Balanced Forces Reduction, MBFR, 1973 begonnen, 1989 erfolglos abgebrochen), die Konferenz über Sicherheit und Zusammenarbeit in Europa (KSZE, 1975), SALT II (1979) und Intermediate Range Nuclear Forces (atomare Mittelstreckenraketen, INF, 1985).

Erhards Friedensnote
Im März 1966 unterbreitete Kanzler Erhard fast allen Staaten der Welt (Ausnahme: DDR) eine Friedensnote. Sie enthielt Vorschläge zu Abrüstung, Friedenssicherung, Gewaltverzicht und Entspannung. Sie war ein erster Schritt zur Anpassung der Bonner Deutschlandpolitik an die neuen Rahmenbedingungen.
Erhards Vorstoß scheiterte an der Solidarität der Ostblockstaaten, die an der sowjetischen Deutschlandpolitik (Anerkennung der DDR) festhielten.

Kanzler **Kiesinger** führte die Erhard'sche Politik fort, hielt jedoch am Alleinvertretungsanspruch fest.
CDU und CSU gaben zwar die Hallstein-Doktrin durch die Aufnahme diplomatischer Beziehungen zu Rumänien und Jugoslawien (1967, 1968) stillschweigend auf, an ihrer Deutschlandpolitik änderte sich aber nichts.

Am 25. 3. 1966 richtete Ludwig **Erhard** eine „**Friedensnote**", die Vorschläge zur Abrüstung, Friedenssicherung, Gewaltverzicht und Entspannung enthielt, an fast alle Staaten der Welt, allerdings nicht an die DDR. Dies war der erste Schritt der Abkehr von der Hallstein-Doktrin (→ S. 114) und der erste konkrete Versuch, die Bonner Deutschlandpolitik an den veränderten internationalen Rahmen anzupassen. Erhards Ziel bestand in der Verbesserung der Beziehungen zu den Staaten des Warschauer Paktes. Da die immer noch geltende Hallstein-Doktrin diplomatische Beziehungen zu ihnen jedoch ausschloss, wurden zunächst wirtschaftliche Verbindungen angestrebt. Weil Erhard jedoch die DDR ausklammerte, scheiterte seine Deutschlandpolitik an der Blocksolidarität der sozialistischen Staaten, die an der offiziellen sowjetischen Deutschlandpolitik (Gleichberechtigung der beiden deutschen Staaten) festhielten. Nur mit den „abtrünnigen" sozialistischen Ländern Rumänien und Jugoslawien konnten Verbesserungen (diplomatische Beziehungen) 1967 bzw. 1968 erreicht werden. Erhards Nachfolger Kurt Georg **Kiesinger** betonte in seiner Regierungserklärung (12. 4. 1967) die Notwendigkeit einer „konsequenten und wirksamen Friedenspolitik". Indirekt bezog er die DDR nun in einen Gewaltverzicht ein, den er den europäischen Staaten anbot. Auch er **gab den Alleinvertretungsanspruch der Bundesrepublik** (→ S. 113) **nicht auf**, und so änderte sich an der Deutschlandpolitik der CDU/CSU insgesamt nichts. Im politischen und publizistischen Bereich wurde die DDR nach wie vor nicht als DDR bezeichnet, sondern als „so genannte DDR", „Unrechtsstaat auf deutschem Boden", „Ostzone", „Mitteldeutschland", „Drüben" oder gar als „Phänomen" (Kiesinger). Allerdings wurde die Hallstein-Doktrin stillschweigend fallen gelassen, als die Bundesrepublik diplomatische Beziehungen zu Rumänien (1967) und Jugoslawien (1968) aufnahm.

Die **SPD**, seit 1966 in der „Großen Koalition" an der Regierung beteiligt, beschritt dagegen neue Wege. Egon Bahr entwickelte und verkündete anlässlich einer Tagung in der Tutzinger Akademie (1963) das **Konzept „Wandel durch Annäherung"**. Dieses Konzept wich von den starren Positionen der bisherigen Deutschlandpolitik ab.

Die Ost- und Deutschlandpolitik der sozial-liberalen Koalition

Grundlagen

Die Regierung der sozial-liberalen Koalition, in der die SPD mit Willy Brandt (→ S. 131) zum ersten Mal den Bundeskanzler stellte (21. 10. 1969), bedeutete in vielerlei Hinsicht eine Zäsur. Die neue Regierung gab die bisherige Bonner Deutschlandpolitik weitgehend auf und suchte von Anfang an eine Regelung des Miteinanders. Zwar sollten Fortschritte in der deutschen Frage ermöglicht, die völkerrechtliche Anerkennung der DDR jedoch ausgeschlossen werden, da dies automatisch eine Aufgabe der Vereinigungspolitik bedeutet hätte. Im Gegensatz zu den bisherigen Regierungen betonten Bundeskanzler Brandt (SPD) und Außenminister Scheel (FDP) die Einordnung der deutschen Frage in den europäischen Rahmen und sahen ihre neue Ost- und Deutschlandpolitik als aktiven Beitrag zur Entspannung zwischen Ost und West. Sie wollten die Einheit der Nation durch Entkrampfung des Verhältnisses zwischen den beiden deutschen Staaten erhalten, das weitere Auseinanderleben der deutschen Nation verhindern und einen „Wandel durch Annäherung“ bewirken.

Die **Deutschlandpolitik der sozial-liberalen Koalition**

Bundeskanzler Willy Brandt gab die Deutschlandpolitik seiner Vorgänger auf. Er wollte eine realistische Deutschlandpolitik betreiben. Sie hatte zwei Ziele:
1. Fortschritte in der deutschen Frage, ohne die DDR völkerrechtlich anzuerkennen
2. einen aktiven Beitrag zur Entspannung zwischen Ost und West zu leisten

Wie diese Ziele erreicht werden sollten, konkretisierte Brandt in seiner Regierungserklärung vom Oktober 1969, die folgende **Grundlagen der sozial-liberalen Deutschlandpolitik** enthielt:

- Trotz des Festhaltens an den Kerngedanken der bisherigen Bonner Deutschlandpolitik (Wiedervereinigung, Einheit der Nation) bot Brandt – und dies war das Neue – der Regierung der DDR Verhandlungen auf gleichberechtigter Ebene an.
- Diese Politik bedeutete de facto die Anerkennung der staatlichen Existenz und der Souveränität der DDR. Dadurch wollte die sozial-liberale Koalition das Verhältnis der beiden deutschen Staaten **von einem geregelten Nebeneinander zu einem Miteinander** auf der Basis von Abmachungen und Verträgen entwickeln.
- Die völkerrechtliche Anerkennung der DDR lehnte Brandt kategorisch ab, da sie eine Vereinigung unmöglich gemacht hätte. Die deutsch-deutschen Beziehungen seien deshalb nicht völkerrechtlicher Art wie zwischen zwei ausländischen Staaten, sondern „von besonderer Art“.
- Er bot der DDR einen Gewaltverzicht und die Anerkennung der innerdeutschen Grenze an.

Dabei ging Brandt von folgenden Grundlagen aus:
- Verhandlungen mit der DDR auf gleichberechtigter Ebene trotz des Festhaltens an der Wiedervereinigung
- De-facto-Anerkennung der Souveränität der DDR
- kategorische Ablehnung der völkerrechtlichen Anerkennung der DDR, da dies die Wiedervereinigung unmöglich gemacht hätte
- Gewaltverzicht und Anerkennung der innerdeutschen Grenze

„Kahlschlag". Die neue Deutschlandpolitik der sozial-liberalen Koalition.

Die Strategie der sozial-liberalen Deutschlandpolitik

Die **Strategie der sozial-liberalen Deutschlandpolitik**: Die sozial-liberale Koalition ging aufgrund der europäischen Machtverhältnisse von der langfristigen Existenz der DDR aus. Deshalb zielte ihre Deutschlandpolitik nicht vorrangig auf die Wiedervereinigung ab. Vielmehr sollte die Verbesserung des deutsch-deutschen Verhältnisses die sozialistische Herrschaft in der DDR allmählich verändern (= Wandel durch Annäherung). Als Konsequenz ersetzte die Scheel-Doktrin die Hallstein-Doktrin.

Dieses Konzept der sozial-liberalen Regierung bedeutete de facto die **Aufgabe der bisherigen Deutschlandpolitik**. Der Unterschied zu den eher rhetorischen deutschlandpolitischen Vorstößen der Vorgängerregierungen bestand also darin, dass Brandt und Scheel die DDR bei ihrer Ostpolitik nicht ausklammerten. Sie wollten eine „realistische" Ost- und Deutschlandpolitik betreiben. Da Brandt zudem wie alle deutschen und europäischen Politiker auf lange Sicht mit der Erhaltung des machtpolitischen Status quo in Europa und der Existenz der DDR rechnete, zielte seine Deutschlandpolitik **nicht vorrangig** auf die **Wiedervereinigung, sondern** darauf ab, die nicht veränderbare Teilung durch kleine praktische Schritte zu mildern, um so zu einer allmählichen **Veränderung der sozialistischen Herrschaft in der DDR** beizutragen (= Wandel durch Annäherung). In seiner Regierungserklärung bezeichnete Brandt es als Aufgabe der Politik, „die Einheit der Nation dadurch zu wahren, dass das Verhältnis zwischen den Teilen Deutschlands aus der gegenwärtigen Verkrampfung gelöst wird … 20 Jahre nach der Gründung der Bundesrepublik und der DDR müssen wir ein weiteres Auseinanderleben der deutschen Nation verhindern."[2] Dies bedeutete die offizielle **Aufgabe der Hallstein-Doktrin** (→ S. 114). An ihre Stelle trat die so genannte **Scheel-Doktrin**: Sie bestand in der Bitte an alle Staaten, mit denen die Bundesrepublik Beziehungen unterhielt, die völkerrechtliche Anerkennung der DDR so lange aufzuschieben, bis beide deutsche Staaten ein „innerdeutsches Sonderverhältnis" eingegangen seien oder einen „geregelten Modus vivendi" gefunden hätten.

Aufnahme im In- und Ausland

Während die Angebote Brandts im Ausland sowohl bei den westlichen Verbündeten als auch bei den Staaten des Ostblocks als wesentliche Voraussetzung für die Entspannung auf große Zustimmung stießen, war die Aufnahme in der Bundesrepublik selbst sehr unterschiedlich und wurde je nach politischem Standpunkt heftig verteidigt (SPD, FDP) bzw. bekämpft (CDU/CSU). Die Auseinandersetzung um die Deutschlandpolitik Brandts, vor allem um seine Vertragspolitik, bestimmte die gesamte innenpolitische Atmosphäre in den Jahren 1969 bis 1973 maßgeblich, zumal persönliche Angriffe gegen Brandt, die Personalisierung und Verteufelung der neuen Politik und das landsmannschaftliche Engagement der Heimatvertriebenen für zusätzliche Emotionen sorgten.

Die Aufnahme im In- und Ausland war zweigeteilt: Die westlichen und östlichen Verbündeten der beiden deutschen Staaten begrüßten die sozial-liberale Politik als wesentliche Voraussetzung der Entspannung in Europa.
In der BRD wurde sie je nach politischem Standpunkt nachhaltig verteidigt oder heftig bekämpft (CDU/CSU).

WILLY BRANDT
(eigentlich Herbert Frahm, 18.12.1913 – 8.10.1992)

- 1932 Abitur
- Bereits als Jugendlicher starkes politisches Engagement in der sozialistischen Jugendbewegung
- 1933 Emigration nach Norwegen; lebt und arbeitet dort bis 1945 als Journalist unter dem Namen Willy Brandt. Erwirbt nach der Ausbürgerung durch das nationalsozialistische Deutschland die norwegische Staatsbürgerschaft
- 1948 Brandt wird wieder deutscher Staatsbürger
- 1957 – 1966 Regierender Bürgermeister von Berlin (West)
- 1964 – 1987 Vorsitzender der SPD
- 1966 – 1969 Außenminister und Vizekanzler
- 1969 – 1974 Bundeskanzler

PORTRÄT

Deutsch-deutsche Gespräche zu Erfurt und Kassel

Die **deutsch-deutschen Gespräche** begannen mit der Regierungserklärung Brandts (Okt. 1969). Im März und Mai 1970 trafen sich die beiden Regierungschefs Brandt und Stoph in Erfurt und Kassel. Beide Gespräche konnten keinen Erfolg bringen: Stoph forderte die völkerrechtliche Anerkennung der DDR. Brandt lehnte mit der Begründung ab, dass er von der „lebendigen Wirklichkeit einer deutschen Nation" (= Wiedervereinigung) ausgehe.

Die Regierungserklärung Brandts (28.10.1969) beantwortete Ulbricht mit einem Verhandlungsangebot. Sein Ziel war nach wie vor die völkerrechtliche Anerkennung der DDR durch die Bundesrepublik und damit der Verzicht auf die Wiedervereinigung. Im Januar 1970 bot Bundeskanzler Brandt dem Vorsitzenden des Ministerrates der DDR, Willi Stoph, Gewaltverzichtsverhandlungen an, die „zu einem breit angelegten Meinungsaustausch über die Regelung aller zwischen unseren beiden Staaten anstehenden Fragen, darunter denen gleichberechtigter Beziehungen" führen sollten.

Nach mühsamen protokollarischen Vorgesprächen trafen sich Brandt und Stoph in **Erfurt** (19.3.1970). Damit begegneten sich zum ersten Male seit 1947 (Münchner Ministerpräsidentenkonferenz → S. 72) wieder deutsche Politiker. Dies machte die Bedeutung des Treffens aus, das inhaltlich **keine Ergebnisse** bringen konnte, denn Stoph forderte die völkerrechtliche Anerkennung der DDR durch die Bundesrepublik und Brandt lehnte dies mit der Begründung ab, dass das vorrangige Ziel seiner Regierung darin bestünde, „Fortschritte für den Frieden und die Menschen in Deutschland zu erreichen". Jedoch gehe er dabei „von der fortdauernden und lebendigen Wirklichkeit einer deutschen Nation aus".

In **Kassel** (21.5.1970) legte Brandt ein 20-Punkte-Programm für eine vertragliche Reglung „zwischen den beiden Staaten in Deutschland" vor, das bereits die wesentlichen Elemente des Grundlagenvertrags enthielt. Da die DDR an der völkerrechtlichen Anerkennung festhielt, Brandt jedoch an den „besonderen innerdeutschen Beziehungen", gab es auch hier **keine Verständigung**.

Der Moskauer Vertrag (12.8.1970)

Der **Moskauer Vertrag** zwischen der UdSSR und der BRD kam rasch zustande, da es keine territorialen Streitpunkte gab und weil beiden Seiten die Signalwirkung des Vertrags für die folgenden ost- und deutschlandpolitischen Verträge klar war.

Der Vertrag mit der östlichen Supermacht UdSSR, der die Voraussetzungen für die weiteren deutschlandpolitischen Verträge schuf, wurde in erstaunlich kurzer Zeit erreicht. Dafür gab es eine Reihe von Ursachen: Seit 1966 (Beginn der Großen Koalition) hatte sich ein Dialog zwischen SPD-Politikern und UdSSR-Funktionären entwickelt; die sozial-liberale deutschlandpolitische Konzeption entsprach in einigen wichtigen Bereichen den Forderungen der DDR, und das deutsch-sowjetische Verhältnis war frei von territorialen und staatsrechtlichen Belastungen, da das nördliche Ostpreußen bereits als Teil der UdSSR angesehen wurde. Zudem war beiden Seiten die **Signalwirkung** des Moskauer Vertrags **für die folgenden ost- und deutschlandpolitischen Verträge** und für die europäische Entspannung klar. Die Führungsspitze der KPdSU sah vertragliche Regelungen mit der Bundesrepublik als Vorstufe zu Verträgen mit dem Westen an, von denen sie sich wirtschaftliche Vorteile und damit auch eine innenpolitische Stabilisierung der UdSSR versprach.

Der Vertrag enthält folgende wesentliche **Vereinbarungen**:

- Präambel: Das übergeordnete Vertragsziel besteht in dem Beitrag zum Frieden und zur Sicherheit in Europa und in der Welt sowie in der bilateralen Zusammenarbeit zwischen den Vertragspartnern.
- Art. 1 nennt die konkreten Ziele der deutsch-sowjetischen Vertragspolitik: Entspannung, Normalisierung der Lage in Europa auf der Grundlage „der in diesem Raum bestehenden wirklichen Lage" und die Friedenserhaltung.
- Art. 2: Gegenseitiger Gewaltverzicht und die Lösung eventueller Streitigkeiten mit friedlichen Mitteln.
- Art. 3: Unverletzlichkeit der bestehenden Grenzen, insbesondere der Oder-Neiße-Grenze und der innerdeutschen sowie die Achtung der territorialen Integrität.

Die große deutschlandpolitische und europäische Bedeutung des Vertrags bestand darin, dass er den Weg frei machte für das von den Supermächten angestrebte System der kollektiven Sicherheit in Europa.

Der Vertrag nannte folgende **Ziele**:
- Beitrag zum Frieden und zur Entspannung
- Normalisierung der Lage in Europa
- Gewaltverzicht
- Unverletzlichkeit der bestehenden Grenzen, insbesondere der Oder-Neiße-Grenze und der innerdeutschen Grenze
- territoriale Integrität.

Der Moskauer Vertrag hatte eine **große deutschlandpolitische und europäische Bedeutung**, da er den Weg frei machte für das von den Supermächten angestrebte „System der kollektiven Sicherheit".

Der „Brief zur deutschen Einheit"

Die starke Orientierung des Vertrags am europäischen Status quo brachte der Bundesregierung innenpolitisch den Vorwurf ein, mit ihrer Deutschlandpolitik das im Grundgesetz verankerte Wiedervereinigungsgebot zu missachten. Um diesen Vorwurf zu entkräften, übergab Außenminister Scheel am Tag der Vertragsunterzeichnung seinem sowjetischen Amtskollegen den „Brief zur deutschen Einheit". Darin betonte die Bundesrepublik ihr Ziel, „auf einen Zustand des Friedens hinzuarbeiten, in dem das deutsche Volk in freier Selbstbestimmung seine Einheit wiedererlangt." Neben dem **Festhalten an der Wiedervereinigung** behielt sich Bonn eine **friedliche Neuregelung der** im Vertrag geachteten **Grenzen** ausdrücklich vor. Durch diesen Brief, den die UdSSR zusammen mit dem eigentlichen Vertrag entgegennahm, erhöhten sich die Chancen für eine Ratifizierung der Ostverträge im Bundestag.

Außenminister Scheel (FDP) übergab bei der Vertragsunterzeichnung der UdSSR den **„Brief zur deutschen Einheit"**. Darin benannte die BRD ihr Ziel, an der Wiedervereinigung mit friedlichen Mitteln festzuhalten. Mit dem „Brief zur deutschen Einheit" wollte die Bundesregierung den Vorwurf der Opposition entkräften, das im Grundgesetz verankerte Wiedervereinigungsgebot zu missachten.

Der Warschauer Vertrag (7.12.1970)

Der **Warschauer Vertrag** (7.12.1970) ist weitgehend identisch mit dem Moskauer (Frieden, Entspannung, Gewaltverzicht etc.), enthält jedoch zwei spezifisch deutsch-polnische Probleme. Er legte fest, dass die Oder-Neiße-Grenze die „westliche Staatsgrenze Polens" bildet und dass beide Vertragspartner keine Gebietsansprüche erheben werden.

Er ist **in weiten Teilen identisch mit dem Moskauer Vertrag** (europäische Rahmenbedingungen, Friedenssicherung, Normalisierung der Beziehungen, Gewaltverzicht), beinhaltet **jedoch spezifisch deutsch-polnische Probleme**
Wesentliche **Inhalte**:

- Präambel: Schaffung von dauerhaften Grundlagen für ein friedliches Zusammenleben; normale Beziehungen; Unverletzlichkeit der Grenzen; Achtung der territorialen Integrität.
- Art.1 legt fest, dass die Oder-Neiße-Grenze die „westliche Staatsgrenze der Volksrepublik Polen" bildet. Die Vertragspartner bekräftigen die „Unverletzlichkeit ihrer bestehenden Grenzen", die „uneingeschränkte Achtung ihrer territorialen Integrität" und erklären, dass sie keinerlei Gebietsansprüche haben und in Zukunft auch nicht erheben werden.

Der Vertrag, der nur die BRD, nicht aber ein vereinigtes Deutschland band, löste heftige Reaktionen der Opposition und der Heimatvertriebenenverbände aus. Sie kritisierten, dass der Begriff „Staatsgrenze" eine De-facto-Anerkennung der Oder-Neiße-Grenze und damit den Verzicht auf die ehemaligen deutschen Ostgebiete bedeute.

Von großer Bedeutung waren die Bestimmungen, die die ehemaligen deutschen Ostgebiete betrafen. Während die beiden letzten Bestimmungen des Art. 1 weitgehend unstrittig waren, da sie nur die Bundesrepublik, nicht aber ein vereinigtes Deutschland banden, übten die **Opposition** und die Heimatvertriebenenverbände **heftige Kritik** an der Bezeichnung „Staatsgrenze", da nach Ansicht vieler Völkerrechtler dieser Begriff die **De-facto-Anerkennung der Oder-Neiße-Grenze** beinhaltete und damit den Verzicht auf die früheren deutschen Ostgebiete. Die Befürworter der sozial-liberalen Ost- und Deutschlandpolitik sahen dies anders. So schrieb die Abendzeitung München am Tag nach der Unterzeichnung des Vertrags: „Mit aller Deutlichkeit muss gesagt werden: Willy Brandt hat nichts verschenkt, weil es nichts zu verschenken gab. Er hat keinen Ausverkauf betrieben, weil wir nichts zu verkaufen haben. Er hat schlicht und einfach politische und historische Realitäten anerkannt, wie sie nun einmal sind."[3]
Am Vorabend der Vertragsunterzeichnung sprach Brandt in Warschau das „Unrecht", die „Vertreibung", den „Schmerz" und das „Leid" der 1945 vertriebenen Deutschen an, gedachte jedoch durch seinen Kniefall vor dem Warschauer Getto-Mahnmal am folgenden Tag auch der Opfer des Warschauer Getto-Aufstandes (April/Mai 1943).
1990 wurde das Problem der Oder-Neiße-Grenze im Zwei-plus-vier-Vertrag und in einem Vertrag zwischen dem vereinigten Deutschland und Polen im Sinne des Art. 1 endgültig und völkerrechtlich verbindlich geregelt.

Das Viermächteabkommen über Berlin (3. 9. 1971)

Für Willy Brandt, der von 1957 bis 1966 Regierender Bürgermeister von Berlin gewesen war, kam der Sicherung Westberlins eine zentrale Rolle in seiner Ost- und Deutschlandpolitik zu. Zwar war Berlin nach wie vor eine Angelegenheit der Besatzungsmächte und die Bundesrepublik hatte keine Verhandlungskompetenz, doch verknüpfte die Bundesregierung eine Berlin-Regelung in ihrem Sinne mit der Ratifizierung der Ostverträge. Doch auch die Supermächte verknüpften das Zustandekommen einer Berlin-Regelung mit den SALT I-Verhandlungen. Die USA und die UdSSR waren an der Beschleunigung der Entspannung und besonders die UdSSR aus finanziellen Gründen an der damit verbundenen Abrüstung sehr interessiert. Aus diesen Gründen ergab sich zu Beginn der Siebzigerjahre eine für die Bundesrepublik günstige Situation, in der die Sowjets Zugeständnisse machen mussten.

Das **Viermächteabkommen über Berlin** sah die Bundesregierung als Voraussetzung für die Ratifizierung des Moskauer und des Warschauer Vertrags an.

Anfang September 1971 unterzeichneten die ehemaligen Besatzungsmächte ein Abkommen, das die Situation Westberlins durch folgende **Bestimmungen** deutlich verbesserte:

- Die Verantwortung der vier Mächte blieb (bis zur Vereinigung Deutschlands) auch weiterhin bestehen.
- Die Westmächte betonten die Aufrechterhaltung der Bindungen Westberlins zur Bundesrepublik, wobei sie jedoch berücksichtigten, dass Westberlin aus ihrer Sicht kein Teil der Bundesrepublik war.
- Die vier Mächte gestanden der Bundesrepublik die konsularische und diplomatische Vertretung Westberlins zu sowie die Ausdehnung völkerrechtlicher Abmachungen und Vereinbarungen der Bundesrepublik auf Westberlin. Allerdings sollte es keine „Hoheitsakte“ der Bundesrepublik in Westberlin mehr geben.
- Sie vereinbarten den ungehinderten Transitverkehr durch die DDR.
- Die UdSSR sagte die Verbesserung der Kommunikation zwischen West- und Ostberlin zu, die im Detail die beiden deutschen Staaten miteinander vereinbaren sollten.

Im September 1971 unterzeichneten die ehemaligen Besatzungsmächte das Abkommen mit den folgenden Bestimmungen: Bekräftigung ihrer Verantwortung für ganz Berlin, Aufrechterhaltung der Bindungen Westberlins zur BRD, konsularische und diplomatische Vertretung Westberlins durch die BRD, ungehinderter Transitverkehr nach Westberlin durch die DDR, Verbesserung der Kommunikation zwischen West- und Ostberlin.

Sowohl die Bundesrepublik als auch die UdSSR sahen in der strikten Einhaltung und der vollen Anwendung des Abkommens die wesentliche Voraussetzung für eine dauerhafte Entspannung in Europa und für eine Verbesserung der Beziehungen zwischen den europäischen Staaten, insbesondere zwischen der Bundesrepublik und der Sowjetunion.

Die Bedeutung des Abkommens ergab sich aus folgenden Faktoren:
• BRD und UdSSR betonten den engen Zusammenhang zwischen dem Viermächteabkommen und den Ostverträgen.
• Die UdSSR bestand nicht mehr auf der „Umwandlung" Berlins bzw. Westberlins, sondern verlangte nur noch die Beachtung des „bestehenden Status".
• Die Berlin-Krisen hatten früher das feindliche Ost-Verhältnis dokumentiert. Jetzt verdeutlichte das Abkommen den Willen der beiden Blöcke, die Entspannung voranzutreiben.
• Das Abkommen schrieb den Status quo im Sinne der BRD fest.

Das Viermächteabkommen normalisierte die Situation Berlins. Damit war ein europäisches Kernproblem im Sinne der ehemaligen Besatzungsmächte „gelöst" und der Weg frei für konkrete Entspannungsverhandlungen und -verträge.

Die **Bedeutung des Abkommens** ergab sich aus folgenden Faktoren:

- Wie die Bundesrepublik verknüpfte auch die UdSSR das Viermächteabkommen mit der Ostpolitik Bonns, indem sie die Ratifizierung des Abkommens von der Ratifizierung der Ostverträge im Bundestag abhängig machte.
- Die UdSSR hatte nicht mehr auf der „Umwandlung" Berlins oder Westberlins bestanden (→ S. 115), sondern hatte nur noch die Beachtung des „bestehenden Status" verlangt.
- 1948 hatte die Berlin-Blockade den Höhepunkt des Kalten Kriegs verdeutlicht (→ S. 72). Jetzt, 1971, zeigte sich die Bedeutung Berlins für das Ost-West-Verhältnis darin, dass das Viermächteabkommen den Willen der Supermächte und ihrer Verbündeten dokumentierte, die Entspannung in Europa voranzutreiben.
- Gleichzeitig band das Abkommen die beiden deutschen Staaten durch die Verpflichtung zu konkreten Maßnahmen in den Entspannungsprozess ein und bildete dadurch ein Junktim zwischen dem internationalen Rahmen und der deutsch-deutschen Ebene.
- Es gab den Rahmen vor, innerhalb dessen die beiden deutschen Staaten die Vereinbarungen konkretisieren sollten. Dies bedeutete einen großen Verhandlungsspielraum für die DDR.
- Es schuf die rechtlichen Voraussetzungen dafür, dass der Status quo im Sinne der Bundesrepublik festgeschrieben wurde.
- Eine Einbeziehung des „Landes Berlin" sowie die politische Nutzung Westberlins (für Parteitage, Bundespräsidentenwahlen usw.) durch die Bundesrepublik waren nun nicht mehr möglich.

Das Viermächteabkommen hatte weit reichende Folgen: Es normalisierte die Situation Berlins und die Stadt verlor ihren Charakter als potenzieller Störfall des Ost-West-Verhältnisses; ein europäisches Kernproblem war im Sinne der ehemaligen Besatzungsmächte „gelöst" und damit der Weg frei für konkrete europäische Entspannungsverhandlungen bzw. -verträge.

Der Grundlagenvertrag (21.12.1972)

Mit dem Machtwechsel in Ostberlin von Walter Ulbricht zu Erich Honecker Anfang Mai 1971 verschlechterte sich die Situation, da Honecker sich gegen die von der UdSSR verordnete Verbesserung des deutsch-deutschen Verhältnisses stemmte und als ausschließliche Grundlage für Verhandlungen mit der Bundesrepublik das „Verhältnis der Klassenfeindschaft" nannte. Honecker konnte sich jedoch dem Druck der von den Supermächten verfolgten Entspannungspolitik nicht dauerhaft entziehen. Kurz nach dem Viermächteabkommen unterzeichneten beide deutschen Staaten am 17.12.1971 das **Transitabkommen**, das den Personen- und Güterverkehr von der Bundesrepublik durch die DDR nach Westberlin regelte, und am 26.5.1972 den **Verkehrsvertrag**. Dieser regelte Rechtsfragen für den Straßen-, Schienen- und Wasserverkehr zwischen beiden Staaten und sollte zu „erheblichen Erleichterungen im Reise und Besuchsverkehr" führen. Seine Bedeutung lag, abgesehen von den inhaltlichen Bestimmungen, darin, dass er der **erste Staatsvertrag zwischen der Bundesrepublik und der DDR** war.

Am 17.12.1971 unterzeichneten die beiden deutschen Staaten das **Transitabkommen**, das den Personen- und Güterverkehr von der BRD nach Westberlin regelte.

Am 26.5.1972 klärte der **Verkehrsvertrag**, der erste Staatsvertrag zwischen BRD und DDR, den Straßen-, Schienen- und Wasserverkehr zwischen beiden Staaten.

Parallel zum Verkehrsvertrag liefen die Verhandlungen über den Grundlagenvertrag, die sowohl auf der Ebene der Regierungschefs als auch auf der ihrer Unterhändler geführt wurden. Der „**Vertrag über die Grundlagen der Beziehungen zwischen der Bundesrepublik und der Deutschen Demokratischen Republik**" (allgemein als Grundlagenvertrag oder Grundvertrag bezeichnet) wurde am 21. Dezember 1972 in Ostberlin unterzeichnet und vom Bundestag nach erbitterten Debatten im Mai 1973 ratifiziert. Er setzte sich aus drei Teilen zusammen, nämlich aus dem Vertrag selbst, aus dem „Brief zur Deutschen Einheit" und zahlreichen Anlagen (Zusatzprotokolle und Erklärungen zu Detailfragen). Der Wortlaut des Vertrags macht an mehreren Stellen deutlich, dass zähe Verhandlungen vorausgegangen waren und bestimmte Probleme nicht einmal durch Kompromisse oder vage Umschreibungen hatten „gelöst" werden können. Das Hauptproblem der nationalen Einheit wurde deshalb in einem Zusatzprotokoll über die deutsche Staatsbürgerschaft behandelt, aus dem eigentlichen Vertragstext ausgeklammert und in der Präambel kurz angesprochen. Dort heißt es, dass beide Staaten den Vertrag „ausgehend von den historischen Gegebenheiten" und unbeschadet ihrer unterschiedlichen Auffassungen „zu grundsätzlichen Fragen, darunter zur nationalen Frage" schlössen. Der Vertrag hat neben den in den Ostverträgen genannten allgemeinen Zielen und Prinzipien (Beitrag zum Frieden, zur Entspannung und Sicherheit, Unverletzlichkeit der Grenze, Achtung der territorialen Integrität und Souveränität aller europäischen Staaten) folgende wesentlichen **Inhalte**:

Am 21.12.1972 wurde der „Vertrag über die Grundlagen der Beziehungen zwischen der Bundesrepublik Deutschland und der Deutschen Demokratischen Republik" (**Grundlagenvertrag**) unterzeichnet.

Er bestand aus dem eigentlichen Vertrag, dem „Brief zur deutschen Einheit" und zahlreichen Anlagen.

Um die von den Supermächten angestrebte Entspannung nicht zu gefährden, wurde das Hauptproblem, die nationale Einheit (= Wiedervereinigung) ausgeklammert.

Vertragsinhalte:
Neben den allgemeinen Zielen und Prinzipien (Frieden, Entspannung, Unverletzlichkeit der Grenzen etc.) beschlossen die Vertragspartner „gutnachbarliche Beziehungen" auf der Grundlage der Gleichberechtigung. Dieser Kompromiss bedeutete für die DDR die Nichteinmischung der BRD in ihre inneren Angelegenheiten. Die BRD leitete daraus weitere humanitäre Verbesserungen für die Bürger der DDR ab. Weitere Vertragsinhalte:

- Aufgabe des Alleinvertretungsanspruchs und der Hallstein-Doktrin
- staatliche Souveränität beider Vertragspartner
- umfassende Normalisierung der Beziehungen
- Austausch „ständiger Vertreter". Dass es keine „Botschafter" gab, war ein Erfolg der BRD, da dieser Begriff die völkerrechtliche Anerkennung der DDR bedeutet hätte.

Im Zusatzprotokoll über die Staatsbürgerschaft äußerten beide Vertragspartner ihre unterschiedlichen Ansichten zur deutschen Staatsbürgerschaft und damit zur nationalen Frage.

- In Art. 1 vereinbaren beide Staaten „normale gutnachbarliche Beziehungen" auf der Grundlage der Gleichberechtigung. Dies war ein Kompromiss, aus dem die DDR die Existenz zweier unabhängiger, gleichberechtigter Staaten ableiten konnte, sowie die Nichteinmischung der Bundesrepublik in ihre inneren Angelegenheiten, z. B. in die Art ihrer Grenzsicherung. Die Bundesrepublik wiederum leitete aus „gutnachbarlichen Beziehungen" ab, dass der SED-Staat seinen Bürgern Reise- und Besuchsmöglichkeiten und humanitäre Verbesserungen einräumte.
- Art. 3 enthält einen Gewaltverzicht, das Versprechen, Streitfragen ausschließlich mit friedlichen Mitteln zu lösen und die Bekräftigung der Unverletzlichkeit „der zwischen ihnen bestehenden Grenze".
- Art. 4 beendet den Alleinvertretungsanspruch (→ S. 111) und die Hallstein-Doktrin (→ S. 112) durch die Festlegung, dass kein Vertragspartner den anderen international vertreten oder in seinem Namen handeln könne.
- Art. 6 betont (auf Wunsch der DDR) noch einmal ausdrücklich die staatliche Souveränität beider Vertragspartner.
- Art. 7 bestimmt die Normalisierung der Beziehungen durch die Regelung „praktischer und humanitärer Fragen". Hierfür sollten Abkommen auf den Gebieten Wirtschaft, Wissenschaft und Technik, Verkehr, Rechtsverkehr, Post- und Fernmeldewesen, Gesundheitswesen, Kultur, Sport, Umweltschutz und anderen Gebieten geschlossen werden.
- Art. 8 legt den Austausch „ständiger Vertreter" fest. Dies ist als „Gewinn" der Bundesrepublik zu sehen, denn da keine „Botschafter" ausgetauscht werden, verdeutlicht die Bundesrepublik, dass die DDR nicht völkerrechtlich anerkannt wird.

Das **Zusatzprotokoll über die Staatsbürgerschaft** „löste" das grundlegende Problem der nationalen Einheit bzw. der Wiedervereinigung dadurch, dass es dieses Problem aus dem Vertrag ausklammerte, ihn dadurch ermöglichte und gleichzeitig beiden Vertragspartnern die Möglichkeit gab, ihre unterschiedlichen Meinungen zur deutschen Staatsbürgerschaft und zur damit nationalen Frage zu dokumentieren. Durch den dem Vertrag beigefügten **„Brief zur deutschen Einheit"** hielt die Bundesrepublik, wie bereits gegenüber der UdSSR, an ihrem politischen Ziel der Wiedervereinigung in freier Selbstbestimmung fest.

Die Bedeutung des Grundlagenvertrags

Nach einem knapp gescheiterten Misstrauensvotum im April und Neuwahlen im November 1972 wurde der Vertrag vom Bundestag im Mai 1973 ratifiziert. Er hatte dreifache Bedeutung:
Beide Vertragspartner hatten Teilziele erreicht, beide hatten in wesentlichen Bereichen Zugeständnisse machen müssen. Die Bundesrepublik hatte an der Einheit der Nation und der Wiedervereinigung festgehalten, die DDR völkerrechtlich nicht anerkannt und eine rechtliche Grundlage für die Einforderung der menschlichen Erleichterungen für die DDR-Bürger erhalten.
Die DDR hatte die Anerkennung als gleichberechtigter Staat gewonnen sowie die Nichteinmischung der BRD in ihre inneren Angelegenheiten (Mauer, Grenzsicherung, Schießbefehl, Menschenrechte). Außerdem waren Erleichterungen im humanitären Bereich (z.B. Reiseerleichterungen für DDR-Bürger, Besuchregelungen, Umtauschquoten, Bau von Transitwegen etc.) nicht konkretisiert worden. Sie konnten deshalb von der DDR rückgängig gemacht oder aufgeschoben werden bzw. mussten von der Bundesrepublik mit harter Währung (DM-West) erkauft werden.
Auf europäischer Ebene „löste" der Vertrag aus Sicht der ehemaligen Besatzungsmächte das letzte große Problem. Der Weg war nun frei für die von ihnen angestrebte „Konferenz über Sicherheit und Zusammenarbeit in Europa" (KSZE).

Der Vertrag hatte **dreifache Bedeutung**:
1. Gewinne der BRD:
- Festhalten an der Wiedervereinigung
- keine völkerrechtliche Anerkennung der DDR
- die Beziehungen zwischen beiden Staaten waren keine völkerrechtlichen
- der Grundlagenvertrag war die Voraussetzung für die Verbesserung des Verhältnisses

2. Die BRD musste folgende Zugeständnisse machen:
- Anerkennung der DDR als gleichberechtigter Staat
- Nichteinmischung in die „inneren Angelegenheiten" der DDR (Mauer, Grenze, Schießbefehl)

3. Der Vertrag „löste" für die ehemaligen Besatzungsmächte das letzte große Problem und machte den Weg frei für ein „System der kollektiven Sicherheit und Zusammenarbeit in Europa" (KSZE).

Der Prager Vertrag (11.12.1973)

Die sozial-liberale Koalition schloss ihre Ostpolitik mit dem Prager Vertrag ab, der die Beziehungen zwischen der Bundesrepublik und der Tschechoslowakischen Sozialistischen Republik (CSSR) regelte, aber **nicht die Bedeutung des Moskauer und Warschauer Vertrages** hat. Die Vertragspartner einigten sich darin, das Münchner Abkommen (vom 29.9.1938) als „nichtig" zu betrachten, schlossen daraus ableitbare Rechtsfolgen (z.B. für die ehemaligen Sudetendeutschen) aus und vereinbarten, wie im Moskauer und im Warschauer Vertrag, einen Gewaltverzicht. Ferner bekräftigten sie die Unverletzlichkeit ihrer gemeinsamen Grenze, schlossen Gebietsansprüche gegeneinander aus und sagten sich den Ausbau der nachbarschaftlichen Zusammenarbeit zu.
Einen Monat danach nahm die Bundesrepublik diplomatische Beziehungen mit Bulgarien und Ungarn auf. Damit bestanden normale politische Verhältnisse zu allen osteuropäischen Staaten mit Ausnahme Albaniens.

Der **Prager Vertrag** (11.12.1973) zwischen BRD und CSSR schloss die bundesrepublikanische Ostpolitik ab.
Inhalte:
- Ungültigkeit des Münchner Abkommens vom Sept. 1938
- Gewaltverzicht
- Unverletzlichkeit der Grenze
- Ausbau nachbarschaftlicher Zusammenarbeit

Das Urteil des Bundesverfassungsgerichts (31. 7. 1973)

Ende Juli 1973 entschied das Bundesverfassungsgericht, an das sich die bayerische Regierung gewandt hatte, dass der Grundlagenvertrag grundgesetzkonform und kein „Teilungsvertrag" sei.

1973 entschied das Bundesverfassungsgericht, an das sich die bayerische Staatsregierung gewandt hatte, dass der **Grundlagenvertrag** grundgesetzkonform und **kein „Teilungsvertrag"** sei, wie die Opposition argumentiert hatte. Es bekräftigte das alle Politiker verpflichtende Gebot der Wiedervereinigung, stellte die für seine Erreichung angewandten Mittel und Methoden jedoch ins Ermessen der Bundesregierung.

Deutschlandpolitik 1973 bis 1989

Die Entspannung in den Siebziger- und Achtzigerjahren

Die **Entspannung** wurde **in den 70er- und 80er-Jahren** immer wieder von Krisen (Besetzung Afghanistans durch die UdSSR 1979, Präsident Reagans „Politik der nationalen Stärke") und der Konfrontation der Supermächte unterbrochen. Trotzdem brachen sie ihre Beziehungen nie völlig ab. Mitte der 80er-Jahre zwangen zahlreiche politische, nationale, und wirtschaftliche Probleme Generalsekretär Michail Gorbatschow das Verhältnis zum Westen rasch und nachhaltig zu verbessern.

Nachdem zwischen 1975 und 1979 entscheidende bi- und multilaterale Abkommen erreicht worden waren, unterbrach die **Besetzung Afghanistans** durch die UdSSR Ende 1979 den Entspannungsprozess und bewirkte eine **erneute Konfrontation**. Die USA reagierten mit wirtschaftlichen Sanktionen, beide Supermächte rüsteten hektisch auf. Präsident **Reagan** (1981–1989) propagierte eine **„Politik der nationalen Stärke"** gegenüber dem „Erzfeind" und drohte, die UdSSR „totzurüsten". Das ideologisch-politische Verhältnis befand sich Anfang der Achtzigerjahre auf einem absoluten Tiefpunkt. Trotzdem brachen die Supermächte ihre Beziehungen nie vollständig ab. Die katastrophale wirtschaftliche Entwicklung der UdSSR und ihre zahlreichen anderen Probleme (Nationalitätenkonflikt, ethnische, religiöse Minderheiten) zwangen Generalsekretär Michail **Gorbatschow** (1985–1991), das Verhältnis zum Westen zu verbessern. Damit begann die letzte Entspannungsphase, die – bis zum Untergang der UdSSR – große Erfolge verzeichnete.

Das deutsch-deutsche Verhältnis

Das deutsch-deutsche Verhältnis
Zahlreiche Folgeverträge des Grundlagenvertrags bewirkten eine deutliche Verbesserung des deutsch-deutschen Verhältnisses. BRD und DDR hatten zwar die Grundlagen ihrer Beziehungen geregelt, ihrem Hauptziel (Wiedervereinigung bzw. völkerrechtliche Anerkennung) waren sie nicht näher gekommen.

Die gegenseitige Anerkennung der Souveränität durch den Grundlagenvertrag ermöglichte den Beitritt der beiden deutschen Staaten in die UNO (September 1973). Sie nutzten diese weltweite Plattform, um ihre Interessen zu verdeutlichen und durchzusetzen. **Zahlreiche Folgeverträge** des Grundlagenvertrags **bewirkten** eine **spürbare Verbesserung des deutsch-deutschen Verhältnisses**, obwohl es nach wie vor vom Ost-West-Verhältnis abhing. Vor allem der innerdeutsche Reiseverkehr profitierte vom Grundlagenvertrag. Die Zahl der bundesdeutschen DDR-Besucher nahm stark zu und neben Verwandtenbesuchen wurden auch touristische Reisen in die DDR sowie der Besuch von Jugendlichen und Schulgruppen möglich. Aus der DDR durften zunächst nur Rentner in die Bundesrepublik reisen, seit Mitte der Achtzigerjahre auch jüngere DDR-Bürger in „dringenden Familienangelegenheiten". Für die Bundesrepublik und die DDR blieb die **deutsche Frage** trotzdem **weiterhin offen**. Der Vertrag hatte zwar die Grundlagen ihrer Beziehungen geregelt, sie jedoch ihrem Hauptziel (Vereinigung bzw. völkerrechtliche Anerkennung) keinen Schritt näher gebracht.

Aus Sicht der Supermächte und ihrer Bündnispartner **war** mit dem Grundlagenvertrag **die „deutsche Frage" gelöst**. Die Existenz zweier deutscher Staaten mit unterschiedlichen Staats- und Gesellschaftsordnungen galt nun als eine wesentliche Voraussetzung für den Frieden in Europa. Die Wiedervereinigung spielte für sie keine Rolle mehr, sie war bestenfalls eine Zukunftsperspektive im Rahmen einer fernen europäischen Einigung.

Aus Sicht der Supermächte war die deutsche Frage gelöst. Die Existenz zweier souveräner deutscher Staaten galt nun als wesentliche Voraussetzung für Frieden und Entspannung. Die Wiedervereinigung spielte in ihren Überlegungen keine Rolle mehr.

Die erneute Verschlechterung der amerikanisch-sowjetischen Beziehungen wirkte sich auch auf das deutsch-deutsche Verhältnis aus, führte jedoch nicht zum Abbruch der innerdeutschen Beziehungen. Beide deutsche Staaten konnten es sich aufgrund ihrer wichtigen Rolle in der NATO bzw. dem Warschauer Pakt leisten, bis zu einem gewissen Grad einen eigenen Weg zu gehen. So gab es Gespräche zwischen Bundeskanzler **Schmidt (SPD)** (➔ S. 158) und dem Staatsratsvorsitzenden und SED-Generalsekretär **Honecker** in **Helsinki** (1975) und am **Werbellinsee** (in der Mark Brandenburg, 1981) sowie zwischen **Kohl** (➔ S. 158) und **Honecker** in **Moskau** (1985).

Trotz der erneuten Konfrontation der Supermächte bauten die beiden deutschen Staaten ihr Verhältnis durch Regierungsgespräche und den Besuch Honeckers in der BRD (1987) weiter aus. An ihrer konträren Einstellung zur deutschen Frage änderte sich jedoch nichts.

Honeckers Besuch der Bundesrepublik im September **1987** dokumentierte das neue Verhältnis. Der Generalsekretär der SED und Vorsitzende des Staatsrats führte Gespräche mit Bundeskanzler Kohl und mit bundesrepublikanischen Spitzenpolitikern. Dabei wurde er mit allen protokollarischen Ehren empfangen, die dem Staatsoberhaupt eines völkerrechtlich anerkannten Staates zukommen. Diese protokollarische Gleichstellung mit „normalen" Staatsgästen **verdeutlichlichte die faktische Anerkennung der DDR durch die Bundesrepublik**, die auch von den früheren Oppositionsparteien CDU/CSU praktiziert wurde. An der Einstellung beider Staaten zur deutschen Frage änderte sich jedoch nichts.

Der Honecker-Besuch verstärkte bei den westlichen Verbündeten die Ansicht, dass die deutsche Frage tatsächlich gelöst und das Schreckgespenst eines „Vierten Reiches" durch die Festschreibung des Status quo (=Teilung Deutschlands) gebannt sei. In diesem Sinne hatte bereits 1984 der italienische Außenminister Andreotti in einem inoffiziellen Gespräch festgestellt: „Wir sind alle damit einverstanden, dass es zwischen den beiden Deutschland gute Beziehungen gibt. … Aber man muss nicht übertreiben in dieser Richtung. Der Pangermanismus muss überwunden werden. Es gibt zwei deutsche Staaten, und zwei sollten es bleiben."[4] Auch Gorbatschow äußerte 1987 die Ansicht, dass die Frage nach der deutschen Nation und der Wiedervereinigung „am besten" der Geschichte überlassen bleiben sollte.

Deutschlandpolitik zwischen Konfrontation und Kooperation (1960–1989)

Kennedys "geopolitischer Realismus" von 1961 bedeutete die Abkehr der USA von dem bisher propagierten weltweiten Engagement. Er bedeutete die Aufgabe des bisherigen, strikt antisowjetischen Kurses, die Politik der Entspannung und Kooperation, die Anerkennung der Hegemonialstellung der UdSSR im sozialistischen Lager und damit der machtpolitischen Verhältnisse in Europa sowie die Anerkennung der bestehenden territorialen Verhältnisse in Europa. Dies verdeutlichten die zurückhaltende Reaktion der USA auf den Bau der Berliner Mauer (Aug. 1961) und die nach der Kuba-Krise einsetzende Entspannung.

Die deutsche Frage entwickelte sich mehr und mehr zu einem **Störfaktor der Entspannung** und die Bonner Deutschlandpolitik wurde von den westlichen Verbündeten nicht mehr mitgetragen.

Auf diese prekäre Situation reagierten die Regierungen Adenauer, Erhard und Kiesinger mit vorsichtigen, meist verbalen Kurskorrekturen. Da sie jedoch an den Grundpositionen ihrer Deutschlandpolitik festhielten (Rechtsnachfolge des Deutschen Reichs, Alleinvertretungsanspruch, Hallstein-Doktrin), geriet die **Bonner Deutschlandpolitik zunehmend unter Druck** und es wurde offensichtlich, dass die Bundesrepublik ihre Deutschlandpolitik den veränderten Verhältnissen anpassen musste.

Die sozial-liberale Koalition der **Regierung Brandt (SPD, FDP) reagierte schnell auf die veränderten Rahmenbedingungen**. Sie betrieb seit Ende 1969 eine realistische Ost- und Deutschlandpolitik die von den konkreten europäischen Machtverhältnissen und damit von der langfristigen Existenz der DDR ausging. Ihre Deutschlandpolitik zielte deshalb nicht mehr vorrangig auf Wiedervereinigung ab, sondern auf die Verbesserung des deutsch-deutschen Verhältnisses. und damit auf eine allmähliche Veränderung der sozialistischen Herrschaft in der DDR (= "Wandel durch Annäherung"). Damit sollte auch ein wesentlicher Beitrag zur Entspannung in Europa geleistet werden.

Ergebnis der neuen Ost- und Deutschlandpolitik der sozial-liberalen Koalition waren zu Beginn der 70er-Jahre wichtige Verträge mit den östlichen Nachbarn UdSSR (**Moskauer Vertrag**), Polen (**Warschauer Vertrag**), Tschechoslowakische Sozialistische Republik (**Prager Vertrag**) und vor allem mit der DDR (**Transitabkommen, Verkehrsvertrag, Grundlagenvertrag**). Der Moskauer Vertrag nannte als Ziele den Beitrag zum Frieden und zur Entspannung, die Normalisierung der Lage in Europa, Gewaltverzicht, die Unverletzlichkeit der bestehenden Grenzen und die Achtung der territorialen Integrität. Seine Bedeutung besteht darin, dass er den Weg frei machte für weitere Verträge und damit für das von den Supermächten angestrebte System der kollektiven Sicherheit in Europa.
Der Warschauer Vertrag ist bezüglich der übergeordneten Ziele identisch mit dem Moskauer. Seine Bedeutung besteht darin, dass er die Oder-Neiße-Grenze als "westliche Staatsgrenze Polens" benennt und die "Unverletzlichkeit der bestehenden Grenzen" bekräftigt. Der Grundlagenvertrag regelt das deutsche-deutsche Verhältnis durch folgende spezifische Vertragsinhalte: "Gutnachbarliche Beziehungen" auf der Grundlage der Gleichberechtigung, Aufgabe des Alleinvertretungsanspruches durch die BRD, staatliche Souveränität der Vertragspartner,

umfassende Normalisierung der Beziehungen, Austausch "ständiger Vertreter". In der Präambel und im Zusatzprotokoll bekräftigen BRD und DDR ihre kontroversen Ansichten zur Staatsbürgerschaft bzw. zur nationalen Frage.
Der Prager Vertrag (Ungültigkeit des Münchner Abkommens von 1938, Gewaltverzicht, Unverletzlichkeit der Grenzen, Ausbau nachbarschaftlicher Beziehungen) hat nicht die Bedeutung der anderen Verträge.

Diese Verträge waren eng verknüpft mit dem **Berliner Viermächteabkommen**, in dem die ehemaligen Besatzungsmächte den Status Berlins im Sinne der Bundesrepublik festschrieben.

Dieses Abkommen normalisierte die Situation Berlins und die geteilte Stadt verlor ihren Charakter als potenzieller Störfall des Ost-West-Konflikts.

Mit der Festschreibung des Status quo durch diese Verträge war für die Verbündeten der beiden deutschen Staaten die deutsche Frage gelöst und der Ausbau der Entspannung wurde auf bilateraler (USA – UdSSR) und multilateraler Ebene (NATO – Warschauer Pakt) durch zahlreiche Abrüstungsabkommen vorangetrieben.

In den 70er- und 80er-Jahren wurde das deutsch-deutsche Verhältnis durch zahlreiche Folgeverträge zum Grundlagenvertrag ausgebaut und verbessert, ohne dass beide Staaten ihrem vorrangigen Ziel (Wiedervereinigung bzw. völkerrechtliche Anerkennung) näher gekommen wären.

Das „Wirtschaftswunder"

Der rasante wirtschaftliche Aufschwung der 50er-Jahre war geprägt von hohem Wirtschaftswachstum, Vollbeschäftigung, sozialen Verbesserungen, Gastarbeitern, ausgeprägtem Konsumdenken.
Es hatte absolut natürliche **Ursachen**: Geringe Reparationen; Marshall-Plan und Währungsreform; Integration in den westeuropäischen Wirtschaftsverband; kluge staatliche Geldpolitik; soziale Marktwirtschaft; modernste Produktionsanlagen; gemäßigte Tarifpolitik der Gewerkschaften; große kriegsbedingte Nachfrage nach Konsumgütern; relativ niedriges Lohnniveau; genügend qualifizierte Arbeitskräfte; weltweit steigende Nachfrage nach Konsum- und Investitionsgütern.
Das „Wirtschaftswunder" veränderte die Gesellschaft. Die guten Aufstiegschancen (soziale Mobilität) bewirkten, dass Konsumgewohnheiten und Lebensstil der unteren Schichten sich dem mittleren Bürgertum anglichen.
Folgen waren die Verbürgerlichung der Gesellschaft und die **Entstehung neuer Lebensformen** durch die Lockerung traditioneller Werte und Bindungen (Familie, Ehe, Sexualität, Kirche) und die Amerikanisierung des Alltags durch Musik, Filme, auffallende Kleidung, Essen, lässiges Auftreten, Krawalle jugendlicher „Halbstarker". **Der Ausbau des Sozialstaats**, ermöglicht durch den Wirtschaftsaufschwung, verbesserte vor allem die Lage benachteiligter Bevölkerungsgruppen (Kriegsbeschädigte, NS-Verfolgte, alleinerziehende Mütter, Arme, begabte Studenten aus einkommensschwachen Familien).
Konflikte und Protestaktionen: Innenpolitische Spannungen z.B. Auschwitz-Prozesse, Gründung der Nationaldemokratischen Partei Deutschlands (NPD), spalteten die Gesellschaft und führten zu gewalttätigen Auseinandersetzungen. Im In- und Ausland wurde die Frage gestellt: „Ist Bonn Weimar?"

Die BRD: Die politische und gesellschaftliche Entwicklung

Konrad Adenauer, CDU Wahlplakat 1965

Die Regierungen Adenauer, Erhardt, Kiesinger und Brandt

Konrad **Adenauer** (CDU) stellte die entscheidenden Weichen (Westintegration, Aussöhnung mit Frankreich) und erwarb im In- und Ausland großes Ansehen. Sein autoritärer Führungsstil bewirkte seinen durch die eigene Partei erzwungenen Rücktritt (1963).
Sein Nachfolger Ludwig **Erhardt** (CDU) scheiterte mit seiner „Politik der Mitte und Verständigung", weil er bei der ersten Wirtschaftsrezession Mitte der 60er-Jahre Führungsqualitäten vermissen ließ.
Sein Nachfolger Kurt Georg **Kiesinger** (CDU) führte eine Große Koalition (CDU/ CSU, SPD) von 1966 bis 1969. Ihr gelang es, die Rezession mit effektiven Maßnahmen zu stoppen.
1969 bildeten SPD und FDP unter Kanzler Willy **Brandt** eine sozial-liberale Koalition. Brandts Ziele waren: Beitrag zur Entspannung durch eine Vertragspolitik gegenüber Ostblock und DDR; Demokratisierung und stärkere politische Beteiligung des Volkes. Seine ausgeprägte Reformpolitik betraf die Erweiterung der Arbeitnehmerrechte, die Rentenreform, soziale Verbesserungen, Volljährigkeit mit 18 Jahren, Bildungsreform, verbessertes Ehe- und Familienrecht.

7 Die innere Entwicklung der beiden deutschen Staaten

Studentischer Protest, APO und Terrorismus

In der zweiten Hälfte der 60er-Jahre entstand, von den USA ausgehend, eine Protestbewegung in der westlichen Welt. In der BRD formierte sie sich in der „Außerparlamentarischen Opposition" (APO), die größtenteils aus Studenten bestand. Sie bekämpfte die „verkrusteten" gesellschaftlichen Verhältnisse (das "Establishment"), Kapitalismus, Rechtsdiktaturen, den US-Imperialismus, forderte die Befreiung von Autorität, Bevormundung und Zwang, den Marxismus-Leninismus, verherrlichte kritiklos sozialistische Politiker und „Freiheitskämpfer" und wollte einen „Sozialismus mit menschlichem Antlitz. Die Notstandsgesetze (Mai 1968) verschärften die Situation. In vielen Städten kam es zu Straßenkämpfen zwischen der APO und staatlichen Ordnungskräften. Ende der 60er zerfiel die APO. Ihr radikaler Teil bekämpfte als „Rote-Armee-Fraktion" (RAF) bis Ende der 70er den Staat mit terroristischen Mitteln.

Die Regierungen Schmidt und Kohl

1974 trat Brandt aus wirtschaftlichen, innenpolitischen und privaten Gründen zurück. Sein Nachfolger **Helmut Schmidt (SPD)** reagierte als Kanzler einer sozial-liberalen Koalition auf die wirtschaftlichen und gesellschaftspolitischen Probleme erfolgreich. Dennoch kam es zu Spannungen in der Koalition, die die FDP 1982 aufkündigte und **Helmut Kohl (CDU)** die Kanzlerschaft (bis 1998) ermöglichte. Seine Regierungszeit war einerseits geprägt von wirtschaftlichen Problemen, andererseits von dem Vereinigungsprozess, an dem er mit Außenminister Genscher (FDP) maßgeblich beteiligt war.

von Adenauer bis Kohl

Die innere Entwicklung der DDR

Die innere Entwicklung der DDR 1961 – 1989/90

Die Stabilisierung der DDR durch Mauerbau sowie massive Grenzsicherung und die "wissenschaftlich-technische Revolution" bewirkten Ende der 60er Jahre einen beachtlichen wirtschaftlichen Aufschwung, der unter Ulbrichts Nachfolger Erich Honecker mit der Verbesserung der Lebensbedingungen, mit höheren staatlichen Sozialleistungen und größerer innenpolitischer Freiheit einherging. Viele Bürger identifizierten sich mit dem Staat. Die Ölkrise von 1973/74 beendete diese Entwicklung. Die wirtschaftlichen und gesellschaftspolitischen Verhältnisse verschlechterten sich und die Staatspleite war nur durch einen Milliardenkredit aus der BRD abzuwenden. Neuinvestitionen waren nicht mehr möglich, die Infrastruktur verfiel, die Umweltverschmutzung nahm in manchen Gegenden dramatische Ausmaße an. Immer mehr Bürger verweigerten sich dem Regime und organisierten sich in Bürgerrechts- und Friedensbewegungen. Die DDR-Führung ging gegen sie trotz der Veränderungen in der UdSSR (Glasnost, Perestroika) hart, oft brutal vor.

Proletarier aller Länder, vereinigt euch!

NEUES DEUTSCHLAND

ORGAN DES ZENTRALKOMITEES DER SOZIALISTISCHEN EINHEITSPARTEI DEUTSCHLANDS

Volkskammer beschloß Gesetze zur Verbesserung der Lebenslage

Lebensmittelkarten abgeschafft / Einheitliche Preise für alle Lebensmittel / Neue Lebensmittelpreise wesentlich niedriger als bisherige HO-Preise / Preissenkung für weitere Nahrungs- und Genußmittel / HO-Gaststättenpreise gesenkt / Preissenkung bei verschiedenen Industriewaren / Lohnzuschläge für alle Arbeiter und Angestellten mit einem Monatseinkommen bis zu 800 DM / Erhöhung der Löhne und Gehälter für Arbeiter und Angestellte mit geringem Einkommen / 20 DM Kinderzuschlag für Kinder aller Arbeiter und Angestellten / Erhöhte Geburtenbeihilfen / Zuschläge für Rentner und Studenten / Neue Erfassungs- und Aufkaufpreise / Kaufkraft der Bevölkerung erhöht sich bis Ende 1958 um 1,7 Milliarden DM

Die neuen Lebensmittelpreise

Die wichtigsten Maßnahmen

Zuschläge werden sofort vorausgezahlt

Titelseite "Neues Deutschland vom 29. Mai 1958

KURZINFO

7 Die innere Entwicklung der beiden deutschen Staaten

- Das „Wirtschaftswunder" bestimmte vom Beginn der 50er- bis zur Mitte der 60er-Jahre die Bundesrepublik. Es ermöglichte soziale Verbesserungen und erzeugte eine breite Identifizierung mit dem jungen Staat.
- In dieser Zeit entstand auch die Subkultur jugendlicher „Halbstarker". Sie ahmten den „American way of life" nach und beeinflussten durch die „Amerikanisierung" die gesellschaftliche Entwicklung der Bundesrepublik.
- Die Sechzigerjahre wurden zunehmend bestimmt von politischen und gesellschaftlichen Konflikten und einer ersten wirtschaftlichen Rezession.
- Da Bundeskanzler Erhard sie nicht stoppen konnte, entstand 1966 die Große Koalition unter Bundeskanzler Kiesinger (1966–1969). Sie erreichte die wirtschaftliche Stabilisierung.
- In dieser Zeit entwickelte sich aus studentischen Protesten die Außerparlamentarische Opposition (APO). Sie lehnte das gesellschaftspolitische System der BRD ab, strebte einen „Sozialismus mit menschlichem Antlitz" und eine autoritäts- und repressionsfreie Gesellschaft an. Sie zerfiel Ende der 60er-Jahre. Die radikale Minderheit der APO formierte sich zur „Rote-Armee-Fraktion" (RAF), die den Staat in den 70er- und 80er-Jahren mit Terroraktionen bedrohte.
- Die Stabilisierung der DDR durch die Mauer und die „wissenschaftlich-technische Revolution" bewirkten in den 60er-Jahren und Anfang der 70er einen wirtschaftlichen Aufschwung. Viele Bürger identifizierten sich mit dem SED-Staat.
- Die Ölkrise von 1973/74 beendete die „Goldenen Jahre" der DDR. Wirtschaftliche und systempolitische Probleme wuchsen, eine Opposition entstand. Die SED reagierte darauf mit harten, oft brutalen Methoden.

Die Bundesrepublik von Adenauer bis zur sozial-liberalen Koalition (1949–1969)

Das „Wirtschaftswunder"

Das „Wirtschaftswunder"
Ein rasanter wirtschaftlicher Aufschwung, das „Wirtschaftswunder", begann Anfang der 50er-Jahre. Das „Wirtschaftswunder" hatte folgende Charakteristika:

Zu Beginn der Fünfzigerjahre setzte in der Bundesrepublik ein **rasanter wirtschaftlicher Aufschwung** mit einer durchschnittlichen Wachstumsrate von ca. acht Prozent und entsprechenden Lohnzuwächsen ein. 1958 wurde die Vollbeschäftigung erreicht und zwei Jahre später mussten ausländische Arbeiter („Gastarbeiter") angeworben werden. Der Außenhandel boomte, erfolgreiche Unternehmer wie Grundig, Neckermann und Horten wurden zu Synonymen für wirtschaftliche und gesellschaftliche Aufstiegschancen. Eine gezielte staatliche Förderung linderte die Wohnungsnot deutlich, die sozialen Leistungen verbesserten sich, benachteiligte Bevölkerungsgruppen (z. B. Flüchtlinge, Vertriebene, Kriegsgeschädigte) konnten finanziell unterstützt werden. Die Löhne zogen an, die Kaufkraft erhöhte sich, die Motorisierung wuchs außerordentlich schnell und ein unbändiger Wille, die „verlorenen Jahre" nachzuholen, löste die „Fresswelle" und ein ausgeprägtes Konsumdenken aus. Gegen Ende der Fünfzigerjahre war aus der Bundesrepublik, dem Empfänger der Marshall-Plan-Hilfe, wieder eine der wichtigsten Industrienationen geworden. Diese Entwicklung kam den Zeitgenossen im In- und Ausland als „Wunder" vor.

hohe Wachstumsraten, steigende Löhne, Vollbeschäftigung, Gastarbeiter, soziale Verbesserungen, staatliche Förderung benachteiligter Bevölkerungsgruppen (Vertriebene, Flüchtlinge etc.), ausgeprägtes Konsumdenken.

Ende der 50er-Jahre war aus dem besiegten, zerbombten Deutschland eine der wichtigsten Industrienationen geworden. Diese Entwicklung sahen die Zeitgenossen als „Wunder" an.

Das „Wirtschaftswunder", das bis zur Mitte der Sechzigerjahre andauerte, hatte jedoch zahlreiche **natürliche Ursachen**:

- In den Westzonen wurden Reparationsmaßnahmen, z. B. Demontagen, seit Ende 1946 in geringem Ausmaß durchgeführt.
- Marshall-Plan und Währungsreform bewirkten gute Startbedingungen.
- Der Wirtschaftsverbund Westeuropas bzw. der westlichen Welt schuf durch gemeinsame Institutionen und Maßnahmen stabile Rahmenbedingungen.
- Die wirtschaftliche Integration der Bundesrepublik in den Westen eröffnete große Exportmöglichkeiten.
- Die von der Bundesregierung unabhängige Bundesbank (bis 1957 „Bank deutscher Länder") trug mit einer klugen Geld- und Kreditpolitik zur Stabilität der Währung und damit zum wirtschaftlichen Aufschwung bei.
- Da die Kriegsschäden und die Demontagen eine nahezu völlige Erneuerung der Produktionsanlagen erforderlich machten, konnten Waren bald auf modernsten Anlagen mit höchster Produktivität hergestellt werden.
- Die harte und intensive Arbeit der Bevölkerung zeigte, dass sich der Einsatz des Arbeitnehmers und das Engagement des Unternehmers in Erhards Sozialer Marktwirtschaft lohnten.
- Die Gewerkschaften betrieben eine gemäßigte Tarifpolitik.
- Die Nachfrage nach Konsum- und Investitionsgütern, nach Wohnungen und moderner Technologie war kriegsbedingt immens.
- Das relativ niedrige Lohnniveau und (durch Flüchtlinge und Vertriebene) genügend qualifizierte Arbeitskräfte ermöglichten die günstige Produktion hochwertiger Waren.
- Der Koreakrieg: Da die Bundesrepublik keine Rüstungsgüter produzieren durfte, konnte sie sich auf die weltweit steigende Nachfrage nach Konsum- und Investitionsgütern konzentrieren und ihren Export stark steigern.

Natürliche **Ursachen des „Wirtschaftswunders"**:
- geringe Reparationen und Demontagen seit 1946
- Marshall-Plan und Währungsreform
- Integration in den westeuropäischen Wirtschaftsverbund
- kluge staatliche Geldpolitik („Bank deutscher Länder")
- modernste Produktionsanlagen
- Die soziale Marktwirtschaft zeigte, dass sich harte und intensive Arbeit lohnte.
- gemäßigte Tarifpolitik der Gewerkschaften
- große kriegsbedingte Nachfrage nach Konsumgütern (Autos, Radios, Haushaltsgeräte)
- relativ niedriges Lohnniveau
- genügend qualifizierte Arbeitskräfte
- weltweit steigende Nachfrage nach Konsum- und Investitionsgütern

Die Verbürgerlichung der Gesellschaft
Das „Wirtschaftswunder“ bewirkte die Veränderung der Wirtschafts- und Gesellschaftsstruktur. Die guten Aufstiegschancen (soziale Mobilität) führten dazu, dass Konsumgewohnheiten und Lebensstil der unteren Schichten sich dem mittleren Bürgertum anglichen. Die Gesellschaft der BRD „verbürgerlichte“.

Neue Lebensformen
Das „Wirtschaftswunder“ brachte eine konsumorientierte Wohlstandsgesellschaft hervor, die sich mit dem jungen Staat identifizierte.

Der Massenwohlstand veränderte auch die Lebensgewohnheiten sowie die Mentalität der Westdeutschen: Traditionelle Werte und Bindungen (Ehe, Familie, bürgerliche Normalität, Kirche) lockerten sich.

Vor allem der Lebensstil der Jugendlichen veränderte sich. Die „Halbstarkenkrawalle“ in der zweiten Hälfte der 50er-Jahre waren Ausdruck jugendlichen Protestes gegen Langeweile, Tradition und Autoritäten.

Die Verbürgerlichung der Gesellschaft

Das „Wirtschaftswunder“ bewirkte eine starke **Veränderung der Wirtschafts- und Gesellschaftsstruktur**: Der Anteil der in der Landwirtschaft Beschäftigten ging zurück, das produzierende Gewerbe und vor allem der Dienstleistungssektor verzeichneten hohe Steigerungsraten. Die soziale Mobilität schliff die scharfen gesellschaftlichen Trennungslinien des Kaiserreichs ab. Konsumgewohnheiten und Lebensstil der unteren Volksschichten und des mittleren Bürgertums glichen sich an, **die Gesellschaft** der Bundesrepublik **„verbürgerlichte“**.

Neue Lebensformen

In den unmittelbaren Nachkriegsjahren wollten diejenigen, die „noch einmal davon gekommen waren“, das wieder frei erleben, was im Dritten Reich vom Staat bestimmt und reglementiert worden war, nämlich bürgerliche Normalität. Familienleben, Arbeit und Konsumfreiheit prägten die Lebenseinstellung, von Politik hatte man zunächst „die Nase voll“.
Das „Wirtschaftswunder“ brachte eine konsumorientierte **Wohlstandsgesellschaft** hervor. Auf die „Fresswelle“ folgten die Reise- und schließlich die Motorisierungswelle. Autos, moderne Wohnungseinrichtungen mit ungewöhnlichem Design (z. B. „Nierentische“) wurden Statussymbole. Auslandsreisen, zunächst an den „Teutonengrill“ (italienische Adriaküste) und auf die Balearen erzeugten aufgrund der attraktiven „harten“ D-Mark ein „Wir-sind-wieder-wer-Gefühl“, das wesentlich zur **Identifikation mit der jungen Bundesrepublik** beitrug.
Der **Massenwohlstand** in der zweiten Hälfte der Fünfzigerjahre **veränderte** nicht nur die Produktions- und Arbeitsbedingungen sowie die Umwelt, sondern auch die **Lebensgewohnheiten und** die **Mentalität** der Westdeutschen. Modern war jetzt, was fremdartig oder exotisch klang. Traditionelle Werte und Bindungen (Familie, Partnerschaft, bürgerliche Normalität, Kirche) begannen sich zu lockern. Italienische Eisdielen, die Musikbox („Jukebox“) mit amerikanischer Musik, amerikanische Filme, Mode und Zigaretten waren – besonders bei der jüngeren Generation – „in“.
In dieser Zeit entstand aus der Kritik an der „Spießergesellschaft“ der Väter die Subkultur der Jugendlichen, der **„Halbstarken“**, die nach individuellen Freiräumen suchten. Diese Cliquen männlicher Jugendlicher waren vom „American way of life“ geprägt. Ihre Vorbilder sahen sie in den Sängern Bill Haley („Rock around the clock“) und Elvis Presley („Jailhouse Rock“), in den Schauspielern James Dean und Marlon Brando und in anderen amerikanischen Idolen. **Charakteristika** der neuen Zeit, die von der älteren Generation als „vulgär“ oder „primitiv“ abqualifiziert wurden, waren auffallende Kleidung (Jeans und „Bomberjacken“), eine ausgeprägte Körpersprache, ein Freizeitverhalten mit lässigem, großmäuligem Auftreten und insbesondere der Rock'n'Roll.

Dieser neue Musikstil und die „Halbstarkenkrawalle“ in der Mitte der Fünfzigerjahre waren Ausdruck jugendlicher Protestkultur gegen Langeweile, beengte Wohnverhältnisse und Autoritäten. Die Durchsetzung der amerikanischen Massenkultur in den Sechzigerjahren, die **„Amerikanisierung“ des Alltagslebens**, bedeutete aus zwei Gründen eine wichtige Zäsur in der Mentalität der Deutschen: Sie schwächte die traditionelle Vorherrschaft des Bürgertums und sie förderte das Selbstbewusstsein der lohnabhängigen Volksschichten, der „einfachen Leute“.

Die Nachahmung der amerikanischen Massenkultur (Bildung von Cliquen; Rock 'n Roll-Musik; amerikanische Idole Bill Haley, Elvis Presley, James Dean, Marlon Brando; amerikanische Kleidung, lässiges Auftreten) bewirkte eine „Amerikanisierung“ des Alltags.

Der Ausbau des Sozialstaates

Das Bild von der erfolgreichen Bundesrepublik hatte jedoch auch eine Kehrseite, da nicht alle am „Wirtschaftswunder“ teilhatten. Der Staat versuchte deshalb durch folgende **Maßnahmen**, die Not zu lindern:

- Kriegsbeschädigte erhielten zahlreiche Vergünstigungen.
- Flüchtlingen und Vertriebenen (1952) ermöglichte das Lastenausgleichsgesetz eine Neugründung ihrer Existenz.
- Allein erziehende Mütter profitierten vom Mutterschutzgesetz (1952), vom Kindergeld (1954) und vom Gleichberechtigungsgesetz (1957), das finanzielle Ungleichbehandlung verbot, in der Praxis jedoch nicht beseitigte.
- Das Bundesentschädigungsgesetz (1953) legte Wiedergutmachungsleistungen für diejenigen fest, die im Dritten Reich aus rassischen, religiösen oder politischen Gründen verfolgt worden waren.
- Staatliche Förderung des sozialen und des privaten Wohnungsbaus. Bis 1961 wurden ca. 6 Mio. neue Wohnungen gebaut.
- Begabte Studenten aus weniger wohlhabenden Familien wurden seit 1956 mit Stipendien unterstützt.
- Die „dynamische“ Rentenreform (1957) beinhaltete eine Rentenversicherung als „Solidarvertrag zwischen zwei Generationen“: Die Versicherten finanzieren durch ihre Versicherungsbeiträge die Rente der bereits aus dem Arbeitsleben Ausgeschiedenen und erwerben gleichzeitig einen Anspruch auf ihre eigene Rente. „Dynamisch“ war diese Rentenreform, weil die Höhe der Renten an die Entwicklung der Löhne und Gehälter gekoppelt wurde. Dadurch verbesserte sich die Lage älterer Menschen, da erstmalig auch die Rentner vom wirtschaftlichen Aufschwung profitierten.
- Das Bundessozialhilfegesetz (1961) modernisierte und verbesserte die staatliche Armenfürsorge.

Der Wirtschaftsaufschwung ermöglichte den **Ausbau des Sozialstaats**.

Der Staat linderte durch soziale Maßnahmen die Not benachteiligter Bevölkerungsgruppen: Kriegsbeschädigte, Verfolgte im Dritten Reich, Flüchtlinge und Vertriebene, allein erziehende Mütter, begabte Studenten aus einkommensschwachen Familien.
Ferner wurde der soziale und private Wohnungsbau gefördert, die „dynamische Rentenreform“ eingeführt und die staatliche Armenfürsorge verbessert.

Konflikte und Protestaktionen erschütterten die BRD in den 60er-Jahren. Die heftigsten lösten die Spiegel-Affäre und die Auschwitz-Prozesse aus.

Spiegel-Affäre: Nach einem kritischen Artikel des Magazins „Der Spiegel" über die Bundeswehr ging Verteidigungsminister Strauß mit ungesetzlichen Mitteln gegen das Magazin vor und löste heftige Proteste in der Öffentlichkeit und im Parlament aus.

Drei **Auschwitz-Prozesse** (1963 bis 1966) gegen Lageraufseher und Lagerpersonal brachten grausame Details des Holocausts an die Öffentlichkeit. Die Prozesse spalteten die Bevölkerung: Die einen verlangten eine rückhaltlose Aufklärung und Vergangenheitsbewältigung, die anderen forderten, einen Schlussstrich unter die Vergangenheit zu ziehen. 1969 hob der Bundestag nach erbitterten Debatten die Verjährung für Völkermord, 1979 auch die für Mord auf.

Die 1964 gegründete rechtsextreme **Nationaldemokratische Partei Deutschlands** (NPD) scheiterte bei Bundestagswahlen an der 5%-Hürde, zog aber in etliche Landtage ein. Ihr nationalistisches Auftreten erzeugte oft gewalttätige Gegendemonstrationen.

Konflikte und Proteste

In den Sechzigerjahren erschütterten eine Reihe von schweren Konflikten die Bundesrepublik und schürten die Kritik an den politischen und gesellschaftlichen Verhältnissen:

- Franz Josef **Strauß** (CSU) trat als Verteidigungsminister für die **atomare Bewaffnung der Bundeswehr** ein und löste damit erbitterte Debatten aus.
- Die **Spiegel-Affäre**. Nach einem kritischen Artikel über die Verteidigungsbereitschaft der Bundeswehr ließ Verteidigungsminister Strauß im Oktober 1962 die Redaktionsräume des Magazins „Der Spiegel" durch Bundeskriminalbeamte besetzen, den Herausgeber Rudolf Augstein und den Autor Conrad Ahlers ohne Rechtsgrundlage wegen „Landesverrats" verhaften. Adenauer bezeichnete den „Spiegel"-Artikel als „Abgrund von Landesverrat" und billigte das Vorgehen seines Ministers. Trotz des Rücktritts von Strauß kam es zu einer Regierungskrise, da die fünf FDP-Minister die Regierung verließen und das Kabinett umgebildet werden musste. Die gerichtliche Verfolgung des Spiegels wurde 1965 als unbegründet eingestellt, die fehlende rechtliche Grundlage des staatlichen Vorgehens von 1962 kritisiert. Viele Bürger, vor allem Schriftsteller (z. B. die „Gruppe 47"), Geistliche, Professoren und Studenten sahen dieses Vorgehen als gezielten Versuch der CDU/CSU-Regierung an, ein unbequemes kritisches Nachrichtenmagazin mundtot zu machen, und protestierten vehement gegen die „Manipulation der Meinungsfreiheit". Als 1966 das Bundesverfassungsgericht kein verfassungswidriges staatliches Vorgehen gegen den Spiegel erkennen konnte, flammten die Proteste erneut auf.
- Drei so genannte **Auschwitz-Prozesse** (zwischen 1963 und 1966) gegen Lageraufseher und Angehörige der Lagerverwaltung, die die Gräuel und Verbrechen des Nazi-Regimes dokumentierten, spalteten die Bevölkerung: Die einen verlangten die rückhaltlose Aufklärung und Vergangenheitsbewältigung sowie die Nichtverjährung von Mord nach 20 Jahren, die anderen forderten einen Schlussstrich unter die Vergangenheit. 1969 hob der Bundestag nach erbitterten Debatten die Verjährung für Völkermord, 1979 auch die für Mord auf.
- Die 1964 gegründete rechtsextreme **NPD** wurde zur Sammlungspartei rechtsradikaler Gruppierungen und unzufriedener Protestwähler. Ihr nationalistisches Auftreten, ihre Parteitage und ihre großen Wahlgewinne bei einigen Landtagswahlen – bei Bundestagswahlen verhinderte die 5-Prozent-Klausel den Einzug ins Parlament – erzeugten turbulente und oft gewalttätige Gegendemonstrationen. Erinnerungen an die „braunen Horden" der SA wurden wach und mündeten im In- und Ausland in die viel gestellte Frage: **„Ist Bonn Weimar?"**

Das Ende der Ära Adenauer

Adenauers autoritärer Führungsstil sowie innenpolitische Konflikte und Affären ließen trotz aller Erfolge die Opposition in den eigenen Reihen wachsen. 1961 wurde der 85-Jährige nur noch unter der Bedingung Kanzlerkandidat der CDU/CSU, in der Mitte seiner Amtszeit zurückzutreten. Sein **Rücktritt** erfolgte am 15. 10. **1963**. Für viele war er ein mitunter unbequemer, aber kompetenter und verlässlicher Politiker in schwerer Zeit gewesen. Er hatte in enger Übereinstimmung mit dem amerikanischen Präsidenten Eisenhower die Bundesrepublik in den Westen integriert, zusammen mit dem französischen Staatspräsidenten de Gaulle das deutsch-französische Verhältnis auf eine freundschaftliche Grundlage gestellt und damit eine wesentliche Voraussetzung für das Zusammenwachsen Westeuropas geschaffen. Der Erfolg seiner Politik und das große Ansehen, das er sich im In- und Ausland erworben hatte, machten ihn zum prägenden Politiker der Anfangsphase der Bundesrepublik. Der Historiker Guido Knopp über Adenauer (2004): „Der Mann aus Rhöndorf – er muss vielen Deutschen als Glücksfall vorgekommen sein: Nach Krieg und Diktatur verkörperte er trotz seines Alters Zukunftsoptimismus, gab er Halt und Perspektive. … Er steht für den Beginn der bislang besten und glücklichsten Phase der deutschen Geschichte.“[1]

Das Ende der Ära Adenauer
1961 wurde der wegen seines autoritären Führungsstils auch in der eigenen Partei umstrittene 85-jährige Adenauer nur deshalb Kanzler, weil er der CDU/CSU zugesagt hatte, in der Mitte seiner Amtszeit (1963) zurückzutreten.

Er war der Politiker, der die entscheidenden Weichen stellte (Westintegration, Aussöhnung mit Frankreich) und sich im In- und Ausland großes Ansehen erwarb.

Die Regierung Erhard (1963 – 1966)

Sein Nachfolger Ludwig **Erhard** (CDU), der populäre „Vater des Wirtschaftswunders“, wollte als „Volkskanzler“ über Parteigrenzen hinweg regieren. Er warb um „Vertrauen zwischen Volk, Parlament und Regierung“ und appellierte an Interessengruppen, ihre Egoismen zu überwinden und an die Bürger, bezüglich ihrer Forderungen und Ansprüche Maß zu halten. Mitte der Sechzigerjahre beendete eine **erste Wirtschaftsrezession** das Wirtschaftswunder. In dieser Situation ließ Erhard Führungskraft vermissen. Der stete Ausbau des Sozialstaates sowie wahlbedingte Steuergeschenke bewirkten ein **wachsendes Defizit des Bundeshaushalts**. 1966 distanzierte sich die CDU von ihrem Kanzler, die FDP verließ die Regierungskoalition. Damit war die Regierung Erhard gescheitert, der Kanzler trat am 30. 11. 1966 zurück.

Bundeskanzler Erhard
(CDU, 1963 – 1966) betrieb eine „Politik der Mitte und Verständigung“. Er appellierte an Bürger und Interessengruppen Maß zu halten. Mitte der 60er-Jahre beendete eine erste Wirtschaftsrezession das „Wirtschaftswunder“. Erhard ließ Führungskraft vermissen, die CDU/CSU-FDP-Koalition zerfiel und der „Vater des Wirtschaftswunders“ musste zurücktreten.

Die Große Koalition (1966 – 1969)

Angesichts der schwierigen Wirtschaftslage bildete sich als „Bündnis auf Zeit" die **Große Koalition** aus CDU/ CSU und SPD, geführt von Bundeskanzler Kiesinger (CDU). Die Opposition bestand aus 47 Abgeordneten, was von vielen als undemokratisch kritisiert wurde.

Die Spitzenpolitiker von CDU/CSU und SPD einigten sich angesichts der schwierigen wirtschaftlichen Situation auf die **Große Koalition**, die ein „Bündnis auf Zeit", eine „Vernunftheirat" war. Kanzler wurde am 1. 12. 1966 Kurt Georg **Kiesinger** (CDU), Außenminister Willy Brandt (SPD), Wirtschaftsminister Karl Schiller (SPD) und Finanzminister Franz Josef Strauß (CSU), die Reizfigur der Linken und Liberalen. Die Regierungskoalition verfügte über 447 Abgeordnete, die extrem schwache Opposition über lediglich 47. Dieses Regierungsbündnis wurde von vielen heftig als undemokratisch kritisiert.
Die Große Koalition sah sich mit zwei großen Problemen konfrontiert: Der angeschlagene Staatshaushalt musste saniert, die Staatsschulden eingedämmt und die Rezession wirksam bekämpft werden. Außerdem mussten die heftig umstrittenen Notstandsgesetze (→ S. 152) mit 2/3-Mehrheit verabschiedet werden.

Die Große Koalition bekämpfte die Rezession zielstrebig mit folgenden Maßnahmen:
- Die „konzertierte Aktion" (Bund, Länder, Tarifpartner, Wissenschaftler) koordinierte den Kampf gegen die Rezession.
- Das Stabilitätsgesetz verpflichtete die Bundesregierung zur Einhaltung des „magischen Vierecks": Wirtschaftswachstum, Preisstabilität, Vollbeschäftigung und außenwirtschaftliches Gleichgewicht.
- zielgerichtete Investitionen durch eine antizyklische Wirtschaftspolitik

Die Große Koalition bekämpfte die wirtschaftliche Krise zielgerichtet. Zu ihren wesentlichen Maßnahmen gehörten:

- Die von Wirtschaftsminister Karl Schiller (SPD) initiierte **„Konzertierte Aktion"** (enge Zusammenarbeit von Bund, Ländern, Tarifparteien und Wissenschaftlern) beriet und koordinierte das wirtschafts- und sozialpolitische Vorgehen.
- Das **Stabilitätsgesetz** (1967) verpflichtete die Bundesregierung zur Einhaltung der vier grundlegenden Ziele Wirtschaftswachstum, Preisstabilität, Vollbeschäftigung und außenwirtschaftliches Gleichgewicht („magisches Viereck"). Das gestörte gesamtwirtschaftliche Gleichgewicht sollte mit Hilfe der staatlichen Globalsteuerung erreicht werden, für die ein umfassendes konjunkturpolitisches Instrumentarium eingeführt wurde.
- Die **antizyklische Wirtschaftspolitik** förderte die Konjunktur durch staatliche Investitionen in das Verkehrs-, Post-, Bildungs- und Forschungswesen.

Diese Maßnahmen stoppten die Rezession und lösten 1967 einen Wirtschaftsaufschwung aus.

Diese Maßnahmen trugen wesentlich zur Verbesserung der wirtschaftlichen Lage bei. 1967 setzte ein Aufschwung ein, 1969 herrschte wieder Vollbeschäftigung, das Bruttosozialprodukt stieg um ca. 8 % an und die Zahl der Gastarbeiter erreichte mit 1,5 Mio. eine neue Rekordhöhe.

Studentischer Protest und Außerparlamentarische Opposition

In der zweiten Hälfte der 60er-Jahre entstand in der westlichen Welt eine Protestbewegung, die sich gegen die bestehenden gesellschaftlichen und politischen Verhältnisse wandte. Vorbild waren die massiven Proteste amerikanischer Studenten gegen soziale, ethnische und politische Missstände. Sie lehnten die traditionellen Werte und Lebensgewohnheiten der älteren Generation ab, rebellierten gegen die Industriegesellschaft, die den Einzelnen durch Konsumanreize und Konsumzwang versklave, und suchten nach neuen Lebensformen.
In der Bundesrepublik richtete sich die Kritik seit der Großen Koalition zunehmend gegen das gesamte System, gegen das „Establishment". Sie formierte sich in der „**Außerparlamentarischen Opposition**" (APO), die überwiegend aus Studenten bestand. Die APO hatte folgende **Charakteristika**:

- Sie setzte sich aus zahlreichen unterschiedlichen kleineren ideologischen Gruppen zusammen. Allen gemeinsam war ein militanter Antiamerikanismus und Antikapitalismus.
- Sie bekämpfte vehement Rechtsdiktaturen, den amerikanischen „Imperialismus" allgemein und besonders die Kriegsführung der USA im Vietnamkrieg.
- Die „neuen Linken" propagierten den Marxismus-Leninismus, befürworteten einen „basisdemokratischen Rätekommunismus" bzw. einen „Sozialismus mit menschlichem Antlitz" und verherrlichten kritiklos sozialistische Politiker, Ideologen und Freiheitskämpfer (Rosa Luxemburg, Karl Liebknecht, Leo Trotzki, Mao Zedong, Ho-Chi-Min, Che Guevara, Fidel Castro → S. 123) sowie „kritische" Theoretiker (Adorno, Horkheimer, Marcuse).

Die Außerparlamentarische Opposition (APO)
In der 2. Hälfte der 60er-Jahre entstand in der westlichen Welt, ausgehend von den USA, eine Protestbewegung. Sie wandte sich gegen die gesellschaftspolitischen Verhältnisse, gegen das „Establishment".

Die APO, die vorwiegend aus Studenten bestand, hatte folgende Charakteristika:
- Zusammensetzung aus zahlreichen kleinen ideologisch unterschiedlichen Gruppen
- Sie bekämpfte Rechtsdiktaturen, den US-Imperialismus und die amerikanische Kriegsführung im Vietnamkrieg.
- Die APO propagierte den Marxismus-Leninismus, wollte einen „Sozialismus mit menschlichem Antlitz" und verherrlichte kritiklos sozialistische Politiker und „Freiheitskämpfer".

Studentischer Protest gegen „verkrustete" Universitätsstrukturen

Die **Ziele** der APO waren:
- Ablehnung von Autorität und Zwang
- Bekämpfung des „Parteienfilzes"
- radikale Veränderung der „verrotteten" Gesellschaft
- Schaffung einer freien, klassenlosen Gesellschaft
- Befreiung von Bevormundung, Unterdrückung und der repressiven „Konsumgesellschaft"
- Gleichberechtigung der Frau
- Veränderung der „verkrusteten" Verhältnisse an den Hochschulen
- Bekämpfung des „Konsumterrors" und des medialen „Meinungsmonopols" des Springer-Konzerns

Ziele:

- Ablehnung jeglicher Art von Autorität und Zwang
- Offenlegung und Bekämpfung des „Parteienfilzes"
- radikale Veränderung der „verrotteten" Gesellschaft ihrer Väter (Generationenkonflikt) und Schaffung einer freien, klassenlosen Gesellschaft nach marxistischem Vorbild mit gewählten Räten
- Befreiung der „Massen" von Tabus, von Bevormundung, Unterdrückung und Ausbeutung der „repressiven" Konsumgesellschaft (= „Establishment")
- Gleichberechtigung und Selbstbestimmungsrecht der Frau
- Aufbrechen der „verkrusteten" politischen und bürokratischen Verhältnisse vor allem an den Hochschulen sowie Demokratisierung der Universitäten und studentisches Mitsprache- und Entscheidungsrecht
- Bekämpfung des „Konsumterrors" und des „Meinungsmonopols" des Springer-Konzerns, der u. a. die auflagenstärkste Zeitung der Bundesrepublik, die Bild-Zeitung, veröffentlichte.

Der harte Kern der APO war der Sozialistische Deutsche Studentenbund (SDS) unter der Führung von Rudi Dutschke.
Nach der Erschießung des Studenten Benno Ohnesorg durch einen Polizisten (Juni 1967) kam es in Großstädten zu Straßenkämpfen zwischen militanten Linken und den Ordnungskräften. Das Attentat eines NPD-Mitglieds auf Dutschke (April 1968) löste erneut Krawalle, Ausschreitungen und Straßenschlachten aus.

Den kleinen, aber sehr aggressiven Kern der APO bildete der **Sozialistische Deutsche Studentenbund** (SDS) mit seinem Wortführer Rudi **Dutschke**. Daneben entstand bald eine kleine, radikale und militante Gruppe, die die Zerstörung der freiheitlich-demokratischen Grundordnung mit Gewalt und Terror anstrebte.

Am 2. Juni 1967 wurde im Rahmen einer Demonstration gegen den Besuch des Schahs von Persien der Student Benno Ohnesorg in Berlin von einem Polizisten erschossen. Daraufhin häuften sich bewaffnete Auseinandersetzungen zwischen staatlichen Ordnungskräften und militanten Linken. Anfang April 1968 setzten Andreas Baader, Gudrun Ensslin und andere radikale APO-Anhänger ein Frankfurter Kaufhaus in Brand, um gegen den „Völkermord" in Vietnam zu protestieren. Andere Radikale riefen mit Flugblättern zu Brand- und Sprengstoffanschlägen auf. Als Mitte April 1968 ein 23-jähriger Hilfsarbeiter, der Mitglied der NPD war, einen Mordanschlag auf Dutschke verübte und ihn schwer verletzte, kam es in zahlreichen Großstädten zu Protestkundgebungen, Krawallen und Ausschreitungen, die teilweise in regelrechte Straßenschlachten ausarteten („**Osterunruhen**"). Hierbei wurden über 400 Menschen verletzt und zwei getötet.

Ende Mai 1968 beschloss der Bundestag mit der erforderlichen Zweidrittelmehrheit die heftig umstrittene **Notstandsverfassung** bzw. die **Notstandsgesetze**. Sie sollen die Handlungsfähigkeit der Regierung für den Fall des inneren Notstands sichern (Naturkatastrophen, Unruhen, Verteidigungsfall) und erlauben die Einschränkung der Grundrechte. Die Gegner sahen darin einen unerträglichen Machtzuwachs des Staates. Die Gewerkschaften verbündeten sich mit der APO und die Protestbewegung entwickelte sich zu einem Massenphänomen. Die APO verlagerte ihre Proteste von den Hochschulen auf die Straße, provozierte durch Massendemonstrationen, „Sit-ins", Verkehrsblockaden und Brachialgewalt die oft rigoros vorgehenden Ordnungskräfte, mit denen sie sich in Großstädten regelrechte Straßenkämpfe lieferte. Die Aufrufe der APO zu Friedensmärschen und grundlegenden Reformen wurden in dieser Phase auch von zahlreichen Intellektuellen, Geistlichen, Gewerkschaftsführern und Pazifisten mit unterzeichnet.

Die **Notstandsgesetze** der Großen Koalition (Mai 1968) verschärften die Spannungen. Gewerkschaften und APO verbündeten sich, die Protestbewegung wurde zum Massenphänomen.
Die APO, unterstützt von vielen Intellektuellen, reagierte mit Massendemonstrationen, Sitzstreiks („sit-ins"), Verkehrsblockaden und lieferte sich Straßenkämpfe mit der Polizei.

Der Terrorismus

Gegen **Ende der Sechzigerjahre** setzte der **Zerfall der APO** ein. Ein Teil ihrer Anhänger identifizierte sich mit der neuen Politik der SPD und dem „Hoffnungsträger" Willy Brandt. Der überwiegende Teil der „68er", wie die studentische Protestbewegung bald verallgemeinernd genannt wurde, sah jetzt die Chance, das System von innen her zu verändern, und propagierte den **„Marsch durch die Institutionen"**. Der **radikale Flügel** organisierte sich als terroristische **„Rote-Armee-Fraktion"** (RAF) und ging in den Untergrund. Sie verübten, unterstützt von zahlreichen Sympathisanten, Anschläge auf diplomatische Einrichtungen, Kaufhäuser, US-Militäreinrichtungen, entführten und ermordeten Repräsentanten der Wirtschaft und des Staates (z.B. Generalbundesanwalt S. Buback, den Vorstandsvorsitzenden der Dresdner Bank J. Ponto). Nach 1972 versuchte die zweite Generation der Terroristen die gefangenen Mitglieder durch Entführungen und Überfälle freizupressen. Im so genannten **Deutschen Herbst** (September/Oktober 1977) erreichte der Terrorismus seinen Höhepunkt. Am 5. September wurde der Arbeitgeberpräsident Hanns Martin Schleyer entführt, seine vier Begleiter erschossen.

Gegen Ende der 60er-Jahre zerfiel die APO. Der größere Teil propagierte die Veränderung von Staat und Gesellschaft von innen („Marsch durch die Institutionen"), der kleine radikale Flügel organisierte sich als Terrorgruppe „Rote-Armee-Fraktion" (RAF). Sie verübte Anschläge, entführte und ermordete Repräsentanten der Wirtschaft und des Staates.

Am 13. Oktober entführten sympathisierende palästinensische Terroristen ein Lufthansa-Flugzeug (nach Somalia) und forderten die Freilassung der inhaftierten RAF-Mitglieder. Nach der Befreiung der Geiseln durch eine bundesrepublikanische Spezialeinheit (GSG 9) ermordeten die Terroristen Schleyer am 18. Oktober. Am selben Tage begingen die inhaftierten Anführer Andreas Baader, Gudrun Ensslin und Jan Carl Raspe (wie bereits ein Jahr zuvor Ulrike Meinhof) Selbstmord. Danach nahm die terroristische Gefahr für den Staat deutlich ab.

Zwischen 1985 und 1991 verübte die dritte Generation der RAF weitere Terroranschläge und Morde. Ihnen fielen Ernst Zimmermann (Chef des Rüstungskonzerns MTU), Karl Heinz Beckurts (Siemens-Manager), Gerold von Braunmühl (Diplomat), Alfred Herrhausen (Chef der Deutschen Bank) und Karsten Detlev Rohwedder (Chef der Treuhand) zum Opfer. Am 20. April 1998 erklärte die RAF ihre Auflösung und die Beendigung ihres „Projekts". Die insgesamt 34 Ermordeten erwähnte sie nicht.

Mit dem Selbstmord der inhaftierten RAF-Anführer im Oktober 1977 nahm die Gefährlichkeit der RAF für den Staat ab.
Die dritte Generation der RAF verübte zwischen 1985 und 1991 weitere Terroranschläge und Morde. 1998 löste die RAF sich auf.

Die gesellschaftlichen Auswirkungen der 68er-Bewegung

Die 68er-Bewegung bewirkte tief greifende **gesellschaftliche und politische Veränderungen**:
- Entstehung neuer Lebensformen (Wohngemeinschaften, freie Ehe)
- Aufbrechung alter Tabus (Homosexualität, Sexualität vor der Ehe, Abtreibung) durch die „sexuelle Revolution"
- anti-autoritäre Erziehung der Kinder
- Selbstbestimmung, Selbstverwirklichung und individuelle Freiheit beeinflussen den Lebensstil der nachfolgenden Generationen
- Emanzipation der Frau
- Die Politisierung der BRD veränderte Einstellungen und Werte.

Obwohl sich an der 68er-Bewegung nur ein kleiner Teil der studentischen Jugend aktiv beteiligte, hatte sie große **gesellschaftliche Auswirkungen**:

- **Neue Lebensformen** entstanden (Wohngemeinschaften, freie Ehe).
- Die **„sexuelle Revolution"** forderte und förderte die „freie Liebe", eine nicht-repressive Sexualmoral und das Aufbrechen althergebrachter Tabus (Homosexualität, Sexualität vor der Ehe, Abtreibung).
- Die **anti-autoritäre Erziehung** der Kinder mit dem Ziel der repressionsfreien Persönlichkeitsentwicklung ersetzte in den jungen Familien die traditionelle, hierarchisch geprägte Erziehung und wurde in selbst verwalteten Kindergärten und freien Schulen verwirklicht.
- **Selbstbestimmung**, **Selbstverwirklichung**, Freiheit des Einzelnen und individuelle Lebensgestaltung beeinflussten und prägten den Lebensstil der nachfolgenden Generationen.
- Die tradierte Geschlechterbeziehung und damit die bisherige Form der Ehe wurden abgelehnt, da sie auf der finanziellen Abhängigkeit der Frauen beruhten. Die umfassende **Emanzipation der Frau** wurde nicht nur vehement gefordert, sondern von vielen weiblichen Leitfiguren auch öffentlich vorgelebt.
- Die **Politisierung der Bundesrepublik** führte (zunächst in den Großstädten) zur tief greifenden Veränderung von Einstellungen und Werten.

Die sozial-liberalen Regierungen Brandt und Schmidt (1969 – 1982)

Im Herbst 1969 bildeten SPD und FDP eine sozial-liberale Regierung. Bundeskanzler wurde Willy Brandt (SPD), Außenminister Walter Scheel (FDP).

Die wesentlichen **Ziele Brandts**:
- Beitrag zur Entspannung des deutsch-deutschen Verhältnisses durch Vertragspolitik
- Demokratisierung, Modernisierung und stärkere Beteiligung des Volkes am politischen Leben

Nach der Bundestagswahl von 1969 bildeten die SPD und die FDP eine Regierungskoalition. Kanzler wurde Willy **Brandt** (SPD), Außenminister Walter Scheel (FDP). Brandt hatte den Nationalsozialismus aus dem Exil (Norwegen) bekämpft und galt vielen als Repräsentant des neuen Deutschland. Sein Regierungsprogramm und die Parolen der sozial-liberalen Koalition („Wir schneiden die alten Zöpfe ab", „Wir schaffen das neue Deutschland") lösten eine allgemeine Aufbruchstimmung aus.

Ende Oktober 1969 verkündete Brandt in seinem Regierungsprogramm folgende **Schwerpunkte und Ziele**:

- Vertragspolitik mit der UdSSR, den östlichen Nachbarn und der DDR, um auf diese Weise zur Entspannung in Europa beizutragen und das deutsch-deutsche Verhältnis zu normalisieren.
- Die innenpolitischen Ziele Demokratisierung, Modernisierung und stärkere Beteiligung des Volkes am politischen Leben fasste Brandt unter der Devise „Wir wollen mehr Demokratie wagen" zusammen.

Die Regierung Brandt betrieb eine **ausgeprägte Reformpolitik**:
Das **Betriebsverfassungsgesetz** erweiterte die Rechte der Arbeitnehmer, das **Mitbestimmungsgesetz** legte für große Betriebe die Parität zwischen Arbeitgebern und Arbeitnehmern im Aufsichtsrat fest, die **vermögenswirksamen Leistungen** für Arbeitnehmer wurden verdoppelt, das **Rentenreformgesetz** verbesserte die Lebensverhältnisse vieler alter Menschen, vor allem älterer Frauen, die Leistungen der **Krankenversicherung** und das **Kindergeld** wurden erhöht, die **Volljährigkeit** und **Ehemündigkeit** auf 18 Jahre herabgesetzt. Die **Bildungsreform** schuf bessere Bedingungen für Lehrende und Lernende und erhöhte die Chancengleichheit im Bildungswesen z. B. durch das Bundesausbildungsförderungsgesetz (BAföG), das Schülern und Studenten aus einkommensschwächeren Schichten durch einen monatlichen Zuschuss den Besuch einer weiterführenden Schule bzw. das Studium ermöglichte. Das **Ehe- und Familienrecht** förderte die Gleichberechtigung von Mann und Frau und verbesserte die Lage geschiedener bzw. allein erziehender Frauen. Das heftig umstrittene **Abtreibungsrecht** erlaubte eine straffreie Abtreibung unter bestimmten, weit gefassten Voraussetzungen.

Die **Reformpolitik Brandts**:
- Betriebsverfassungs- und Mitbestimmungsgesetz erweiterten die Rechte der Arbeitnehmer
- Rentenreform, Erhöhung der Krankenversicherungsleistungen und des Kindergelds
- Volljährigkeit und Heiratsfähigkeit (mit 18 Jahren)
- Bildungsreform
- Verbesserung des Ehe- und Familienrechts

Probleme und Krisen bewirken den Rücktritt Brandts

Brandt musste bereits nach kurzer Zeit **mit wachsenden Problemen kämpfen**. Die Reformen waren sehr kostenintensiv, der Reformeifer ließ nach, der „Radikalenerlass“ (Überprüfung der Bewerber für den öffentlichen Dienst durch den Verfassungsschutz) stieß auf erheblichen Widerstand, im Kabinett und unter den Koalitionspartnern nahmen die Kritik an Brandts „zu demokratischem“ Führungsstil und die Meinungsverschiedenheiten über seine Haushalts- und Finanzpolitik zu. Die Reformpolitik verdoppelte in nur 5 Jahren (1970–1975) die Sozialausgaben (auf 334 Mrd. DM = ein Drittel des gesamten Bruttosozialprodukts). Die Drosselung der Erdölförderung durch arabische Staaten aus politischen Gründen (1973) und die als „zu nachgiebig“ heftig umstrittene Ost- und Deutschlandpolitik Brandts bewirkten eine allgemeine Ernüchterung. 1972 hatte Brandt ein konstruktives Misstrauen mit nur 249 zu 247 Stimmen gerade eben überstanden. Im April 1974 wurde Brandts persönlicher Referent im Bundeskanzleramt, Günter Guillaume, als DDR-Agent enttarnt. Die **Guillaume-Affäre** bewirkte den **Rücktritt** Brandts (6. 5. 1974). **Nachfolger** des „Visionärs“ Brandt wurde am 16. Mai der „Macher“ und „Pragmatiker“ Helmut **Schmidt** (SPD) (➔ S. 158), dessen Motti lauteten: „Reformen sind nur machbar, wenn man sie finanzieren kann“ und „Wer Visionen hat, sollte zum Arzt gehen.“ Außenminister wurde Hans-Dietrich Genscher (FDP).

Probleme und Krisen bewirkten den **Rücktritt Brandts**:
- Die Reformen waren sehr teuer.
- Der „Radikalenerlass“, Brandts demokratischer Regierungsstil und seine Ost- und Deutschlandpolitik wurden zunehmend kritisiert.
- radikale Drosselung der Erdölförderung der arabischen Staaten aus politischen Gründen („Ölschock“)
- die Guillaume-Affäre

Am 6. 5. 1974 trat Brandt zurück. Nachfolger wurde der „Macher“ und „Pragmatiker“ Helmut Schmidt (SPD), Außenminister Hans-Dietrich Genscher (FDP).

Die Regierung Schmidt

Die Regierung Schmidt (1974–1982) setzte die Außen- und Deutschlandpolitik Brandts fort. 1979 initiierte Schmidt den **NATO-Doppelbeschluss**:
1. Aufstellung atomarer (gegen die UdSSR gerichteter) Mittelstreckenraketen in Westeuropa
2. Angebot der Rüstungskontrolle an den Warschauer Pakt

Der NATO-Doppelbeschluss war zwar im Parlament und in der Öffentlichkeit sehr umstritten, zwang aber die UdSSR an den Verhandlungstisch.

Auch die **Innenpolitik** Brandts führte Schmidt fort.

Seine **Wirtschaftspolitik** wurde von den Auswirkungen der ersten Ölkrise (1973/74) bestimmt und hatte folgende Ziele:
- Bewältigung der Arbeitslosigkeit
- Förderung des Wirtschaftswachstums
- Geldwertstabilität
- Sanierung des Rentensystems
- Kostendämpfung des Gesundheitswesens

Dabei und bei der Bekämpfung des Terrorismus erwarb sich Schmidt als „Macher" und „Pragmatiker" großes Ansehen.

Die 2. **Ölkrise** (1979/80) stürzte die BRD (und die westliche Welt) in eine tiefe Wirtschaftskrise. Sie war geprägt von Inflation, hohen Lohnsteigerungen, Rückgang der Volkswirtschaft, wachsender Arbeitslosigkeit.

Sie wurde durch die Bundestagswahlen von 1976 und 1980 bestätigt und setzte die **Außen- und Deutschlandpolitik Brandts** fort (z. B. KSZE-Konferenz, engagierte Teilnahme an europäischen oder globalen Wirtschaftskonferenzen, Beiträge zur Lösung des Nord-Süd-Konflikts, Treffen mit Honecker am Werbellin-See 1981, etc.). Angesichts der sowjetischen Politik der Hochrüstung initiierte Schmidt 1979 als Reaktion auf die sowjetischen atomaren Mittelstreckenraketen den NATO-Doppelbeschluss. Er besagte: 1. Nachrüstung und Aufstellung atomarer (amerikanischer) Mittelstreckenraketen in Westeuropa, wenn die UdSSR ihre atomaren Mittelstreckenraketen nicht abrüstet; 2. Angebot der gegenseitigen Rüstungskontrolle an den Warschauer Pakt. Der **NATO-Doppelbeschluss** löste im Parlament und in der Öffentlichkeit heftige Auseinandersetzungen aus, brachte jedoch die UdSSR an den Verhandlungstisch. Aufgrund der Angst vor einem Atomkrieg und der Verunsicherung weiter Teile der Bevölkerung erhielt die Friedensbewegung großen Zulauf und die Kritik an den hohen Rüstungsausgaben nahm zu.

Die **Innenpolitik** der Regierung Schmidt stand unter den Leitworten „Kontinuität" und „Konzentration". Schmidt wollte die sozial-liberale Reformpolitik fortsetzen, sich dabei aber „in Realismus und Nüchternheit auf das Wesentliche, auf das, was jetzt notwendig ist", konzentrieren. Die **Wirtschaftspolitik** wurde bestimmt von den Auswirkungen der ersten Ölkrise 1973/74 und hatte folgende Ziele: Bewältigung der Arbeitslosigkeit, Förderung des Wirtschaftswachstums, Erhaltung der Geldwertstabilität, Sanierung des Rentensystems und Kostendämpfung des Gesundheitswesens. Diese Ziele versuchte Schmidt mit zahlreichen Programmen und Initiativen zu erreichen. Dabei erwarb er sich als Wirtschafts- und Finanzpolitiker **im In- und Ausland großes Ansehen**. Auch die von Brandt begonnene Reformpolitik setzte Schmidt fort.

Die größte innenpolitische Herausforderung war die Bedrohung des Staates durch den Terrorismus der RAF, den Schmidt im Rahmen rechtsstaatlicher Normen entschlossen und unnachgiebig bekämpfte.

Die **zweite Ölkrise** von **1979/80** bescherte der Bundesrepublik wie der gesamten westlichen Welt **weit reichende Folgen**: explodierende Ölpreise, beschleunigte Inflation, hohe Lohnsteigerungen, Rückgang der Produktion, sinkendes Wachstum der Volkswirtschaft und, verstärkt durch das Aufkommen neuer Technologien (Mikroelektronik, Mikroprozessoren, Computer, Industrieroboter) steigende **Arbeitslosigkeit**, die zu einem **Dauerproblem** wurde. Weitere Probleme kamen hinzu: Umweltverschmutzung, ein steigender Ausländeranteil, aufflammender Rechtsextremismus und **Ausländerfeindlichkeit**.

Diese Entwicklung bewirkte auch eine **Veränderung der Parteienlandschaft**: „Die Grünen", die engagiert für die Umwelt, für Minderheiten, gegen Atomkraft und für Abrüstung und Frieden kämpften, entstanden 1980 und zogen drei Jahre später bereits in den Bundestag ein. In der 1983 gegründeten Partei „Die Republikaner" sammelten sich nationalistische, rechtsextremistische und ausländerfeindliche Protestwähler. Den Einzug ins Parlament schaffte diese Partei nicht.

Hinzu kamen ein steigender Ausländeranteil und Rechtsextremismus.

Die Veränderung der Parteienlandschaft: 1980 entstand die Partei „Die Grünen", die sich für Umwelt, Minderheiten, Abrüstung und Frieden engagierte. Die Partei wurde schnell zu einem festen Bestandteil des Bundestags.

Trotz der wirtschaftlichen Probleme war der Wohlstand in der Bundesrepublik im Vergleich mit den Staaten im Osten und Südosten Europas immer noch hoch bzw. sehr hoch. Dieses Wohlstandsgefälle führte zu einem permanenten **Zuzug ganz unterschiedlicher Gruppen**. Nach den Gastarbeitern der Sechzigerjahre kamen in den Siebziger- und Achtzigerjahren nun vor allem deutschstämmige **Aussiedler** aus der UdSSR und anderen osteuropäischen Staaten sowie **Übersiedler** aus der DDR (Rentner, ausgewiesene Dissidenten, freigekaufte politische Gefangene, Sportler oder Künstler, die nicht mehr in die DDR zurückkehrten). Auch **Asylbewerber** aus vielen Gebieten der Welt ließen sich in der Bundesrepublik nieder. Die gesellschaftliche Integration der ausländischen Bevölkerungsteile war aufgrund mangelnder Sprachkenntnisse sowie unterschiedlicher kultureller und religiöser Wertevorstellungen problematisch und gelang nur teilweise. Vor allem in den Großstädten entstand und wuchs eine ausgeprägte **Ausländerfeindlichkeit**, die ein **Wiederaufleben rechtsradikaler oder rechtslastiger Parteien und Organisationen** (NPD, Deutsche Volksunion, Die Republikaner; Skinheads, Neonazis) zur Folge hatte.

Mit dem Zustrom von Gastarbeitern, Übersiedlern (DDR), Aussiedlern (UdSSR) und Asylbewerbern in den 70er- und 80er-Jahren entflammte die Ausländerfeindlichkeit erneut. Die „Republikaner" wurden zur Partei der nationalistischen, ausländerfeindlichen Protestwähler. In den Bundestag schafften sie es nicht. Andere rechtsradikale Parteien (NPD, DVU) und rechtsextremistische Organisationen (Skinheads, Neonazis) entstanden.

Die Bundesrepublik musste gegen Ende der Siebzigerjahre erkennen, dass die Grenzen des Wachstums erreicht und ihre innere Stabilität gefährdet war. Bundeskanzler Schmidt reagierte auf diese Entwicklung, verglichen mit anderen Industrieländern, durchaus erfolgreich; dennoch wuchs die Staatsverschuldung stark an, da die Bekämpfung der Arbeitslosigkeit und die Konjunkturförderungsprogramme viele Milliarden kosteten. Die wirtschafts- und sozialpolitischen Differenzen innerhalb der Regierungskoalition wurden immer stärker. Hauptstreitpunkte waren die wachsende Staatsverschuldung und die Sozialpolitik. Als die Gegensätze unüberbrückbar wurden, kündigte die FDP 1982, mitten in der Legislaturperiode, die Koalition auf. Zusammen mit der CDU/CSU bewirkte sie durch ein **konstruktives Misstrauensvotum** (→ S. 78) den **Sturz** Helmut **Schmidts** (1.10.1982). Dessen Nachfolger wurde Helmut **Kohl** (CDU), Außenminister Hans-Dietrich Genscher (FDP).

Der Sturz Schmidts: Schmidt bekämpfte die wirtschaftlichen, politischen und gesellschaftlichen Herausforderungen energisch und zielgerichtet. Trotzdem wuchs die Staatsverschuldung weiter und die FDP kündigte die Koalition auf. Zusammen mit CDU/ CSU stürzte sie im Oktober 1982 Schmidt durch ein Misstrauensvotum.

Nachfolger Schmidts wurde Helmut Kohl (CDU).

PORTRÄT

HELMUT SCHMIDT
(23.12.1918 - 10.11.2015)

- Beruf: Volkswirt
- 1961 – 1965 Hamburger Innensenator
- 1969 – 1974 Verteidigungs- bzw. Finanzminister
- 1967 – 1969 SPD-Fraktionsvorsitzender
- 1974 – 1982 Bundeskanzler

HELMUT KOHL
(3.4.1930 - 16.6.2017)

- Studium der Geschichte, Rechts- und Staatswissenschaften
- 1969 – 1973 Ministerpräsident (CDU) von Rheinland-Pfalz
- 1976 – 1982 Fraktionsvorsitzender der CDU/CSU im Bundestag
- 1982 – 1998 Bundeskanzler

Die Ära Kohl (1982 – 1998)

Die neue Koalition, die bis 1998 alle Bundestagwahlen gewann, propagierte eine „geistig-moralische Wende", eine „Politik der Erneuerungen". Da die christlich-liberale Koalition die Außen-, Sicherheits- und Deutschlandpolitik der sozial-liberalen Koalition fortsetzte, konnten Veränderungen nur in der Wirtschafts- und der Sozialpolitik erreicht werden. Als Programmpunkte seiner **neoliberalen Wirtschaftspolitik** nannte Kohl die Förderung der Eigeninitiative, mehr Wettbewerb, Steuerentlastung für die Unternehmen, weniger staatliche Eingriffe in die Wirtschaft und Leistungskürzungen im Sozialbereich. Hand in Hand damit ging der Versuch, die Staatsausgaben zu vermindern und die Verschuldung des Bundes zu stoppen.

- **Wirtschafts-, Sozial- und Finanzpolitik**: Die Koalition strebte die Verbesserung der gesamtwirtschaftlichen Situation, den Abbau der Arbeitslosigkeit, die Sicherung des sozialen Netzes, die Konsolidierung der Finanzen und die Senkung der Inflation an. Obwohl sich die Lage der Unternehmer deutlich verbesserte, konnte die Arbeitslosigkeit trotz guter Konjunktur der Weltwirtschaft in den Achtzigerjahren nicht wirksam bekämpft werden. Die Finanzierung der deutschen Einheit erwies sich als weitaus problematischer als zunächst angenommen bzw. aus wahltaktischen Gründen prognostiziert. **Wirtschaftspolitisch** hatte Kohl **nur bedingt Erfolg**: Einerseits wurde die Bundesrepublik in der zweiten Hälfte der Achtzigerjahre zur stärksten Exportnation der Welt. Andererseits gelang es der Regierung nicht, das Hauptproblem, die wachsende Arbeitslosigkeit, die bis 1985 auf 9,5 % anstieg, in den Griff zu bekommen.
- Die Bundesrepublik entwickelte sich in den Achtzigerjahren zu einer **„Zwei-Drittel-Gesellschaft"**, in der der größere Teil gut verdiente und sich mehr als je zuvor leisten konnte, der kleinere jedoch von Arbeitslosigkeit und sozialem Abstieg bedroht oder gar von Arbeitslosen- und Sozialhilfe abhängig war.
- **Umweltpolitik**: Zahlreiche Initiativen (z. B. Ministerium für Umwelt, Naturschutz und Reaktorsicherheit; strenge Emissionsverordnungen für Industriebetriebe, Autos und Heizungen; Gewässerschutz etc.) verbesserten das Umweltbewusstsein und die Umweltsituation deutlich. 1994 wurde der Umweltschutz als Staatsziel im Grundgesetz festgeschrieben.
- **Gesundheitspolitik**: Die Kostenexplosion im Gesundheitswesen bekämpfte die Regierung Kohl mit der Verschärfung des Wettbewerbs unter den Krankenkassen, der Erhöhung der Eigenbeteiligung der Versicherten und der Kostendämpfung in der Pharmaindustrie. Dadurch konnte im Wesentlichen das hohe medizinische Versorgungsniveau erhalten werden.

Die **Regierung Kohl** setzte die Außen-, Sicherheits- und Deutschlandpolitik der sozial-liberalen Koalition fort.

Wirtschaftliche Verbesserungen wollte Kohl mit neoliberaler Wirtschaftspolitik erreichen. Er förderte mehr Eigeninitiative und Wettbewerb, entlastete Unternehmen stärker und kürzte Sozialausgaben.

Trotzdem konnte die Arbeitslosigkeit nicht verringert werden, zumal sich nach 1990 die Finanzierung der deutschen Einheit als sehr belastend erwies.

Wirtschaftlich hatte Kohl nur bedingt Erfolg: Einerseits wuchs die BRD zur stärksten Exportnation der Welt, andererseits konnten grundlegende Probleme, z. B. die Arbeitslosigkeit, nicht gelöst werden.

Die BRD entwickelte sich zu einer **Zwei-Drittel-Gesellschaft**, in der der größere Teil gut lebte und der kleinere von sozialem Abstieg bedroht wurde oder von Arbeitslosen- und Sozialhilfen abhängig war.

Umwelt-, Europa- und Deutschlandpolitik: Umweltpolitische Initiativen verbesserten die Umweltsituation.

Zusammen mit dem französischen Staatspräsidenten François Mitterand wurde Kohl zum Motor der europäischen Entwicklung. Die Verträge der sozialliberalen Koalition wurden eingehalten und im deutsch-deutschen Bereich noch ausgebaut.

Insgesamt fällt die **Bewertung der christlich-liberalen Regierung Kohl** (1982–1998) zweiseitig aus: Einerseits trieben Kohl und Außenminister Genscher die europäische Einigung voran, verstärkten die deutsch-deutschen Kontakte und waren maßgeblich an der Vereinigung Deutschlands beteiligt.

Andererseits „saß" Kohl öfters Entscheidungen „aus", weshalb nur Teilkorrekturen erreicht wurden.

Das Ende der christlich-liberalen Koalition wurde bewirkt durch:
- zu große Versprechen Kohls in den Wahlen des Vereinigungsjahres 1990
- wachsende Arbeitslosigkeit
- ungeheure Folgelasten der Vereinigung

- **Europa- und Deutschlandpolitik**: Zusammen mit François Mitterand wurde Kohl zum Motor der europäischen Entwicklung. Die Regierung Kohl/Genscher war maßgeblich an der Schaffung gesetzlicher Grundlagen (z. B. Einheitliche Europäische Akte, Maastrichter Vertrag → S. 187) beteiligt. Die Verträge mit den osteuropäischen Nachbarn und mit der DDR wurden eingehalten und weiter ausgebaut. Die Verdienste Kohls und Genschers bei der Vereinigung Deutschlands sind unbestritten.

Insgesamt ist die innere **Entwicklung der Bundesrepublik** in der Zeit der christlich-liberalen Koalition **zweigleisig**: Einerseits trieben Kohl und Genscher die europäische Einigung voran und waren maßgeblich an der Vereinigung Deutschlands beteiligt; in anderen politischen Bereichen „saß" Kohl andererseits oft wichtige Entscheidungen „aus", weshalb insgesamt nur Teilkorrekturen erreicht wurden. In der öffentlichen Meinung verkörperte Kohl mit seiner unorthodoxen und personenbezogenen Arbeitsweise zunehmend Stillstand, Reformstau und die Unfähigkeit, die großen Probleme effektiv zu bewältigen.
Diese **Zweigleisigkeit** zeigte sich **auch in der Gesellschaft**: Einerseits lebte die Mehrheit in wachsendem Wohlstand, bejahte das politische System der Bundesrepublik und zeigte großes Interesse für Fragen des Umweltschutzes, der Friedenspolitik und der Problematik der Dritten Welt. Andererseits breitete sich eine zunehmende Politikverdrossenheit aus, die vor allem durch Parteispendenaffären und politische Skandale gespeist wurde.

In den Wahlen des Vereinigungsjahres (letzte Volkskammerwahl, erste Bundestagswahl des vereinigten Deutschlands) hatte Kohl aus wahltaktischen Gründen viel versprochen („Niemandem wird es schlechter gehen, aber vielen besser!"; „blühende Landschaften" würden im Osten Deutschlands entstehen), was sich im Nachhinein nicht realisieren ließ. Die **wachsende Arbeitslosigkeit und die** ungeheuren **Folgelasten der Vereinigung** erhöhten die Zahl der Kritiker und **bewirkten das Ende der christlich-liberalen Koalition**.

Die DDR 1961 – 1989: Stabilisierung, Erstarrung und Niedergang

Stabilisierung im Schutz der Mauer

Das Jahr **1961** wurde zu einer **Zäsur** in der Entwicklung der DDR: Mit dem Mauerbau stoppte die SED-Führung den Flüchtlingsstrom und baute die fast 1400 km lange Grenze zur Bundesrepublik systematisch aus. Noch im August 1961 verordnete das Politbüro der SED in den „Maßnahmen zur Sicherung der Grenzen der DDR" den Schießbefehl. Er legte u. a. fest, dass „jeder, der die Grenze unserer Deutschen Demokratischen Republik verletzt – auch wenn erforderlich durch Anwendung der Waffe zur Ordnung gerufen wird."[2] Mit diesen Maßnahmen zwang der SED-Staat seine Bürger, das Regime zu akzeptieren und sich mit den Verhältnissen zu arrangieren. Als Ausgleich dafür gestand er der Bevölkerung größere Freiräume im privaten Leben zu (Kirchen, Sport-, Freizeitvereine), in die sich viele Bürger zurückzogen. Dadurch entwickelte sich die DDR zu einer **Nischengesellschaft**.

Modernisierung und Wirtschaftswachstum

Nach dem Mauerbau versuchte die DDR-Führung durch eine „wissenschaftlich-technische Revolution" Anschluss an das Weltniveau zu finden. Das „**Neue ökonomische System**" der Planung und Leitung (NÖS) der Volkswirtschaft vom Juni 1963 dezentralisierte die Wirtschaft, die eine flexible, qualitätsorientierte „sozialistische Leistungsgesellschaft" werden sollte, in der Selbstverantwortung und Selbstverwaltung wichtig waren. Deshalb beinhaltete das neue System sogar marktwirtschaftliche Mechanismen. Allerdings wurde die Dezentralisierung bereits nach zweieinhalb Jahren wieder zugunsten einer stärkeren zentralen Planung (= „Ökonomisches System des Sozialismus") abgeschwächt. Das **Bildungsgesetz** (1965) hatte das Ziel, die „allseitig und harmonisch entwickelte sozialistische Persönlichkeit" heranzubilden. Es sollte zusammen mit der **Hochschulreform** (1969) die Voraussetzungen schaffen für einen modernen, leistungsfähigen Industriestaat. Der „**Perspektivplan 1966 – 1970**" legte als wirtschaftliche Schwerpunkte die Petrochemie, die Elektronik, den Städtebau und die enge Zusammenarbeit mit dem RGW fest.
Dieser Weg war ein Jahrzehnt lang durchaus erfolgreich und brachte der DDR **beachtliche Wirtschaftswachstumsraten**. Die Schwerindustrie wuchs kontinuierlich, Industrieproduktion und Lebensstandard stiegen an, Löhne und Renten wurden erhöht, die Fünftagewoche eingeführt (1967), der Mindesturlaub erhöht, der Wohnungsbau gesteigert und Sozialleistungen verbessert (Kindergärten, Baby-Jahr etc.). Auch im internationalen Vergleich schnitt die DDR gut ab und entwickelte sich zur zehntstärksten Industrienation. Zu Beginn der Sieb-

Die **Stabilisierung** ihrer inneren Verhältnisse erreichte die DDR durch den Mauerbau und den Ausbau der Grenze. Sie konnte so den Flüchtlingsstrom stoppen und die Oppositionellen zwingen, sich mit den Verhältnissen zu arrangieren. Als Ausgleich gestand der SED-Staat der Bevölkerung größere Freiräume zu, in die sich viele Bürger zurückzogen. Dadurch entwickelte sich die DDR zur „Nischengesellschaft".

Modernisierung und Wirtschaftswachstum erreichte die DDR durch eine „wissenschaftlich-technische Revolution". Maßnahmen:
- Das „Neue ökonomische System" (1963) dezentralisierte die Wirtschaft und verordnete den VEB Selbstverantwortung und Selbstverwaltung.
- Bildungsgesetz (1965) und Hochschulreform (1969)
- Der „Perspektivplan" (1969 – 1970) bestimmte die wirtschaftlichen Schwerpunkte Elektronik, Städtebau, stärkere Zusammenarbeit mit den anderen Ostblockstaaten.

Diese **Wirtschaftspolitik** war **erfolgreich**: Löhne, Renten und der Mindesturlaub wurden erhöht, die Fünftagewoche eingeführt und Sozialleistungen erhöht. Der Lebensstandard verbesserte sich, wenn auch in bescheidenem Rahmen.

Zu Beginn der 70er-Jahre hatte die DDR den höchsten Lebensstandard im Ostblock und war nach der UdSSR die stärkste Industrienation im RGW.

zigerjahre hatte die DDR den höchsten Lebensstandard des Ostblocks und war im RGW nach der UdSSR die zweitstärkste Wirtschaftsmacht. Dadurch wuchs auch ihre politische Bedeutung innerhalb des Ostblocks. Trotz der guten wirtschaftlichen Entwicklung konnte die DDR die Bundesrepublik jedoch nicht einholen; die **optimistischen Erwartungen erfüllten sich nicht**, der **Abstand zur Bundesrepublik** wurde vielmehr **immer größer**.

Die Siebzigerjahre

Die Entmachtung Ulbrichts:
Trotz der guten wirtschaftlichen Entwicklung wurde der Abstand zur BRD immer größer. Deshalb entmachteten SED-Funktionäre mit Billigung Breschnews (Generalsekretär der KPdSU) im Mai 1971 Ulbricht. Nachfolger wurde Erich Honecker.

In der Folgezeit wuchs das **Selbstbewusstsein der DDR** aus folgenden Gründen:
- höchster Lebensstandard im Ostblock
- freiere Kulturpolitik
- Erfolge des Leistungssports
- internationale politische Akzeptanz (Grundlagenvertrag, UNO, KSZE).

Viele DDR-Bürger identifizierten sich mit ihrem Staat.

Ulbricht hatte die Wirtschaft völlig auf sein ehrgeiziges Ziel, die Bundesrepublik zu überholen, ausgerichtet. Die DDR investierte Milliarden in neue Techniken (Mikroelektronik, Robotertechnik etc.), die für die Hebung des Lebensstandards fehlten. Als der technische Standard des Westens nicht erreicht werden konnte, formierten sich Ulbrichts Kritiker im Politbüro. Im Mai 1971 wurde er mit Billigung Breschnews (Generalsekretär der KPdSU) entmachtet. Ihn löste Erich **Honecker** als **Sekretär der SED** (seit 1976 Generalsekretär) als Staatsratsvorsitzender und Vorsitzender des Nationalen Verteidigungsrates ab. Er betrieb mit Billigung der UdSSR und mit Hilfe Erich Mielkes, des Leiters der Staatssicherheit, systematisch den Ausbau seiner Macht und sicherte sich bis 1989 eine **unumschränkte Machtposition**.
Aufgrund ihrer wirtschaftlichen Erfolge konnte es sich die SED unter Honecker leisten, die Zügel innenpolitisch etwas zu lockern. Gleichzeitig stieg aber die Zahl der Mitarbeiter des MfS und deren „Inoffizielle Mitarbeiter" (IM, Spitzel, Denunzianten) außerordentlich stark an. 1989 arbeiteten ca. 100 000 hauptamtliche Mitarbeiter für die „Stasi" und ca. 200 000 „Inoffizielle Mitarbeiter" (IM) bzw. „Gesellschaftliche Mitarbeiter Sicherheit" (GMS).
Eine **freiere Kulturpolitik und der** mit allen Mitteln geförderte **Leistungssport**, der die DDR zur drittstärksten Sportnation der Welt machte, **ermöglichten** vielen **die Identifizierung mit dem Staat**. Die internationale Akzeptanz (Grundlagenvertrag, Mitgliedschaft in der UNO 1973, Unterzeichnung der KSZE-Schlussakte 1975) erhöhte zusätzlich das **Selbstbewusstsein der DDR**. Diese Entwicklung dokumentierte sich in der Verfassung von 1974. Sie enthielt keinen Hinweis mehr auf eine einheitliche deutsche Nation und die Wiedervereinigung. Die Nationalhymne (von 1949: „Auferstanden aus Ruinen Und der Zukunft zugewandt, Lass' uns dir zum Guten dienen, Deutschland, einig Vaterland.") wurde nicht mehr gesungen.

Stagnation und Systemkrise der Achtzigerjahre

Die erste Ölkrise von 1973/74 beendete die „Goldenen Jahre“ der DDR und verdeutlichte grundsätzliche **Probleme**, die der wachsende Wohlstand überdeckt hatte:

- Da die sowjetischen Erdöllieferungen nun in Dollar zum Weltmarktpreis bezahlt werden mussten, fehlten der DDR bald die für die Modernisierung der Industrie benötigten Devisen.
- Die Staatsverschuldung stieg rapid an (1976: 5 Mrd. DM, 1980: 30 Mrd. DM, 1989: knapp 50 Mrd. DM).
- Der Lebensstandard stagnierte.
- Die DDR hatte 1975 die Helsinki-Schlussakte (KSZE) unterzeichnet, die die Menschenrechte garantierte. Dies weckte die Hoffnungen der Opposition und erste Systemkritiker (Robert Havemann, Rudolf Bahro) entwarfen sozialistische Alternativen zur SED-bestimmten Wirtschaft und Politik.

Die Forderungen nach einem freiheitlichen Sozialismus bewirkten das **Ende der liberalen Kulturpolitik** Mitte der Siebzigerjahre, die **Perfektionierung des Überwachungs- und Bespitzelungsapparates**, die Unterdrückung „abweichlerischer“ Meinungen sowie die **Verfolgung Oppositioneller**. Bekannte kritische Künstler setzte die SED-Führung unter Druck (z. B. die Schriftsteller Reiner Kunze, Stefan Heym und Erich Loest; den Liedermacher Wolf Biermann, den Schauspieler, Sänger und Schriftsteller Manfred Krug), ließ sie ausreisen oder bürgerte sie sogar zwangsweise aus. Lediglich die Kirchen konnten sich ein geringes Maß an Eigenständigkeit erhalten. Die katholische, weil sie sich strikt auf die Seelsorge beschränkte, die evangelische, weil sie sich als „Kirche im Sozialismus“ bezeichnete, was die SED als Anerkennung ihrer Herrschaft wertete.

Die **zweite Ölkrise** von **1979/80** stürzte die DDR in eine **Existenz bedrohende Krise**. Sie erhielt zwar umfangreiche Zahlungen von der Bundesrepublik (z. B. für den Freikauf politischer Gefangener, den Bau der Transitautobahn, Zwangsumtausch bei DDR-Besuchen) und profitierte im innerdeutschen Handel von der indirekten Anbindung an den EG-Markt, da sie für die Bundesrepublik nicht als Ausland galt; dennoch wuchsen ihre Auslandschulden so schnell, dass 1982 die Zahlungsunfähigkeit drohte. Lediglich der **Milliarden-Kredit** (in D-Mark), den der bayerische Ministerpräsident Franz Josef Strauß organisierte, bewahrte die DDR vor dem Staatsbankrott. Im Gegenzug baute die DDR Minenfelder und Selbstschussanlagen an der innerdeutschen Grenze ab, erleichterte den Reiseverkehr und ermöglichte den verstärkten Freikauf politischer Straftäter durch die Bundesrepublik.

Stagnation und Systemkrise der DDR in den 80er-Jahren:

Die 1. Ölkrise von 1973/74 beendete den Höhenflug der DDR-Wirtschaft und verdeutlichte **grundsätzliche Probleme**:
- Der DDR fehlten (westliche) Devisen für die Modernisierung der Industrie
- rasch steigende Staatsverschuldung
- Stagnation des Lebensstandards
- Die durch die KSZE garantierten Menschenrechte ermutigten Oppositionelle und erste Systemkritiker (Havemann, Bahro).

Erste Forderungen nach einem freiheitlichen Sozialismus beendeten die liberale Kulturpolitik und bewirkten die Perfektionierung des Überwachungs- und Bespitzelungsapparats sowie die rigorose Unterdrückung „abweichlerischer“ Meinungen.

Die 2. Ölkrise (1979/80) stürzte die DDR in eine **existenzbedrohende Krise**. Ein vom bayerischen Ministerpräsidenten Franz Josef Strauß 1982 organisierter Milliardenkredit bewahrte die DDR vor dem Staatsbankrott, zwang sie aber zu politischen Zugeständnissen (z. B. Abbau der Minenfelder und Selbstschussanlagen an der innerdeutschen Grenze).

Neuinvestitionen waren nun nicht mehr möglich, die Bausubstanz der Städte verfiel, Raubbau und Umweltverschmutzung nahmen in manchen Gebieten (Leuna, Bitterfeld, Leipzig, Chemnitz, Aue) dramatische Ausmaße an. Die Auslandsverschuldung wuchs bis 1989 auf fast 50 Mrd. DM an.

In dieser Situation verweigerten sich immer mehr Bürger dem Regime, organisierten sich in Bürgerrechts-, Ökologie- und Friedensgruppen und forderten Veränderungen. Die DDR-Führung verschärfte staatliche Repressalien und ging gegen die Dissidenten trotz der gesellschaftlichen Veränderungen in der UdSSR (Perestroika, Glasnost) hart, oft brutal vor.

Der Milliarden-Kredit bewirkte **keine Veränderung der Verhältnisse.** Die Wirtschaftskrise konnte nicht wirksam bekämpft werden, Neu-Investitionen unterblieben, die Bausubstanz in den Städten verfiel, Raubbau und Umweltverschmutzung nahmen in manchen Gebieten der DDR (Leuna, Bitterfeld, Leipzig, Chemnitz, Aue) dramatische Ausmaße an. 1989 erreichte die von der SED verheimlichte Auslandsverschuldung fast 50 Milliarden D-Mark. Staatsbankrott und wirtschaftlicher Zusammenbruch der DDR waren nur noch eine Frage der Zeit.

Zunehmend verweigerte die Jugend der SED die Gefolgschaft. Die **Kluft zwischen** der „Altherrenriege" **der SED und den Jugendlichen wuchs**. Staatliche Gängelung, das erzwungene politisch-ideologische Engagement, Liberalisierungstendenzen im Ostblock und der Vergleich mit der westlichen Lebensweise trieben sie in „staatsfreie" Räume oder in **Bürgerrechts-, Ökologie- und Friedensgruppen**. Diese oppositionellen Gruppen, gegen die die SED-Führung rigoros vorging, erhielten durch die innenpolitischen Veränderungen in der UdSSR seit 1985 (Glasnost und Perestroika) Auftrieb und zum ersten Mal bildeten sich auch kritische politische Organisationen wie z. B. die „Initiative für Frieden und Menschenrechte", die – unterstützt von einer wachsenden Schar von Sympathisanten – öffentlich Veränderungen forderten (z. B. mit der Parole „Schwerter zu Pflugscharen"). Die jahrzehntelang gültige Parole „Von den Sowjetmenschen lernen heißt siegen lernen" erhielt nun eine völlig neue Variante. Auf diese Entwicklung reagierte die SED mit einer erneuten **Verschärfung staatlicher Repressalien**.

Die innere Entwicklung der beiden deutschen Staaten

Die 50er-Jahre der BRD waren geprägt vom **„Wirtschaftswunder"**, das völlig natürliche Ursachen hatte: Währungsreform, soziale Marktwirtschaft, günstige Produktions- und Exportbedingungen, Marshall-Plan-Hilfe, Einbeziehung in den westeuropäischen Wirtschaftsverbund, Aufbauwillen der Bevölkerung.

Dieser **Aufschwung** hatte vielfältige Auswirkungen: Er ermöglichte den Ausbau des Sozialstaates, veränderte die Wirtschafts- und Gesellschaftsstruktur sowie die Lebensgewohnheiten und die Mentalität der Westdeutschen.

In dieser Zeit entstand die **Subkultur der jugendlichen „Halbstarken"**. Sie suchten nach individuellen Freiräumen und beeinflussten durch die „Amerikanisierung" des Lebens die gesellschaftliche Entwicklung der BRD.

Die erste Hälfte der **60er-Jahre** war geprägt von politischen und gesellschaftlichen Konflikten und einer ersten Rezessionsphase. Da es **Bundeskanzler Erhard** nicht gelang, sie wirksam zu bekämpfen, musste er zurücktreten. Es formierte sich die **Große Koalition unter Bundeskanzler Kiesinger**. Sie erreichte eine Stabilisierung, löste aber viel Kritik aus, da sie als undemokratisch angesehen wurde.

Zu dieser Zeit entstand die **Außerparlamentarische Opposition (APO)**, die das „Establishment" ablehnte und einen „Sozialismus mit menschlichem Antlitz" anstrebte. Sie zerfiel Ende der 60er-Jahre; ihr kleiner, radikaler Teil bedrohte als terroristische **„Rote-Armee-Fraktion" (RAF)** den Staat in den **70er-Jahren**.

Die **sozial-liberalen Regierungen unter Brandt und Schmidt** betrieben eine neue Ost- und Deutschlandpolitik und eine ausgeprägte **Reformpolitik**. Beide scheiterten letztendlich daran, dass sie die wachsende Arbeitslosigkeit und andere soziale Probleme nicht lösen konnten.

Diese Probleme konnte auch die **christlich-liberale Koalition unter Bundeskanzler Kohl** (1982–1998) nicht lösen, zumal die Vereinigung enorme Kosten forderte. Daran und an seinen Versprechungen im Wahljahr 1990 scheiterte Kohl 1998.

Die Stabilisierung durch die Mauer und die „wissenschaftlich-technische Revolution" der 60er-Jahre bescherten der **DDR** zunächst einen beachtlichen Wirtschaftsaufschwung. Der höhere Lebensstandard und größere innenpolitische Freiheit, die außenpolitische Akzeptanz der DDR und ihre Erfolge im Leistungssport ermöglichten vielen DDR-Bürgern die Identifizierung mit dem SED-Staat.

Die **Ölkrise von 1973/74** beendete diesen Aufschwung und die wirtschaftlichen und innenpolitischen Probleme der DDR wuchsen. Die **zweite Ölkrise von 1979/80** verstärkte diese Probleme und brachte die DDR in eine existenzielle Krise, die von wirtschaftlichem Niedergang, ökologischem Raubbau und einer wachsenden Opposition geprägt war. Gegen sie ging der SED-Staat mit scharfen Repressionen und der Perfektionierung des Überwachungs- und Bespitzelungsapparats vor.

Große Protestdemonstration in Ostberlin am 4. November 1989

Die Ursachen der Revolution

Die Revolution war Teil einer allgemeinen Systemkrise der sozialistischen Ostblockstaaten.
Politische Gründe: Suprematie der SED; Handlangerfunktion der Blockparteien und Massenorganisationen; Diskrepanz zwischen pseudodemokratischer Fassade und politischer Realität, Verwirklichung der Grundrechte nur im sozialistischen Rahmen; rigorose, oft brutale Ausschaltung politischer Gegner; keine Unterstützung durch die UdSSR.
Gesellschaftliche Gründe: Zweiklassengesellschaft (Funktionäre-Normalbürger); permanente Bevormundung und Gängelung; Diskrepanz zwischen verfassungsrechtlicher Theorie und gesellschaftlicher Praxis (z.B. Meinungsfreiheit, Reisefreiheit etc.); andere Bezugssysteme (BRD, UdSSR, Polen, Ungarn).
Wirtschaftliche Gründe: Niedriger Lebensstandard; schlechte Wohnverhältnisse; schlechte Infrastruktur; teure Luxusgüter; unterschiedliches Warenangebot für Privilegierte und Normalbürger.

Die „friedliche" Revolution

Die „friedliche" Revolution

Auslöser: manipulierte Kommunalwahlen (vom Mai 1989).
Verlauf: Juli/August 1989: Erste Fluchtwelle über Ungarn bzw. die BRD-Botschaften Prag und Warschau, 4.9.: erste Montagsdemonstration in Leipzig; Großdemonstrationen in anderen Städten an den folgenden Tagen.
11.9.: Ungarn öffnete die Grenze zu Österreich.
18.10.: Erich Honecker „bat" aus „gesundheitlichen Gründen" um seine Amtsentlassung, Nachfolger wurde Egon Krenz.
4.11.: In Ost-Berlin demonstrierten 600.000 Menschen.
9.11.: Die SED-Führung öffnete die Grenze.
1.12.: Die Volkskammer strich die führende Rolle der SED aus der Verfassung, erste Wiedervereinigungsforderungen, 6.12.: Krenz gab alle Ämter auf.
7.12.: Der "Runde Tisch" (inoffizielles Kontrollorgan der Regierung) tritt erstmals zusammen.
20./21.1.1990: Umbenennung der SED in „Partei des Demokratischen Sozialismus" (PDS).
5.4.: Die erste frei gewählte Volkskammer beschloss, dass die DDR kein „sozialistischer Staat der Arbeiter und Bauern" mehr ist und änderte die Verfassung.

Wende? Zusammenbruch? Revolution?

Der Vergleich mit 1789 und 1917 zeigt, dass die Ereignisse 1989/90 eindeutig eine Revolution waren, auch wenn sie ohne Blutvergießen verliefen. Entscheidend war, dass sie von der Masse des Volkes ausging und tiefgreifende gesellschaftspolitische Veränderungen und die Etablierung eines gegensätzlichen politischen Systems brachte.

8 Die Vereinigung Deutschlands

Die äußeren Aspekte der Wiedervereinigung

Die Wiedervereinigung hatte **zwei Grundvoraussetzungen:** Aufgabe der Vorbehaltsrechte der ehemaligen Besatzungsmächte und Entlassung der DDR aus dem sowjetischen Machtbereich. **Die Zwei-plus-vier-Verhandlungen** (Vertreter der ehemaligen Besatzungsmächte und Spitzenpolitiker der beiden deutschen Staaten) klärten die äußeren (= internationalen) Aspekte der Wiedervereinigung (Aufgabe der Vorbehaltsrechte; Berlin-Problem; politisch-militärische Fragen, Grenzfragen) in drei Verhandlungsrunden (Bonn 5.5.1990; Berlin 21.6.1990; Paris 17.7.1990). Nachdem Gorbatschow Mitte Juli der Vereinigung ohne sicherheitspolitische Vorbehalte zugestimmt hatte und Volkskammer und Bundestag am 21.6.1990 in gleichlautenden „Entschließungen" erklärt hatten, die Oder-Neiße-Grenze anzuerkennen – seitdem nur noch „Vereinigung" Deutschlands -, wurde am 12.9.1990 zu Moskau der **„Vertrag über die abschließende Regelung in Bezug auf Deutschland"** (Zwei-plus-vier-Vertrag) unterzeichnet. Er ersetzte den Friedensvertrag, beendete offiziell den Zweiten Weltkrieg sowie die Teilung Deutschlands und beschleunigte die Einigung Europas.

Grenzöffnung am Brandenburger Tor, Berlin 1989

Die äußeren und inneren Aspekte der Vereinigung

Die inneren Aspekte der Vereinigung

Die Deutschlandpläne, die die beiden Regierungschefs Kohl und Modrow vorlegten, wurden von der politischen Realität überholt. Die **erste freie Volkskammerwahl** (18.3.1990) gewann die „Allianz für Deutschland" (CDU, Deutsche Soziale Union DSU, Demokratischer Aufbruch DA), die im Gegensatz zur SPD eine schnelle Vereinigung anstrebte.

Die Vereinigung hatte zwei vertragliche Grundlagen: **Der Staatsvertrag** 18.5.1990 („Vertrag über die Schaffung einer Währungs-, Wirtschafts- und Sozialunion zwischen der Bundesrepublik Deutschland und der Deutschen Demokratischen Republik") beinhaltete das einheitliche deutsche Wirtschaftsgebiet; die Einführung der D-Mark und der Sozialen Marktwirtschaft in der DDR; Verbesserung der dortigen Umweltsituation; Übernahme des BRD-Systems der sozialen Sicherheit.

Der Einigungsvertrag 31.8.1990 („Vertrag zwischen der Bundesrepublik Deutschland und der Deutschen Demokratischen Republik über die Herstellung der Einheit Deutschlands") hatte folgende Inhalte: Beitritt der DDR zum Geltungsbereich des Grundgesetzes; Berlin wird ein Bundesland; Berlin wird Hauptstadt; Anpassung des Grundgesetzes (Präambel, Art. 23, Art.146); Übertragung des BRD-Rechts auf die DDR; Angleichung der Finanzverfassung.

Die beiden Verträge bildeten die innere Grundlage der **Vereinigung (3.10.1990)**, die in Zusammenarbeit mit den ehemaligen Besatzungsmächten und in Übereinstimmung mit den Nachbarn friedlich erreicht wurde.

KURZINFO

8 Die Vereinigung Deutschlands

- Die friedliche Revolution in der DDR hatte zahlreiche politische, wirtschaftliche und gesellschaftliche Ursachen.
- Sie begann im August 1989 mit der Massenflucht von DDR-Bürgern aus Ungarn in die bundesrepublikanischen Botschaften in Prag und Warschau und mit Massendemonstrationen in der DDR.
- Da Gorbatschow unter Verweis auf seine neue Politik (Glasnost, Perestroika) eine Unterstützung der SED-Führung (wie 1953) ausdrücklich abgelehnt hatte, breitete sich die Revolution im Oktober 1989 rasch aus. Der Druck der Bevölkerung erzwang zwischen Oktober 1989 und März 1990 grundlegende politische Veränderungen, die den Untergang des SED-Staates bewirkten.
- Die Revolution in der DDR und die innere Schwäche der UdSSR schufen eine für die Vereinigung Deutschlands günstige Situation. Im Februar 1990 gab Gorbatschow den Weg frei für die Vereinigung. Sie wurde 1990 auf deutscher Ebene durch den Einigungs- und den Staatsvertrag erreicht, auf internationaler Ebene durch den Zwei-plus-vier-Vertrag, auf deutscher Ebene durch den Staats- und den Einigungsvertrag.
- Der Zwei-plus-vier-Vertrag ist eines der wichtigsten Dokumente der Nachkriegszeit. Er ersetzte den Friedensvertrag und schloss damit das Kapitel des Zweiten Weltkrieges endgültig ab; er beendete die Teilung Deutschlands, verstärkte die Entspannung und beschleunigte die Einigung Europas.
- Staats- und Einigungsvertrag beendeten die Teilung Deutschlands, bedeuteten das Ende der DDR und lösten *das* europäische Kernproblem seit 1945.

Die Revolution in der DDR

Auslösende Faktoren

Die Systemkrise der Ostblockstaaten
Die gesellschaftspolitische Krise der DDR war Teil einer allgemeinen Systemkrise der sozialistischen Ostblockstaaten.

Die politische, gesellschaftliche und wirtschaftliche Krise der DDR am Vorabend der Revolution war Teil einer allgemeinen Systemkrise der sozialistischen Staaten. Das gewaltsam aufgepfropfte totalitäre sowjetische Modell entsprach weder der historischen Entwicklung der Ostblockstaaten noch dem Wunsch und der Mehrheit der Bevölkerung nach politischer und gesellschaftlicher Selbstbestimmung. Dies war der Nährboden für die wachsende Kritik und für die Opposition, die durch Gorbatschows Reformen Auftrieb erhielt.
Für den wachsenden Unmut unter der Bevölkerung der DDR und für das Erstarken oppositioneller Kräfte in den Achtzigerjahren gab es zahlreiche Gründe.

Politische Gründe

- Die SED war die alleinige Inhaberin der Macht, sie hatte trotz pseudodemokratischer Verbrämungen (z. B. Parteiensystem) die **Suprematie**.
- Die **Blockparteien** und Massenorganisationen fungierten als **Handlanger der SED**.
- Die Diskrepanz zwischen pseudodemokratischer **Fassade und** machtpolitischer **Realität** wurde immer offensichtlicher.
- Die verfassungsrechtlich garantierten **Grundrechte** galten nicht grundsätzlich, sie waren **nicht vorstaatlich** (wie in der Bundesrepublik), sondern konnten nur in dem von der SED vorgegebenen Rahmen verwirklicht werden (→ S. 103).
- Die rigorose und oft brutale Ausschaltung politischer Gegner und Andersdenkender, die **Willkür der Staatsorgane**, vor allem der Stasi, erzeugten eine Atmosphäre von Unsicherheit, Angst und Misstrauen.
- Gorbatschow hatte deutlich gemacht, dass es, anders als 1953 (→ S. 104), **kein Eingreifen der UdSSR** geben würde.

Gesellschaftliche Gründe

- die Entwicklung der DDR zu einer **Zweiklassengesellschaft** (Funktionäre, Normalbürger) mit unterschiedlicher Lebensqualität
- die **permanente Bevormundung**, Gängelung und erzwungene Unterstützung des „sozialistischen Kampfes"
- Eine unübersehbare Diskrepanz zwischen **verfassungsrechtlicher Theorie** und **gesellschaftspolitischer Praxis** erschütterte die Glaubwürdigkeit der SED.
- andere gesellschaftspolitische Bezugssysteme (Bundesrepublik, westliche Staaten generell, die UdSSR seit Gorbatschow, Polen, Ungarn)

Wirtschaftliche Gründe

- ein (verglichen mit westlichen Staaten) **niedriger Lebensstandard** und die **schlechte Versorgungslage** aufgrund der schwerfälligen Planwirtschaft
- **schlechte Wohnverhältnisse**
- eine nur **mühsam funktionierende Infrastruktur**
- unverhältnismäßig **teure „Luxusgüter"**
- das **unterschiedliche Warenangebot** für normale DDR-Bürger und devisenstarke Ausländer oder privilegierte DDR-Bürger

Die friedliche Revolution

- 7. Mai 1989: Die manipulierten **Kommunalwahlen** bescherten der Einheitsliste eine Zustimmung von 98,85 %. Mitglieder von Oppositionsgruppen erhoben Einspruch und erstatten Anzeige wegen **Wahlfälschung.** Der Wahlleiter Egon Krenz (SED) bezeichnete die Wahl als „klares Votum des Volkes für starken Sozialismus und sicheren Frieden."

Folgende **Faktoren** lösten die **Revolution** in der DDR aus:
Politische Gründe:
- Suprematie der SED
- Handlangerfunktion der Blockparteien und der Massenorganisationen
- Diskrepanz zwischen pseudodemokratischer Fassade und politischer Realität
- Die Grundrechte konnten nur in dem von der SED vorgegebenen Rahmen verwirklicht werden.
- rigorose, oft brutale Ausschaltung politischer Gegner
- Verweigerung einer Unterstützung (wie 1953) durch die UdSSR

Gesellschaftliche Gründe:
- Zweiklassengesellschaft: Funktionäre – Normalbürger
- permanente Bevormundung und Gängelung
- Diskrepanz zwischen verfassungsrechtlicher Theorie und gesellschaftspolitischer Praxis
- andere Bezugssysteme (BRD, UdSSR, Polen, Ungarn)

Wirtschaftliche Gründe:
- niedriger Lebensstandard, schlechte Versorgung und Wohnverhältnisse
- schlechte Infrastruktur
- teure „Luxusgüter" und unterschiedliches Warenangebot für normale DDR-Bürger und Privilegierte

Die **friedliche Revolution** wurde durch manipulierte Kommunalwahlen (Mai 1989) ausgelöst.

Juli/August: erste Fluchtwelle (Prag, Warschau, Ungarn).

- Juli/August: Im Vorfeld der pompösen Geburtstagsfeier für den „ersten wirklich demokratischen Staat auf deutschem Boden“ kam es zur ersten **Fluchtwelle** von DDR-Bürgern über **Ungarn** nach Österreich und in bundesrepublikanische Botschaften, vor allem in die von **Prag** und **Warschau**. Mitte August verkündete der realitätsferne Erich Honecker: „Den Sozialismus in seinem Lauf, hält weder Ochs noch Esel auf.“ Bis Ende August verließen 30 000 DDR-Bürger den SED-Staat.

4. 9.: erste Montagsdemonstration in Leipzig. Ausweitung zu Großdemonstrationen in den großen Städten der DDR in den folgenden Tagen.

- 4. September: In **Leipzig** formierten sich ca. 1000 Bürger zur ersten **Montagsdemonstration** und forderten „Reisefreiheit statt Massenflucht!“ und „Stasi raus!“. Die Demonstrationen in Leipzig, Magdeburg, Dresden und anderen Großstädten der DDR weiteten sich in den folgenden Tagen und Wochen zu **Großdemonstrationen** aus. Sie wurden vom Staatssicherheitsdienst in völliger Fehleinschätzung der Situation brutal niedergeschlagen.
- 5. September: Honecker bezeichnete die DDR im „Neuen Deutschland“ als einen Staat mit einem „funktionierenden, effektiven sozialistischen Gesellschaftssystem, das sich mit den von ihm verwirklichten Menschenrechten auch an den Herausforderungen der Neunzigerjahre bewähren“ werde.

9./10. 9.: Gründung der Friedensbewegung „Aufbruch 89 – Neues Forum“.

11. 9.: Ungarn öffnete seine Grenze zu Österreich.

12. 9.: Gründung der Bürgerbewegung „Demokratie Jetzt“.

30. 9.: Die DDR ließ Botschaftsflüchtlinge aus Prag und Warschau in die BRD ausreisen.

1./2. 10.: Gründung der Oppositionsgruppe „Demokratischer Aufbruch“

- 9./10. September: In Ostberlin wurde die Friedensbewegung „Aufbruch 89 – **Neues Forum**“ (NF) gegründet. Das NF wollte einen „demokratischen Dialog“ über Reformen und an der „Umgestaltung der Gesellschaft“ mitwirken.
- 11. September: **Ungarn öffnete** seine **Grenze** zu Österreich für DDR-Bürger.
- 12. September: Gründung der Bürgerbewegung „**Demokratie Jetzt**“ (DJ), die eine friedliche und demokratische Umgestaltung forderte, zu der die SED-Führung nicht bereit sei.
- 30. September: Die DDR erlaubte die **Ausreise der Botschaftsflüchtlinge aus Prag und Warschau** in plombierten Zügen über die DDR.
- 1./2. Oktober: In Ostberlin gründeten die Bürgerrechtler Wolfgang Schnur, Rainer Eppelmann, Edelbert Richter, Erhart Neubert und Friedrich Schorlemmer die sozial-ökologisch orientierte Oppositionsgruppe „**Demokratischer Aufbruch**“ (DA). Sie forderte die deutsche Einheit und eine sozial-ökologische Marktwirtschaft.

7. 10.: Offizielle 40-Jahresfeier der DDR, in Ostberlin und anderen Städten forderten Hunderttausende grundlegende Veränderungen und üben lautstark Kritik.

- 7. Oktober: Während der offiziellen 40-Jahresfeier auf dem Berliner Alexanderplatz begann in Ostberlin und anderen Städten der DDR die eigentliche Revolution. Hunderttausende gingen auf die Straße und forderten rasche und grundlegende Veränderungen. Die **SED**, überrascht vom Ausmaß der Proteste, entschloss sich zum „**Dialog mit dem Volk**“, dessen Parolen („Wir sind das Volk!“, „Wir wollen keine Stasischweine!“, „Gorbi, hilf uns – meilenweit!“) nun wachsendes Vertrauen in die eigene Stärke widerspiegelten. Die Forderungen wurden umfassender und politischer und waren begleitet von massiver Kritik bekannter DDR-Bürger am Regime. Gorbatschow, der bereits früher Reformen in der DDR angemahnt hatte, erklärte vor der Führungsspitze der SED: „Wer zu spät kommt, den bestraft das Leben.“

- 9. Oktober: **Ca. 75 000 Bürger forderten in Leipzig politische Reformen.** Polizei- und Militäreinheiten griffen nicht ein.
- 16. Oktober: In Leipzig fand die bis dahin **größte Massendemonstration** statt, an der 100 000 bis 120 000 Demonstranten teilnahmen. Honecker ordnete den Waffeneinsatz an, der dann doch unterblieb. Die Revolution wurde dadurch zur **friedlichen Revolution**.
- 18. Oktober: Die SED trat die Flucht nach vorn an, beschloss die **Entmachtung** des Staats- und Parteichefs Erich **Honecker**, der offiziell aus gesundheitlichen Gründen darum bat, ihn aus seinen Funktionen zu entlassen. Er wurde nun zum Sündenbock erklärt. **Nachfolger** wurde Egon **Krenz**. Er kündigte eine „Wende" an, deren Ziel jedoch nicht die wirkliche Veränderung der gesellschaftspolitischen Verhältnisse war, sondern die „Wiedergewinnung der politischen Initiative" für die SED.
- 4. November: Zur **größten Massendemonstration** der friedlichen Revolution überhaupt versammelten sich in Ostberlin ca. 600 000 Menschen (Parolen: „Jetzt geht es nicht nur um die Bananen, jetzt geht es um die Wurst" und: „Rechtssicherheit spart Staatssicherheit!").
- 9. November: Als der Druck der Demonstranten immer größer wurde, ordnete die SED-Führung die **Öffnung der Grenze** an.
- 11./12. November: Ca. 3 Mio. DDR-Bürger besuchten Westberlin und die Bundesrepublik.
- 13. November: Der Volkskammerpräsident Horst Sindermann trat zurück und die Volksammer wählte, zum ersten Male in geheimer Abstimmung, Günther Maleuda (DBD) als dessen Nachfolger. Neuer **Vorsitzender des Ministerrates** wurde **Hans Modrow** (SED). Trotz einiger demokratischer Verbrämungen bestand auch sein Ziel in erster Linie darin, der SED das Überleben und die größtmögliche Erhaltung der Macht zu sichern. Er verschleierte die tatsächliche wirtschaftliche Situation, das ungeheure Ausmaß der SED-Misswirtschaft, hielt an den alten Strukturen, z. B. an der Stasi, fest und **lehnte die Vereinigung Deutschlands** kategorisch **ab**, obwohl das Volk immer direkter und vehementer die wirtschaftliche und politische Vereinigung forderte. Mit der Bundesrepublik wollte er eine „qualifizierte gute Nachbarschaft".
- 1. Dezember: Die Volkskammer strich die führende Rolle der SED aus der Verfassung. Dies bedeutete das **Ende der Vorherrschaft der SED**.
- Anfang Dezember: **Erste Forderungen nach Wiedervereinigung** wurden öffentlich gestellt („Wir sind ein Volk", „Deutschland – einig Vaterland").
- 3. Dezember: Das ZK der SED schloss Erich Honecker, Erich Mielke (Leiter des MfS), Willi Stoph und andere „altgediente" SED-Funktionäre aus der Partei aus, andere (Günter Mittag, Harry Tisch) wurden verhaftet. Das Politbüro mit Egon **Krenz trat zurück**. Drei Tage später gab er alle politischen Ämter auf.

16.10.: An der bis dahin größten Massendemonstration nahmen in Leipzig mehr als 100 000 Menschen teil.

18.10.: Die SED opferte Honecker, der aus „gesundheitlichen Gründen" um seine Amtsentlassung bat. Nachfolger wurde Egon Krenz.

4.11.: Ca. 600 000 Menschen demonstrierten in Ostberlin.

9.11.: Die SED-Führung öffnete die Grenze.

13.11.: Die Volkskammer wählte Hans Modrow zum Vorsitzenden des Ministerrats. Er lehnte die Vereinigung kategorisch ab, obwohl das Volk sie immer vehementer forderte.

1.12.: Die Volkskammer strich die führende Rolle der SED aus der Verfassung. Damit endete die Suprematie der SED.
Anfang Dez.: Erste Forderungen nach Vereinigung werden gestellt.

3.12.: Das Politbüro tritt zurück.

6.12.: Egon Krenz gab alle politischen Ämter auf.

7.12.: Erstmalig tritt der „Runde Tisch" zusammen, bestehend aus: Vertretern der Regierung, der SED, der Blockparteien und Massenorganisationen, der beiden Kirchen sowie verschiedener Oppositionsbewegungen.
Er versteht sich als Kontrollorgan der Regierung.
15.1.1990: Stürmung und Verwüstung der Berliner Stasi-Zentrale
20./21.1.: Die SED benennt sich in „Partei des Demokratischen Sozialismus" (PDS) um.
5.4.: Die im März frei gewählte Volkskammer beschließt, dass die DDR kein „sozialistischer
Staat der Arbeiter und Bauern" mehr ist und ändert die Verfassung entsprechend.

- 7. Dezember: Erstmalig trat der **„Runde Tisch"** zusammen, der keine legislative oder exekutive Befugnis hatte, sich aber als Kontrollorgan der Regierung verstand. Er tagte wöchentlich und setzte sich zusammen aus Vertretern der Regierung Modrow, der SED, der Blockparteien und der Massenorganisationen, der beiden Kirchen und der verschiedenen Oppositionsbewegungen. Der Runde Tisch beschloss Volkskammerwahlen für den 6.5.1990, um der wirtschaftlichen und politischen Krisensituation zu begegnen.
- 15. Januar 1990: Demonstranten stürmten die ehemalige Stasi-Zentrale in Berlin-Lichtenberg und verwüsteten sie teilweise. Die erste unabhängige Tageszeitung, die „Thüringer Allgemeine" erschien.
- 20./21. Januar: Die SED benannte sich in **„Partei des Demokratischen Sozialismus" (PDS)** um. Der Vorstand der PDS erklärte: „Unsere Partei ist nicht mehr die SED."
- Am 5. April beschloss die im März frei gewählte letzte Volkskammer, dass die **DDR kein „sozialistischer Staat der Arbeiter und Bauern"** mehr ist und veränderte die Verfassung dementsprechend.

Waren die Ereignisse vom Herbst 1989 eine Revolution?
Die Ereignisse des Herbstes 1989 wurden unterschiedlich bewertet als **Revolution, Wende oder Zusammenbruch**.

Ein Vergleich mit den klassischen Revolutionen von 1789 und 1917 zeigt, dass es sich um eine Revolution handelte, auch wenn sie ohne Blutvergießen verlief. Entscheidend sind die tief greifenden gesellschaftspolitischen Veränderungen: Sturz der bisherigen Machthaber und Etablierung eines gegensätzlichen politischen Systems.

Wende? Zusammenbruch? Revolution?

Die Ereignisse des Herbstes 1989 wurden in Deutschland unterschiedlich gesehen und bewertet. Dies verdeutlichen Bezeichnungen wie Revolution, Wende, Umwälzung, Umbruch, Umsturz, Zusammenbruch oder Implosion. Geht man von den klassischen Modellrevolutionen von 1789 und 1917 als Vergleichsmaßstab aus, so handelte es sich **zweifelsohne** um **eine Revolution**, auch wenn diese ohne Blutvergießen verlief: Die revolutionären Handlungen und Forderungen, die durch große politische, gesellschaftliche und wirtschaftliche Spannungen ausgelöst wurden, gingen von der Masse des Volkes aus, es gab eine Führungselite und eine konkurrierende Ideologie (westliche Demokratie). **Entscheidend** sind die tief greifenden Veränderungen, die zum **Sturz der bisherigen Machthaber und** zur **Etablierung eines gegensätzlichen gesellschaftspolitischen Systems** führten.
Der ehemalige Bürgerrechtler Rainer Eppelmann (2004): „1989 ist für die deutsche Geschichte ein Epochenjahr. Es war das Jahr des Triumphes über eine Diktatur. … die Ostdeutschen stürzten die SED-Herrscher vom Thron. Sie eroberten sich Freiheit, demokratische Souveränität, Menschenrechte und einen Rechtsstaat." [1]

Die äußeren Aspekte der Vereinigung

Der völkerrechtliche und politische Rahmen

Die alliierten Vorbehaltsrechte (→ S. 99 bzw. 104) galten auch noch im Jahre 1990. Deshalb war die Wiederherstellung der deutschen Einheit in erster Linie abhängig von der Zustimmung der Siegermächte. Bei den Verhandlungen über die Vereinigung Deutschlands waren folgende **juristische Bedingungsfaktoren** ausschlaggebend: Das Fortbestehen Deutschlands als Völkerrechtssubjekt nach 1945, der Deutschlandvertrag von 1952 bzw. 1954, in dem sich die westlichen Alliierten Entscheidungen bezüglich „Deutschland als Ganzes“ vorbehalten hatten, und entsprechende Vereinbarungen zwischen der UdSSR und der DDR.

Die **Vereinigung** Deutschlands war aufgrund der alliierten Vorbehaltsrechte in erster Linie eine **Angelegenheit der ehemaligen Besatzungsmächte**, vor allem der UdSSR, die die DDR aus ihrem Machtbereich entlassen musste.

Der Wandel der sowjetischen Deutschlandpolitik

Die **entscheidende Bedeutung** kam der **UdSSR** zu, da die Vereinigung Deutschlands die Entlassung des Bündnispartners DDR aus dem sowjetischen Machtbereich und eine tief greifende Änderung ihrer bisherigen Deutschlandpolitik bedeutete.

Bis Mitte Dezember 1989 änderte sich nichts an der Einstellung der UdSSR. Gorbatschow war der Meinung, die deutsche Frage sei ein historisches Problem und sollte auch der Geschichte überlassen bleiben. 1987 schrieb Gorbatschow in seinem Buch Perestroika: „Hierbei [Teilung Deutschlands] handelt es sich um eine historisch geschaffene Wirklichkeit … Und lassen Sie mich ganz offen sagen, dass all diese Erklärungen über die Wiederbelebung der ‚deutschen Einheit' weit entfernt sind von der so genannten ‚Realpolitik', um den deutschen Ausdruck zu gebrauchen. … Und was in hundert Jahren sein wird, dass soll die Geschichte entscheiden. Für die Gegenwart sollte man von den bestehenden Tatsachen ausgehen und sich nicht zu Spekulationen hinreißen lassen.“[2] Die Rasanz der deutsch-deutschen Entwicklung, die fast täglichen Katastrophenmeldungen aus der DDR sowie die problematischen inneren Verhältnisse in der UdSSR erzwangen jedoch einen Wandel seiner Deutschlandpolitik. Am 10. Januar 1990 konnte er sich vorstellen, dass „alle Deutschen in einem Staat leben können“. Vier Wochen später gestand er den Deutschen zu, ungehindert und frei über ihre Wiedervereinigung selbst zu entscheiden. Dies war die entscheidende Voraussetzung für die Lösung der deutschen Frage auf internationaler Ebene.

Noch Ende 1989 vertrat Gorbatschow die Meinung, die deutsche Frage sei ein historisches Problem und solle der Geschichte überlassen bleiben.

Die fast täglichen Katastrophenmeldungen aus der DDR und die äußerst problematischen wirtschaftlichen, finanziellen und politischen Verhältnisse in der UdSSR erzwangen den Wandel. Im Februar 1990 akzeptierte Gorbatschow die Vereinigung.

Die Zwei-plus-vier-Verhandlungen

Auf der **KSZE-Konferenz von Ottawa** einigten sich im Januar 1990 die Außenminister der vier ehemaligen Besatzungsmächte auf die **Zwei-plus-vier-Formel**. Die

An den **Zwei-plus-vier-Verhandlungen** nahmen im Jahre 1990 die Spitzenpolitiker der ehemaligen Besatzungsmächte und der beiden deutschen Staaten teil.

5.5.: **Erstes Treffen** (Bonn); Behandlung der vier Grundfragen:
1. Aufgabe der alliierten Vorbehaltsrechte
2. Berlin-Problem
3. politisch-militärische Fragen
4. Grenzfragen
In mehreren Gesprächen erreichten die Außenminister Genscher (BRD) und Schewardnadse (UdSSR) eine Annäherung der Standpunkte.

In gleich lautenden „Entschließungen" (21. 6.) erklärten Bundestag und Volkskammer ihre Bereitschaft, die Oder-Neiße-Grenze völkerrechtlich als polnische Westgrenze anzuerkennen. Seitdem kann nicht mehr von *Wieder*vereinigung, sondern nur noch von Vereinigung Deutschlands gesprochen werden.

21.6.: Das zweite Zwei-plus-vier-Treffen (Berlin) scheiterte an den unterschiedlichen militärischen Vorstellungen.

14.–16. Juli, Moskau, Kaukasus: Gorbatschow stimmte der Vereinigung Deutschlands ohne sicherheitspolitische Einschränkungen zu.

17.7.: Drittes Zwei-plus-vier-Treffen (Paris); Einigung in wesentlichen Punkten (Oder-Neiße-Grenze, Schlussdokument als Ersatz für einen Friedensvertrag).

Verhandlungen, an denen hochrangige Politiker der ehemaligen Besatzungsmächte und der beiden deutschen Staaten teilnahmen, sollten bis Ende des Jahres abgeschlossen sein. Folgende Stationen dieses Prozesses waren von besonderer Bedeutung:

- Das **erste Zwei-plus-vier-Treffen** fand am 5.Mai 1990 in Bonn statt und beschäftigte sich mit den vier Grundfragen, die es zu lösen galt: Mit der völkerrechtlichen Regelung der Aufgabe der alliierten Vorbehaltsrechte, dem Berlin-Problem, politisch-militärischen Fragen und Grenzfragen. Eine Einigung konnte aufgrund der unterschiedlichen Ausgangspositionen nicht erzielt werden.
- Eine Annäherung der Standpunkte erreichte Außenminister **Genscher** in einer Reihe von Gesprächen mit seinem sowjetischen Amtskollegen Eduard **Schewardnadse** (23.5. Genf, 11.6. Brest, 18.6. Münster).
- Von großer Bedeutung waren die gleich lautenden **Entschließungen des Bundestages und der Volkskammer** vom 21. Juni 1990, in denen die Bereitschaft ausgedrückt wurde, die Oder-Neiße-Grenze durch einen völkerrechtlichen Vertrag als polnische Staatsgrenze anzuerkennen. Spätestens zu diesem Zeitpunkt konnte **nicht mehr** von „**Wiedervereinigung**" (im Sinne der Grenzen vom 31. Dezember 1937) gesprochen werden, **sondern** nur noch von der „**Vereinigung**" der beiden deutschen Staaten.
- Das **zweite Zwei-plus-vier-Treffen** im Ostberliner Schloss Niederschönhausen (22. Juni) endete vor allem wegen der unterschiedlichen militärischen Vorstellungen ohne Ergebnis.
- Deshalb schlugen die Mitgliedstaaten der **NATO** am 5./6. Juli den Warschauer-Pakt-Staaten eine **gemeinsame Erklärung** vor, sich nicht mehr als Gegner zu betrachten. Eine Überprüfung der Sicherheitspolitik der NATO auf dieser Grundlage wurde angekündigt. Das vereinte Deutschland werde jedoch ein unentbehrlicher Stabilitätsfaktor der NATO sein.
- Der Durchbruch wurde Mitte des Jahres durch **deutsch-sowjetische Gespräche in Moskau und im Kaukasus** erreicht (14.–16. Juli). Gorbatschow stimmte (gegenüber Kohl und Genscher) der Einheit Deutschlands, der Aufgabe der Vier-Mächte-Verantwortlichkeit und der freien Bündniswahl des vereinten Deutschlands zu. Gleichzeitig wurden deutsch-sowjetische Verträge vereinbart, die den Abzug der sowjetischen Truppen aus der DDR und die wirtschaftliche Kooperation zwischen beiden Staaten betrafen.
- Beim **dritten Zwei-plus-vier-Treffen** in Paris (17. Juli) einigten sich die sechs Außenminister (in Anwesenheit des polnischen) auf die endgültige Regelung der Oder-Neiße-Grenze und darauf, dass das Schlussdokument der Zwei-plus-vier-Verhandlungen alle Bestimmungen zur deutschen Einheit enthalten solle, sodass ein Friedensvertrag nicht mehr notwendig sei.

- In weiteren deutsch-sowjetischen Gesprächen (17.8., 5.9.) präzisierten die beiden Staaten die vereinbarten bilateralen Verträge.
- Auf dem **vierten** und letzten **Zwei-plus-vier-Treffen** in Moskau (12. September) wurde der **„Vertrag über die abschließende Regelung in Bezug auf Deutschland"** (allgemein: Zwei-plus-vier-Vertrag) feierlich unterzeichnet, der ein Ersatz-Friedensvertrag ist.
- Die ehemaligen westlichen Besatzungsmächte ratifizierten den Vertrag am 1.10.1990. Mit der Ratifizierung durch den Obersten Sowjet am 4. März 1991 erhielt **Deutschland** formell und völkerrechtlich seine **uneingeschränkte Souveränität**.

12.9.: Viertes Zwei-plus-vier-Treffen (Moskau); Unterzeichnung des „Vertrags über die abschließende Regelung in Bezug auf Deutschland" (Zwei-plus-vier-Vertrag)

Mit der Ratifizierung des Vertrags durch die Westmächte (1.10.1990) und die UdSSR (4.3.1991) erhielt Deutschland die uneingeschränkte Souveränität.

Die Inhalte des Zwei-plus-vier-Vertrages

Der Vertrag besteht aus zehn Artikeln sowie einer Protokollnotiz und enthält folgende **Bestimmungen**:

- Art. 1: Die Grenzen des vereinten Deutschland sind die der Bundesrepublik und der DDR. Deutschland wird in einem Vertrag mit Polen die Oder-Neiße-Grenze bestätigen; es hat keine Gebietsansprüche und wird auch keine erheben.
- Art. 2 – 6: regeln friedens- und sicherheitspolitischer Aspekte:
  Verzicht der gesamtdeutschen Streitkräfte auf ABC-Waffen, maximale Stärke: 370000 Mann, keine Stationierung ausländischer Truppen auf dem Gebiet der ehemaligen DDR.
- Art. 7: Die vier Siegermächte beenden ihre Rechte und Verpflichtungen in Bezug auf Berlin und Deutschland, das damit seine volle Souveränität erhält und demzufolge auch die freie Bündniswahl hat.
- Art. 8 – 10 regeln die vertragstechnischen Aspekte.
- Die Protokollnotiz präzisiert den Art. 5 dahingehend, dass Deutschland sicherheitspolitische Aspekte in „vernünftiger und verantwortungsbewusster" Weise so entscheidet, dass die Sicherheitsinteressen aller Vertragsparteien berücksichtigt werden.

Wesentliche Vertragsinhalte:
- Das vereinigte Deutschland wird die Oder-Neiße-Grenze bestätigen.
- Regelung friedens- und sicherheitspolitischer Aspekte bezüglich der deutschen Streitkräfte
- Deutschland erhält seine volle Souveränität.

Die Bedeutung des Zwei-plus-vier-Vertrages

Er ist in vielfacher Hinsicht **eines der wichtigsten Dokumente der Nachkriegszeit**:

- Er ersetzte viereinhalb Jahrzehnte nach Kriegsende den Friedensvertrag und schloss damit das Kapitel des Zweiten Weltkriegs endgültig ab.
- Er beendete die Teilung Deutschlands und ist die entscheidende völkerrechtliche Grundlage für das vereinte Deutschland.
- Er führte zu einer weiteren Entspannung zwischen Ost und West und beschleunigte die Einigung Europas.

Die **Bedeutung des Vertrags**: Er ist eines der wichtigsten Dokumente der Nachkriegszeit, da er den Friedensvertrag ersetzt, die Teilung Deutschlands beendete, die Entspannung weiterführte und die Einigung Europas beschleunigte.

Die inneren Aspekte der Vereinigung

Die Pläne zur Überwindung der deutschen Teilung

Die inneren Aspekte der Vereinigung
Am 28.11.1989 legte Kohl ein „Zehnpunkteprogramm zur Überwindung der Teilung Deutschlands und Europas" vor. Er schlug u.a. die Anpassung der DDR-Wirtschaft an die Marktwirtschaft vor, eine Konföderation beider Staaten, die Einbettung des konföderierten Deutschlands in die gesamteuropäische Entwicklung und die Vereinigung auf diesem Wege.

Am 28. November 1989 ergriff Bundeskanzler Kohl die Initiative und legte dem Bundestag ein „**Zehnpunkteprogramm zur Überwindung der Teilung Deutschlands und Europas**" vor. Der Plan, der keine zeitlichen Richtlinien enthielt, sah sofortige Hilfe für die DDR und eine verstärkte Zusammenarbeit mit ihr vor, eine Anpassung der DDR-Wirtschaft an die Marktwirtschaft, den Aufbau einer Konföderation zwischen beiden Staaten, die Einbettung des konföderierten Deutschlands in den europäischen Einigungsprozess und unter Vorantreibung der gesamteuropäischen Entwicklung (Abrüstung, Entspannung) schließlich die Vereinigung Deutschlands. Auf diesem Wege sollte die **Überwindung der Teilung Deutschlands schrittweise** und behutsam erreicht werden. Kohls Plan wurde von der CDU/CSU und der FDP begrüßt, von der SPD abgelehnt. In der DDR wurde er unterschiedlich aufgenommen: Die DDR-Regierung lehnte ihn als unrealistisch ab, ebenso die SPD (Ost) und der Demokratische Aufbruch, da er verfrüht sei. CDU (Ost) und NDPD begrüßten ihn vorsichtig.

Ministerpräsident Modrow lehnte das Zehnpunkteprogramm ab und legte am 1.2.1990 den Vierstufenplan „Deutschland, einig Vaterland" vor. Er sah eine Vertragsgemeinschaft vor, eine Deutsche Föderation oder einen Deutschen Bund.

Am 1. Februar 1990 reagierte **Modrow** auf den wachsenden Druck der DDR-Bevölkerung und Gorbatschows, wich von seiner ablehnenden Haltung gegenüber einer Vereinigung ab und legte einen **Vierstufenplan „Deutschland, einig Vaterland**" vor. Er beinhaltete eine Vertragsgemeinschaft, die Bildung einer Konföderation, die Übertragung von Souveränitätsrechten an Konföderationsorgane und die Schaffung einer einheitlichen Deutschen Föderation oder eines Deutschen Bundes durch Wahlen. Als Voraussetzung hierfür nannte er u.a. die militärische Neutralität der beiden deutschen Staaten auf dem Weg zur Föderation.

Beide Deutschlandpläne wurden von der politischen Realität überholt (Druck der DDR-Bevölkerung, Ergebnis der Volkskammerwahl vom 18.3.1990, Übersiedlerwelle von DDR-Bürgern).

Beide Pläne wurden von der politischen Realität überholt: Der Druck der Bevölkerung nahm zu, das Ergebnis der letzten Volkskammerwahl (→ S. 178) war eine Entscheidung für eine schnelle Vereinigung, die Übersiedlerwelle von DDR-Bürgern schwoll zum Jahresanfang 1990 drastisch an, der wirtschaftliche Kollaps der DDR war offenkundig und Gorbatschow sagte am 10. Februar 1990 den Deutschen die Vereinigung explizit zu.

Die Volkskammerwahl vom 18. März 1990

Die rapide Verschlechterung der wirtschaftlichen und innenpolitischen Situation, vor allem der Druck der DDR-Bevölkerung, die eine Vereinigung gegen Ende des Jahres 1989 unbedingt und rasch wollte, erzwang die **Vorverlegung der Volkskammerwahl auf den 18. März 1990**.

Der Wahlkampf der ersten freien Parlamentswahl im Osten Deutschlands seit 58 Jahren wurde nicht von wirtschaftlichen und politischen Sanierungsprogrammen für eine demokratisch-sozialistische DDR **geprägt**, sondern ausschließlich **von der Frage der Vereinigung**. Während einige wenige Parteien die Erhaltung der Eigenständigkeit der DDR forderten, waren sich die anderen einig in dem vorrangigen Ziel der Vereinigung. Umstritten war lediglich deren Tempo. Die konservative **„Allianz für Deutschland"**, das Bündnis aus CDU, DSU (Deutsche Soziale Union) und DA (Demokratischer Aufbruch) bevorzugte eine möglichst schnelle Vereinigung über **Art. 23 GG** („Beitritt anderer Teile Deutschlands" zum Geltungsbereich des Grundgesetzes), die SPD einen langsameren Beitritt über Art. 146 GG (gemeinsame Erarbeitung einer Verfassung als Grundlage der Vereinigung).

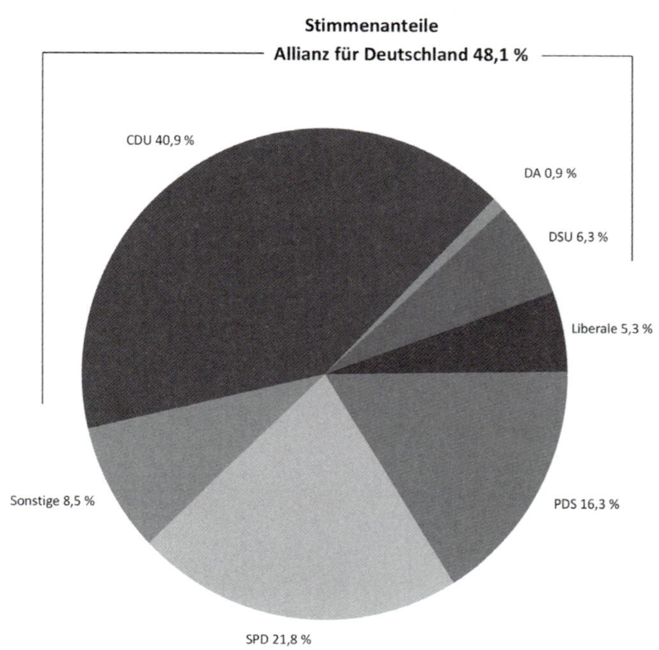

Die Wahl gewann überraschend und mit großem Vorsprung **die CDU (40,9 %)**, die bis Oktober 1989 als Blockpartei im Gleichschritt mit der SED marschiert war. Ausschlaggebend für den klaren Wahlsieg waren die starke Unterstützung durch die westliche Schwesterpartei, der Kanzlerbonus Kohls, dessen große Wahlversprechen sowie der Wunsch der Masse der Bevölkerung nach möglichst schneller Vereinigung.

Die Volkskammerwahl wurde ausschließlich von dem Weg der Vereinigung bestimmt:
Die „Allianz für Deutschland" (CDU/DSU, Deutsche Soziale Union und Demokratischer Aufbruch) bevorzugte den schnellen Beitritt der DDR zum Geltungsbereich des Grundgesetzes über Art. 23 GG; die SPD wollte den langsameren Beitritt über Art. 146 GG (gemeinsame Verfassung als Vereinigungsgrundlage).

Die DDR-Bevölkerung erzwang die Vorverlegung der Volkskammerwahl auf den 18. März.

Die Wahl gewann überraschend die CDU, die favorisierte SPD erlitt eine deutliche Niederlage. Die PDS profitierte von den Vereinigungsängsten vieler DDR-Bürger.
Die großen Verlierer waren die Initiativgruppen der Revolution, vereinigt im „Bündnis 90", die an einer eigenständigen DDR festhielten.

Die deprimierende **Niederlage der** neu gegründeten **SPD**, die gerade in den neuen Bundesländern auf eine lange Tradition zurückschauen konnte, ist vor allem darauf zurückzuführen, dass sie vor einer übereilten Vereinigung und deren unkalkulierbaren Risiken und Kosten warnte. Die inzwischen in PDS umgetaufte ehemalige SED gewann angesichts der Verhältnisse erstaunlich viele Wählerstimmen, da sie systematisch die Ängste der Bevölkerung schürte und zudem von den bisher Privilegierten gewählt wurde, die sich von ihr Schutz und Besitzstandswahrung erhofften.

Zusammen mit der SPD war das **Bündnis 90**, in dem sich die eigentlichen Initiativgruppen der Revolution vereinigt hatten, der **große Verlierer** der Wahl. Ausschlaggebend für sein schlechtes Ergebnis war das Festhalten an der Eigenständigkeit der DDR und an einem modifizierten Sozialismus als dem angeblich besseren System. Beide Ziele fanden nach 40 Jahren sozialistischer Herrschaft in einer heruntergewirtschafteten DDR kaum Anhänger.

Die letzte Volkskammer wählte Sabine Bergmann-Pohl (CDU) zum letzten Staatsoberhaupt und Lothar de Maizière (CDU) zum letzten Ministerpräsidenten der DDR.

Am 5. April trat die letzte Volkskammer der DDR zusammen und wählte Sabine **Bergmann-Pohl** (CDU) zur Präsidentin der Volkskammer und betraute sie mit den Aufgaben des bisherigen Staatsratsvorsitzenden. Deshalb war sie das **letzte Staatsoberhaupt** der DDR. **Letzter Ministerpräsident** wurde Lothar **de Maizière** (CDU).

Der Staatsvertrag (18. 5. 1990)

Der „Vertrag über die Schaffung einer Währungs-, Wirtschafts- und Sozialunion zwischen der Bundesrepublik Deutschland und der Deutschen Demokratischen Republik" (**Staatsvertrag**, 18. 5. 1990) legte fest:
- einheitliches Wirtschaftsgebiet
- Einführung der BRD-Währung in der DDR
- Einführung der sozialen Marktwirtschaft
- Verbesserung der Umweltsituation in der DDR
- Übernahme des BRD-Systems der sozialen Sicherheit

Zwei Monate nach der Volkskammerwahl unterzeichneten die Finanzminister der beiden deutschen Staaten den **Staatsvertrag** („Vertrag über die Schaffung einer Währungs-, Wirtschafts- und Sozialunion zwischen der Bundesrepublik Deutschland und der Deutschen Demokratischen Republik"), der die **wirtschaftlichen und sozialen Grundlagen der Vereinigung** detailliert festlegte. Er trat nach der Billigung durch beide Parlamente bereits am 1. Juli 1990 in Kraft. Wesentliche **Inhalte**:

- einheitliches Wirtschaftsgebiet (= Währungs- und Wirtschaftsunion)
- Einführung der bundesrepublikanischen Währung in der DDR zu bestimmten Umtauschkursen
- Liberalisierung des Handels (= Aufgabe der Planwirtschaft)
- generelle Strukturanpassung der DDR-Wirtschaft
- Einführung der sozialen Marktwirtschaft in der DDR
- Verbesserung der Umweltsituation in der DDR
- Übernahme des bundesrepublikanischen Systems der sozialen Sicherheit durch die DDR

Der Einigungsvertrag (31. 8. 1990)

Der umfangreiche **Einigungsvertrag** („Vertrag zwischen der Bundesrepublik Deutschland und der Deutschen Demokratischen Republik über die Herstellung der Einheit Deutschlands – Einigungsvertrag") war die **juristische Grundlage für die Einheit Deutschlands** auf deutsch-deutscher Ebene. Er beinhaltet folgende wichtige **Bestimmungen**:

- Beitritt der DDR bzw. der zu schaffenden Länder zum Geltungsbereich des Grundgesetzes
- die Vereinigung Berlins zu einem Bundesland
- Berlin wird Hauptstadt, über den Regierungssitz wird später entschieden.
- Änderung der Präambel des Grundgesetzes, da sie in der bisherigen Fassung durch die Vereinigung in Teilbereichen obsolet wurde (z. B. Präambel → S. 78, Art. 23 und 146)
- Übertragung des bundesrepublikanischen Rechts auf die ehemalige DDR
- Rehabilitierung politisch Verurteilter; Regelung von Eigentumsfragen
- Das Vermögen der DDR wird Bundesvermögen.
- Das Vermögen des Ministeriums für Staatssicherheit erhält die Treuhandanstalt (THA, → S. 182). Sie war noch von der letzten Volkskammer durch das „Gesetz zur Privatisierung und Reorganisation des volkseigenen Vermögens" (17. 6. 1990) installiert worden.
- Angleichung der Finanzverfassung der neuen Bundesländer

Der „Vertrag zwischen der Bundesrepublik Deutschland und der Deutschen Demokratischen Republik über die Herstellung der Einheit Deutschlands" (**Einigungsvertrag**, 31. 8. 1990) war die juristische Grundlage der Vereinigung.

Inhalt:
- Beitritt der DDR zum Geltungsbereich des Grundgesetzes
- Vereinigung Berlins
- Berlin wird Hauptstadt
- Anpassung des Grundgesetzes (z. B. Präambel, Art. 23 und 146)
- Übertragung des bundesrepublikanischen Rechts auf die DDR
- Das Vermögen des Staatsministeriums für Staatssicherheit erhält die Treuhandanstalt.
- Angleichung der Finanzverfassung

Der Einigungsvertrag war trotz breiter Zustimmung in Details heftig umstritten (Ausbau der sozialen Sicherheit und Gerechtigkeit, überhastete Schaffung des Vertrags etc.). Einig waren sich alle Parteien bezüglich seiner außenpolitischen Bedeutung. Um die zu erwartende Skepsis bezüglich einer dominierenden Rolle des vereinten Deutschlands in Europa zu zerstreuen, wurde in der Präambel die internationale Bedeutung des Vertrags stark betont: Das vereinte Deutschland werde einen Beitrag zur Einigung Europas und zum Aufbau einer europäischen Friedensordnung leisten.

Die Bedeutung der beiden Verträge

Die Verträge beendeten die mehr als vierzigjährige Teilung Deutschlands und bedeuteten das Ende der DDR. Sie lösten auf der deutschen Ebene *das* europäische Kernproblem seit 1945 und brachten gleichzeitig durch die Integration der neuen Bundesländer den europäischen Einigungsprozess weiter voran.

Die Bedeutung der beiden Verträge: Sie beendeten (auf deutsch-deutscher Ebene) die Teilung Deutschlands, bedeuteten das Ende der DDR, lösten das europäische Kernproblem und brachten den europäischen Einigungsprozess voran.

Die Vereinigung Deutschlands

Die Vereinigung Deutschlands (am 3.10.1990) wurde in Zusammenarbeit und in Übereinstimmung mit den Nachbarn und Partnern erreicht.

Obwohl die Vereinigung im Inland als Überwindung eines unnormalen Zustands gefeiert wurde, löste ihr Tempo auch Skepsis aus.

Im Ausland überwogen Skepsis und Befürchtungen wegen der wirtschaftlichen und politischen Stärke des vereinten Deutschlands („Viertes Reich"?).

Die **Vereinigung** wurde **ermöglicht** durch
- den raschen Zerfall der UdSSR,
- die vorbehaltlose Unterstützung der USA,
- das zielgerichtete Vorgehen Kohls und Genschers.

Am 3. Oktober 1990 feierten die Deutschen unter großer Anteilnahme des Auslandes die nationale und territoriale Vereinigung ihres Landes und damit das Ende der mehr als vierzigjährigen Teilung. Entscheidend war, dass Deutschland seine **Einheit in Zusammenarbeit und in voller Übereinstimmung mit seinen Nachbarn und Partnern** gefunden hatte.

Im **Inland** wurde die Einigung von der überwiegenden Mehrheit der Bürger vor allem als Überwindung des unnormalen Zustands gefeiert, der das Leben des gesamten deutschen Volkes seit Kriegsende bestimmt hatte. In die Freude und das Erstaunen über die unerwartete Lösung der deutschen Frage mischten sich allerdings auch skeptische Töne. Sie betrafen vor allem das Tempo des Vereinigungsprozesses und daraus eventuell resultierende längerfristige finanzielle, wirtschaftliche und gesellschaftliche Probleme.

In **Europa** überwogen zunächst Skepsis und Befürchtungen. Vor allem in Frankreich, Großbritannien und Italien, jedoch auch in anderen europäischen Ländern wurde unter Bezug auf die europäische Geschichte des 19. und 20. Jahrhunderts die Möglichkeit eines deutschen Rückfalls in nationalstaatliches Denken sowie die wirtschaftliche und damit auch politische Dominanz des vereinten Deutschlands in Europa befürchtet. Allein der amerikanische Präsident George H. Bush und sein Außenminister James Baker unterstützten die Politik der Vereinigung vorbehaltlos. Im Verlauf des Vereinigungsprozesses setzte sich jedoch in den meisten europäischen Ländern eine nüchterne Betrachtungsweise durch, die vor allem die demokratische Stabilität der Bundesrepublik, ihre politische Verlässlichkeit und die positiven Auswirkungen der deutschen Einheit auf den europäischen Einigungsprozess sah.

Die **Vereinigung Deutschlands** wurde durch eine spezifische, einzigartige Gesamtkonstellation ermöglicht, die sich aus folgenden **Bedingungsfaktoren** zusammensetzte:

- Der rasche wirtschaftliche und politische Zerfall der UdSSR, die Hilfe dringend benötigte;
- die vorbehaltlose Unterstützung der USA;
- das zielgerichtete Vorgehen Helmut Kohls, der, unterstützt von seinem Außenminister Hans-Dietrich Genscher, die Gunst der Stunde klug und engagiert nutzte und die Vereinigung zu einem Zeitpunkt wagte, wo zahlreiche Skeptiker und Bedenkenträger einer kleinschrittigen, vorsichtigen Vereinigung das Wort redeten.

Die Vereinigung Deutschlands

Die wirtschaftliche und gesellschaftspolitische Krise der DDR löste im Herbst 1989 eine Revolution aus, die zahlreiche Ursachen hatte:

Politische Ursachen	Gesellschaftliche Ursachen	Wirtschaftliche Ursachen
- Suprematie der SED, Machtlosigkeit aller anderen Institutionen (Handlangerfunktion) - keine Unterstützung durch die UdSSR bzw. „Bruderstaaten" - Diskrepanz zwischen pseudodemokratischer Fassade und machtpolitischer Realität - Verwirklichung der Grund- und Menschenrechte nur im sozialistischen Rahmen - rigorose, oft brutale Verfolgung und Ausschaltung Andersdenkender	- Zweiklassengesellschaft und damit verbundene unterschiedliche Lebensqualität - permanente Bevormundung, Gängelung und erzwungene Unterstützung - Diskrepanz zwischen Theorie und Praxis erschüttert Glaubwürdigkeit der SED und des Sozialismus - andere Bezugssysteme (Demokratie; Bundesrepublik, westliches Gesellschaftssystem, Polen, UdSSR seit 1985)	- niedriger Lebensstandard, schlechte Versorgungslage aufgrund der Planwirtschaft - schlechte Wohnverhältnisse - mühsam funktionierende Infrastruktur - unverhältnismäßig teure „Luxusgüter" - unterschiedliches Warenangebot für normale DDR-Bürger und Besitzer von Devisen

↓ ↓ ↓

Hauptursache

Grundlegendes Problem: Aufgezwungenes politisches und gesellschaftliches System, dessen Installation durch die UdSSR keine Rücksicht nahm auf die historische, politische und wirtschaftliche Entwicklung Ostdeutschlands. Die Übertragung des totalitären sowjetisch-stalinistischen Systems und seine Durchsetzung und Erhaltung erzeugten eine permanente Anreicherung von Konfliktpotential. Die eigentliche Ursache ist – wie bei den anderen Ostblockstaaten – die gesellschaftliche Krise des poststalinistischen Sozialismus.

Die Revolution begann mit einer Massenflucht und mit Massendemonstrationen (Aug., Sept. 1989). Da Gorbatschow eine Unterstützung der SED-Führung abgelehnt hatte, konnte sich die Revolution im Oktober 1989 rasch ausbreiten.

Der Druck der DDR-Bevölkerung erzwang zwischen Oktober 1989 und März 1990 grundlegende politische Veränderungen und den Untergang des SED-Staats.

Im Februar 1990 gab Gorbatschow den Weg frei für die Vereinigung. Sie wurde durch den Einigungsvertrag und den Staatsvertrag auf deutscher Ebene und durch den Zwei-plus-vier-Vertrag auf der Ebene der früheren Besatzungsmächte erreicht.

Die Jahre 1989 bis 1991 waren für Deutschland und Europa Epochenjahre. Der Zerfall der UdSSR und Jugoslawiens löste zwar zahlreiche und gravierende territoriale und ethnische Probleme aus, ermöglichte andererseits aber die rasche Erweiterung der Europäischen Union. Der Maastrichter Vertrag (1992) schuf die Wirtschafts- und Währungsunion und die „Gemeinsame Außen- und Sicherheitspolitik" und machte die Europäische Gemeinschaft (EG) zur Europäischen Union (EU), die sich vor allem nach Ost- und Südosteuropa ausdehnte.

Deutschland seit der Vereinigung

Die wirtschaftliche Transformation

der sozialistischen Staatswirtschaft der DDR in die Soziale Marktwirtschaft war kompliziert, mühsam und für die Bürger der neuen Bundesländer schmerzhaft.
Große Probleme waren zu bewältigen: Die Umstrukturierung der Wirtschaft, die Beseitigung der ökonomischen Altlasten, die Finanzierung der Vereinigung, erhebliche gesellschaftliche Folgeprobleme. Diesen Transformationsprozess leisteten von 1990 bis 1994 die Treuhandanstalt (THA), danach die Kreditanstalt für Wiederaufbau, die Bundesanstalt für vereinigungsbedingte Sonderaufgaben und die Oberfinanzdirektorien. Dieser Transformationsprozess war insgesamt erfolgreich und brachte den neuen Bundesbürgern einen bisher nicht gekannten materiellen Wohlstand.

Folgeprobleme des Transformationsprozesses

Folgeprobleme waren die komplette Umstellung des Alltagslebens, die oft als ungerecht empfundene Abwicklung von Betrieben, die belastende Überprüfung der politischen Vergangenheit und das als überheblich empfundene Auftreten westdeutscher „Experten". Viele Ostdeutsche fühlten sich als „Bürger zweiter Klasse". Daraus entstanden vor allem bei den „Verlierern" der Vereinigung Rechtspopulismus, Rechtsextremismus, Fremdenhass. Die politische Landschaft veränderte sich: Die Partei Die Linke strebt einen demokratischen Sozialismus an. Die AfD (Alternative für Deutschland) als rechtspopulistische, teilweise rechtsextremistische, nationalistische, ausländerfeindliche Partei entstand. 2016 wurde sie in den Landtagswahlen von Mecklenburg-Vorpommern und Sachsen-Anhalt jeweils die zweistärkste Partei. Noch rechtsextremer gebärdet sich die Bewegung Pegida (Patriotische Europäer gegen die Islamisierung des Abendlandes). Ihre gewaltbereiten Anhänger verkünden extrem fremden-, ausländer- und islamfeindliche Parolen.

Die Regierungen

Von 1982 bis 1998 war **Helmut Kohl** (CDU) Kanzler. Er war maßgeblich an der Vereinigung beteiligt („Kanzler der Vereinigung") und bestimmte auch die europäische Entwicklung mit.
Gerhard Schröder (SPD) regierte 1998 bis 2005 zusammen mit der Partei Bündnis90/Die Grünen. Sein wirtschaftlich-soziales Reformpaket „Agenda 2010" war unterschiedlich erfolgreich. Er scheiterte an einer selbst initiierten Vertrauensfrage im Bundestag.
Seine Nachfolgerin **Angela Merkel** (CDU, 2005 bis heute) konnte die Wirtschaft stabilisieren und Deutschland wurde zur führenden europäischen Wirtschaftskraft. Mit ihrer sehr positiven Haltung zur Aufnahme von Flüchtlingen aus Nordafrika, Syrien und Afghanistan stieß sie auf großen Widerspruch. Trotz unübersehbarer Einzelprobleme ist ihre Kanzlerschaft erfolgreich.

Die Außenpolitik der BRD

Sie wurde in den 90er-Jahren bestimmt vom Jugoslawienkonflikt (1991–1999), in den die BRD zum ersten Mal nach dem Zweiten Weltkrieg auch militärisch eingriff (Kosovokonflikt), Sie beteiligte sich auch mit „friedenssichernden Maßnahmen" in Afghanistan, am Horn von Afrika und im Nahen Osten. Im Ukrainekonflikt unterstützte sie die Sanktionsmaßnahmen gegen Russland

9 Deutschland und Europa seit 1990

Von der Europäischen Gemeinschaft (EG) zur Europäischen Union

Diese Entwicklung vollzog sich in folgenden Schritten:
Im Februar **1992** entstand durch den „**Vertrag über die Politische Union und die Wirtschafts- und Währungsunion**“ (Vertrag von Maastricht) die **Europäische Union**. Vertragsschwerpunkte sind die demokratischen Grundsätze der EU, ihre politische Struktur, die gemeinsame Wirtschafts- und Währungspolitik sowie die gemeinsame Außen- und Sicherheitspolitik (GASP).
Am 12.5.**1992** schlossen sich die EU und die „Europäische Freihandelsassoziation“ (EFT) zum **Europäischen Wirtschaftsraum** (EWR) zusammen.

Das europäische Parlament in Straßburg

Das **Schengener Abkommen** von **1995** bestimmte den Wegfall der Grenzkontrollen im europäischen Binnenraum sowie die Kontrolle der Schengen-Außengrenzen und die Vernetzung der Polizeiarbeit.
Die **Währungsunion** machte am 1.1.**2002** den Euro zum gemeinsamen Zahlungsmittel in (heute) 19 Mitgliedsstaaten.
Die **Verträge von Amsterdam (1999)**, **Nizza (2001)**, **Lissabon (2007)** und **Amsterdam (2009)** erweiterten und präzisierten die Zusammenarbeit der EU-Staaten. Die **Verträge von Amsterdam (1999)** und der „**Vertrag über die Arbeitsweise der Europäischen Union**“ (AEU-Vertrag, 2007) sind die **verfassungsrechtliche Grundlage der EU**.

Europa seit 1990

Probleme und Konflikte

Seit ihrer Gründung wurde die EU mit zahlreichen Problemen konfrontiert.
Dazu gehören die politisch, ethnisch und religiös bedingten **Jugoslawienkriege** („Balkankonflikt“, 1991–1999) als Folgeerscheinung des Zerfalls der Sozialistischen Föderativen Republik Jugoslawien, die **Entstehung** rechtsextremer, nationalistischer und **europafeindlicher Parteien** in zahlreichen EU-Ländern sowie **nationalistischer Regierungen** (Polen, Ungarn).
Die Finanzkrise von 2008 brachte die die Wirtschaft einiger Länder in starke Schieflage (Italien, Spanien, Portugal Rumänien, Bulgarien, Zypern, Irland und vor allem Griechenland) und machte umfangreiche und umstrittene Stabilisierungsmaßnahmen nötig.
Die **Flüchtlingsfrage**, die durch das Flüchtlingsabkommen mit der Türkei eingedämmt werden konnte, die EU aber von dem diktatorisch regierenden Staatschef Erdogan abhängig macht, zeigte die Uneinigkeit und Zerrissenheit der EU.
Der **islamistische Terror** bedroht weite Teile der Welt und Europa und der seit 2014 schwelende Ukrainekonflikte verhärtete die Fronten zwischen Russland und dem Westen.

KURZINFO

9 Deutschland und Europa seit 1990

- Die Transformation der maroden sozialistischen Staatswirtschaft der DDR in die Soziale Marktwirtschaft und die damit verbundenen wirtschaftlichen und gesellschaftlichen Umstellungsprobleme waren für die neuen Bundesbürger ein schmerzhafter Prozess.
- Die Parteienlandschaft veränderte sich durch das Aufkommen neuer Links- und Rechtsparteien und extremistischer Rechtsbewegungen.
- Mit dem Vertrag von Maastricht entstand 1992 aus der Europäischen Gemeinschaft (EG) die Europäische Union (EU), die heute 28 Mitgliedstaaten umfasst. Die Jugoslawienkriege (1991-1999), das Aufkommen europäischer nationalistischer Rechtsregierungen, rechtsextremer Parteien und Bewegungen, der seit 2014 schwelende Ukraine-Konflikt und die Flüchtlingsproblematik zeigen die Schwierigkeiten des Zusammenwachsens, die Zerrissenheit und die mangelnde Solidarität der europäischen Staaten.
- Zahlreiche politische, wirtschaftliche, ethnische und religiös motivierte europäische Probleme und außereuropäische Konflikte mit starken Rückwirkungen auf Europa verdeutlichen die schwierige Lage Europas, z.B. die Finanzkrise von 2008, die Ukraine-Krise, die Entwicklung in der Türkei, die Flüchtlingsproblematik, der Terrorismus islamistischer Gruppierungen und Bewegungen, Konflikte in Afrika, dem Nahen Osten und Asien.

Deutschland seit 1990

Die wirtschaftliche und gesellschaftliche Transformation der ehemaligen DDR

Die Transformation der sozialistischen Staatswirtschaft der ehemaligen DDR in die Soziale Marktwirtschaft war kompliziert, mühsam und für die Bürger der neuen Bundesländer schmerzhaft.

Die DDR hatte in vierzigjähriger sozialistischer Planwirtschaft immense wirtschaftliche und gesellschaftliche Probleme angehäuft. Nachdem die erste Vereinigungseuphorie abgeklungen war, zeigte sich bald, dass die Bewältigung der **Wiedervereinigung kompliziert** und **mühsam** sein würde. Die **Hauptproblemfelder** waren und sind teilweise immer noch die völlige Umstrukturierung der Wirtschaft der neuen Bundesländer, die mühsame Beseitigung der ökonomischen Altlasten, die Finanzierung der Vereinigung und die Bewältigung von erheblichen gesellschaftlichen Folgeproblemen. Die Wirtschaft der DDR stand im Jahre 1990 vor dem Kollaps. Im Dezember des Vereinigungsjahres produzierten die meist maroden ehemaligen DDR-Betriebe nur noch 47% des Vorjahres. Die veralteten, unproduktiven und nicht konkurrenzfähigen Staatsbetriebe mussten entweder stillgelegt oder unter marktwirtschaftlichen Gesichtspunkten aufwändig saniert und modernisiert werden. Hinzu kam, dass die Ostdeutschen zunächst Westprodukte bevorzugten und der osteuropäische

Markt aufgrund der wirtschaftlichen und politischen Verhältnisse der ehemaligen Ostblockländer zusammenbrach. Diese in der Geschichte einmalige **Transformation einer ganzen** durch Fünfjahrespläne gelenkten **Staatswirtschaft in die freie Marktwirtschaft** musste die Treuhandanstalt (THA, kurz: Treuhand) zwischen 1990 und 1994 leisten. Sie hatte drei vorrangige Aufgaben: Privatisierung der ehemalig staatseigenen Betriebe entsprechend den Grundsätzen der Sozialen Marktwirtschaft, Sicherung der Effizienz und Wettbewerbsfähigkeit der Unternehmen bzw., wenn unumgänglich, deren Stilllegung.

Große Probleme waren zu bewältigen: Die Umstrukturierung der Wirtschaft, die Beseitigung der ökonomischen Altlasten, die Finanzierung der Vereinigung und die Bewältigung von erheblichen gesellschaftlichen Folgeprobleme.

Diesen Transformationsprozess leisteten von 1990 bis 1994 die Treuhandanstalt, danach die Bundesanstalt für vereinigungsbedingte Sonderaufgaben, die Kreditanstalt für Wiederaufbau und die Oberfinanzdirektionen.

Das Heranführen der ostdeutschen Wirtschaft an das westliche System war für die Menschen in den neuen Bundesländern ein sehr **schmerzhafter Prozess**. Die Treuhand übernahm ca. 8.500 volkseigene Betriebe der ehemaligen DDR sowie deren Schulden, verwaltete zudem rund 45.000 kleinere Betriebe und war damit verantwortlich für mehr als 4 Millionen Beschäftigte. Die Treuhand legte ca. 3.500 nicht sanierbare Betriebe still, sanierte die rentablen, privatisierte ca. 14.600 Betriebe und stellte Grund und Boden sowie Kredite für wirtschaftliche Zwecke bereit. 3,5 Millionen Arbeitsplätze gingen verloren und die Arbeitslosenrate stieg in den neuen Bundesländern sprunghaft an (1994: 14,8 %, 1997: 17,7 %, 2005; 18,7 %). Fast 3 Millionen Menschen suchten zwischen 1990 und 2005 Arbeit in den alten Bundesländern und verschlechterten dadurch die Situation strukturschwacher Gegenden im Osten Deutschlands.

Die „Abwicklung" der ehemals staatseigenen Ostbetriebe verlief oft problematisch: Treuhandsubventionen wurden zweckentfremdet, die „alten Seilschaften" aus DDR-Zeiten hatten oft bessere Startbedingungen und die neuen Eigentümer der Ostunternehmen waren meist westdeutsche und ausländische Investoren, die in erster Linie an schnellen Gewinnen interessiert waren. Ab 1995 übernahmen spezielle Institutionen die Aufgabe der Treuhand, u.a. die „Bundesanstalt für vereinigungsbedingte Sonderaufgaben" (BVS), 2001 die „Kreditanstalt für Wiederaufbau" und die Oberfinanzdirektionen. Als die Treuhand am 31.12.1994 aufgelöst wurde, hatte sie trotz der Verkaufserlöse ca. 250 Mrd. Mark Schulden (= 128 Mrd. Euro), die den Bundeshaushalt mit jährlich ca. 17 Mrd. Mark belasteten.

Seit dem 1.1.1995 wird zur Finanzierung der Angleichung der neuen Bundesländer an die alten der **Solidaritätszuschlag** („Soli") erhoben. Diese „Ergänzungsabgabe" für den „Aufschwung Ost" betrug bis 1998 7,5 % der zu entrichtenden Steuer und seitdem 5,5 %. Er läuft bis 2019 und soll den neuen Bundesländern ca. 156 Mrd. Euro zur Verfügung stellen.

Dieser Transformationsprozess, der durch einen Solidaritätszuschlag (Soli) auf die zu entrichtende Steuer (heute 5,5 %) bis 2019 mitfinanziert wird, war insgesamt erfolgreich und brachte trotz aller subjektiven Kritik den neuen Bundesbürgern einen bisher nicht gekannten materiellen Wohlstand.

Der alles in allem **erfolgreiche Transformationsprozess** bewirkte im Gegensatz zu der oft subjektiven, unzutreffenden Kritik in Ost und West („raffgierige Besserwessis"- „unflexible Ossis") unübersehbare **positive Entwicklungen**. Die meisten Bürger der neuen Bundesländer haben ein vorher nicht gekanntes Maß an materiellem Wohlstand erreicht. Die Wirtschaft, die Umwelt, Städte und die gesamte Infrastruktur wurden grundlegend modernisiert und in den Bereichen

Bildung und Gesundheit gibt es keine Unterschiede mehr zwischen Ost und West. Die Arbeitslosigkeit in den neuen Bundesländer sank bis Ende 2016 auf durchschnittlich 7,5 % (alte Bundesländer: 5,3 %). Auch die Wirtschaft der neuen Bundesländer wuchs deutlich, hat jedoch das Westniveau noch nicht erreicht.

Gesellschaftliche Probleme und veränderte Parteienlandschaft

Die Vereinigung konfrontierte viele neue Bundesbürger mit zahlreichen Problemen: Die komplette Umstellung des Alltagslebens, die oft als ungerecht angesehene Abwicklung von Betrieben, die belastende Überprüfung der politischen Vergangenheit und das überhebliche Auftreten westdeutscher „Experten". Viele Ostdeutsche fühlten sich als „Bürger zweiter Klasse".

Die **Vereinigung brachte** für viele neue Bundesbürger eine **Fülle von Problemen** mit sich, die die insgesamt positive Entwicklung überlagerten bzw. überlagern: Die schwierige Umstellung des kompletten Alltagslebens, die problematische Arbeitsmarktsituation, die oft als ungerecht und unsozial empfundene Abwicklung von Wirtschaftsunternehmen, die komplizierte und belastende Überprüfung der politischen Vergangenheit und das überhebliche Auftreten westdeutscher „Experten". Viele Ostdeutsche fühlten sich von den „Wessis" überrollt, unverstanden und als „Bürger zweiter Klasse" behandelt.

Diese negativen Auswirkungen hatten bei einem Teil der Ostdeutschen, vor allem bei denen, die sich als Verlierer der Vereinigung sahen, **ausgeprägten Rechtspopulismus, Rechtsextremismus, Verunglimpfung der Demokratie und Fremdenhass** zur Folge. So entstand Mitte der 90er-Jahre der „Nationalsozialistische Untergrund" (NSU), dessen drei Hauptakteure aus Jena stammten. Das Aufkommen einer rechtsterroristischen Untergrundbewegung und deren lange unerkannte Aktivität ist ein in der deutschen Nachkriegsgeschichte bislang beispielloser Vorgang. Der NSU verübte seit Ende der 1990er-Jahre zahlreiche Gewaltverbrechen und ermordete bis zu seiner Zerschlagung im November 2011 bundesweit acht türkischstämmige Bürger, einen griechischen Kleinunternehmer sowie eine Polizistin.

Eine wesentliche Auswirkung war bei einem Teil der Ostdeutschen die Entstehung von ausgeprägtem Rechtspopulismus, Rechtsextremismus, die Verunglimpfung der Demokratie und Fremdenhass.

Diese politischen, wirtschaftlichen und sozialen Veränderungen bewirkten auch eine **Veränderung der Parteienlandschaft**. in der Bundesrepublik:

Auch die politische Landschaft veränderte sich und neue Parteien und Bewegungen entstanden: Die Partei Die Linke, die einen demokratischen Sozialismus anstrebt,

- Aus der Verschmelzung der SED-Nachfolgerpartei Die Linkspartei. PDS und der teilweise sozialistischen WASG (zunächst: „Wahlalternative Arbeit & soziale Gerechtigkeit", dann „Arbeit & soziale Gerechtigkeit - Die Wahlalternative") entstand am 16.6.2007 in Berlin die sozialistische Partei **Die Linke** (auch: Linkspartei). Ihr Ziel ist die Überwindung des Kapitalismus und die Schaffung eines demokratischen Sozialismus. Sie erhielt vor allem in den neuen Bundesländern großen Zulauf, ist seit 2009 im Bundestag eine feste politische Größe und auch in westdeutschen Länderparlamenten vertreten. In Thüringen stellt sie seit Dezember 2014 mit Bodo Ramelow erstmals einen Ministerpräsidenten.

- Am 6.2.2013 entstand die Partei **Alternative für Deutschland** (AfD). Ihr vorrangiges Ziel war zunächst der Austritt Deutschlands aus der europäischen Währungsunion. Im Mai 2015 spaltete sich die Partei in die AfD und in die **Allianz für Fortschritt und Aufbruch**, die weiterhin an den ursprünglichen Zielen festhält. Die **AfD**, in der der nationalkonservative und nationalistische Teil der Partei blieb, wandelte sich vor allem vor dem Hintergrund der zunehmenden Flüchtlingszahlen aus Syrien im Jahr 2015 rasch zu einer rechtspopulistischen, in Teilen rechtsextremistischen, nationalistischen, antisemitischen und ausländerfeindlichen Partei. Ende 2016 war die AfD im Europaparlament und in 8 der 16 Länderparlamenten vertreten. Bei den Landtagswahlen in Mecklenburg-Vorpommern und Sachsen-Anhalt wurde sie 2016 mit 20,8% bzw. 24,5 % jeweils zweitstärkste Partei. Dieses Ergebnis zeigt aber auch, dass die überwiegende Mehrheit der Ostdeutschen das radikale Gedankengut der AfD nicht unterstützt.

die Alternative für Deutschland (AfD), eine rechtspopulistische, teilweise rechtsextremistische, nationalistische und ausländerfeindliche Partei mit oft nationalsozialistischer Rhetorik. 2016 wurde sie in den Landtagswahlen von Mecklenburg-Vorpommern und Sachsen-Anhalt jeweils die zweistärkste Partei.

- Noch aggressiver und fremdenfeindlicher gebärdet sich die im Oktober 2014 in Dresden gegründete rechtsextremistische Bewegung **„Patriotische Europäer gegen die Islamisierung des Abendlandes“** (Pegida), die rasch in zahlreichen ost- und westdeutschen Städten Ableger fand. Ihre Anhänger verkünden energisch und gewaltbereit ihre extrem fremden-, ausländer- und islamfeindlichen Ziele und Parolen und schrecken auch vor kriminellen Gewaltakten nicht zurück.

  Obwohl AfD, Pegida und andere rechtsextremistische Gruppierungen nur einen kleinen Teil der Bevölkerung repräsentieren, sind sie vor allem in den neuen Bundesländern unübersehbare Risikofaktoren und eine Gefahr für das friedliche gesellschaftliche Zusammenleben.

Noch aggressiver tritt die Bewegung „Patriotische Europäer gegen die Islamisierung des Abendlandes (Pegida) auf, deren gewaltbereite Anhänger extrem fremden-, ausländer- und islamfeindliche Parolen verkünden.

Von Kohl zu Merkel

Die innenpolitische Entwicklung

Von **1982 bis 1998** war Helmut **Kohl** (CDU) Kanzler einer Koalition aus CDU/CSU und FDP. Da er in der Phase der Vereinigung eine wichtige Rolle gespielt hatte, galt er als **„Kanzler der Einheit“**. Innenpolitisch hatte er wenig Handlungsspielraum, da seit 1991 die Opposition im Bundesrat die Mehrheit hatte. Deshalb engagierte er sich vor allem in der Europapolitik. Er war wesentlich beteiligt am Schengener Abkommen, an der Etablierung von Frankfurt a. Main als Sitz der Europäischen Zentralbank (EZB) und der Einführung des Euro als gemeinsame europäische Währung.

Von 1982 bis 1998 regierte Helmut Kohl mit einer CDU/CSU/FDP-Koalition. Er galt als „Kanzler der Einheit“, bestimmte aber auch die Europapolitik wesentlich mit.

Das Kabinett Schröder (SPD/Bündnis 90) war außenpolitisch amerikakritisch und russland- bzw. putinfreundlich. Deutschland nahm z.B. nicht am Irakkrieg (Frühjahr 2013) teil. Obwohl Schröders umfassende Wirtschafts- und Sozialreform, die Agenda 2010, unterschiedlich erfolgreich war, gelang ihm die Überwindung der vereinigungsbedingten Strukturkrise. Er scheiterte am 1.7.2005 an der von ihm initiierten Vertrauensfrage im Bundestag.

1998 gewann die SPD die Bundestagswahl. Kanzler der rot-grünen Koalition wurde Gerhard **Schröder (SPD)**, Außenminister Joschka Fischer (Bündnis 90/ Die Grünen). Schröders Außenpolitik war von einer erkennbaren amerikakritischen und russland- bzw. putinfreundlichen Einstellung geprägt. Seine Entscheidung vom Sommer 2002, dass Deutschland ohne UN-Mandat nicht am Irakkrieg (Frühjahr 2003) teilnehmen werde, führte zu erheblichen Spannungen mit den westlichen Verbündeten. Innenpolitisch erreichte die rot-grüne Koalition mit der am 14.3.2003 von Schröder verkündeten **Agenda 2010** eine umfassende und überwiegend positive Sozial- und Wirtschaftsreform. Sie initiierte Reformen für die Bereiche Wirtschaft, Arbeitsmarkt, Ausbildung, Bildungswesen, Krankenversicherung, gesetzliche Rentenversicherung, Familienpolitik. Obwohl diese Maßnahmen unterschiedlich erfolgreich waren, gelang Schröder die Überwindung der Wirtschaftskrise, in der sich Deutschland aufgrund der Vereinigungsprobleme befand. Die Arbeitslosenzahl sank deutlich, die Wettbewerbsfähigkeit der deutschen Industrie stieg in einer weltweit schwierigen wirtschaftlichen Situation. Die Oppositionsmehrheit im Bundesrat und innerparteiliche Querelen sowie Schröders mitunter als arrogant empfundenes Auftreten ließen seine Popularität auch in der eigenen Partei sinken. Um vorzeitige Neuwahlen zu erzwingen, stellte er am 1. Juli **2005** im Bundestag die Vertrauensfrage, die er deutlich verlor (151 Ja-, 296-Neinstimmen, 148 Enthaltungen).

Nachfolgerin wurde Angela Merkel (CDU), die mit verschiedenen Koalitionen seither regiert.

Die nun notwendige Neuwahl gewann die CDU, die mit **Angela Merkel** die erste **Bundeskanzlerin** und damit die erste Spitzenpolitikerin aus Ostdeutschland stellte. Seit dem 22. November 2005 hat sie drei Kabinette geführt: Die Große Koalition mit der SPD (2005-2009), die schwarz-gelbe (CDU/CSU und FDP) bis 2013 und dann wieder eine Große Koalition (20013-2017). Anfang 2017 kündigte sie ihre erneute Kanzlerkandidatur an.

Die wirtschaftliche Entwicklung.

Die deutsche Wirtschaft entwickelte sich seit der Jahrhundertwende positiv, ist in Europa führend und ein wichtiger Weltwirtschaftsfaktor.

Seit der Jahrhundertwende entwickelte sich die **deutsche Wirtschaft** trotz gelegentlicher Rückschläge vergleichsweise gut. Sie ist **in Europa führend**. Es gelang Kanzlerin Merkel die hohe Arbeitslosigkeit auf ein Rekordtief zu senken und Deutschland trotz der weltweiten Finanz- und Wirtschaftskrise von 2008 zum Exportweltmeister zu machen. Die Arbeitslosigkeit war Ende 2016 mit durchschnittlich 5,8 % so niedrig wie zuletzt 1991. Deutschland ist für Europa der wichtigste Wirtschaftsfaktor und ein wichtiger für die Weltwirtschaft.

Die Flüchtlingsproblematik

Merkels sehr positive Haltung in der Flüchtlingsfrage, die sie später relativierte, brachte ihr herbe Kritik ein.

Umstritten war Merkels Haltung in der Flüchtlingsproblematik (→ S. 195). Diese wurde für die BRD zu einer Zerreißprobe, da die enorm hohe Zahl aufgenommener Flüchtlinge (2015:890.000) nicht nur von nationalistischen Rechtskreisen, sondern auch von weiten Teilen der Bevölkerung heftig kritisiert wurde. Mit ihrer umstrittenen Feststellung „Wir schaffen das!“, die sie später relativierte, verschärfte sie die Flüchtlingsproblematik und spaltete in diesem Punkt die Gesellschaft.

Insgesamt ist ihre **Kanzlerschaft erfolgreich**, die von Merkel geführten Regierungen erreichten und stabilisierten trotz unübersehbarer Einzelprobleme die **innenpolitische Stabilität der BRD**.

Insgesamt ist ihre Kanzlerschaft erfolgreich, was die innenpolitische Stabilität der BRD verdeutlicht

Das außenpolitische Engagement Deutschlands

Die Außenpolitik der BRD wurde seit den 90er-Jahren von der europäischen Entwicklung und vor allem von europäischen und außereuropäischen Krisen und Konflikten auf dem Balkan (Zerfall Jugoslawiens, Jugoslawienkriege), in der Ost-Ukraine (→ S. 195), in Afghanistan, Afrika und dem Nahen Osten bestimmt. Im Jugoslawienkonflikt spielte die BRD eine aktive Rolle (→ S. 193). Sie war im Kosovokonflikt sogar militärisch involviert, unterstützte die europäische Sanktionspolitik gegenüber Russland, beteiligte sich aber ansonsten in den anderen Krisengebieten nur mit „friedenssichernden Maßnahmen", wurde mitunter jedoch, wie z.B. in Afghanistan, in militärische Scharmützel verwickelt. Sie versuchte auf Konfliktparteien politisch Einfluss zu nehmen, bekämpfte den Terrorismus, die Piraterie am Horn von Afrika und die Schleppertätigkeit auf dem Mittelmeer, unterstützte Truppen anderer Staaten logistisch (z.B. in Afghanistan und Syrien), bildete dort einheimische Sicherheitskräfte aus und leistete humanitäre Hilfe.

Die Außenpolitik der BRD wurde weitgehend von europäischen und außereuropäischen Krisen und Konflikten bestimmt, an denen sie sich mit „friedenssichernden Maßnahmen" beteiligte. Im Kosovokonflikt griff sie allerdings erstmalig seit dem Zweiten Weltkrieg auch militärisch ein.

Europa seit 1990

Von der Europäischen Gemeinschaft (EG) zur Europäischen Union (EU)

Der Zerfall der Sowjetunion und das Ende des Kalten Kriegs weckten bei den europäischen Politikergenerationen, die die Katastrophen des 20. Jahrhunderts (Erster und Zweiter Weltkrieg) erlebt hatten und deren Folgeerscheinungen (Ost-West-Konflikt, Kalter Krieg, Wettrüsten etc.), die Hoffnung, die Europäische Gemeinschaft stärken und sicherer machen zu können. Deshalb beschlossen am 7.2.**1992** zwölf europäische Staaten die **Gründung der Europäischen Union** durch den „Vertrag über die Politische Union und die Wirtschafts- und Währungsunion" (**Vertrag von Maastricht**). Schwerpunkte des Vertrags sind die demokratischen Grundsätze der EU, die Funktionen und Kompetenzen ihrer Organe, die gemeinsame Wirtschafts- und Währungspolitik ohne Zollkontrollen sowie die gemeinsame Außen- und Sicherheitspolitik (GASP).

Am 2.5. **1992** schlossen sich in Porto die EU und die Europäische Freihandelsassoziation (EFTA) mit den Mitgliedsstaaten Island, Liechtenstein und Norwegen zum **Europäischen Wirtschaftsraum** (EWR) zusammen. Der EWR, der am

Die Entwicklung der Europäischen Gemeinschaft zur Europäischen Union wurde in folgenden Schritten vollzogen: 1992: Zwölf Staaten gründen durch den Vertrag von Maastricht die Europäische Union.

Vertragsschwerpunkte: demokratische Grundsätze, Funktionen und Kompetenzen ihrer Organe, gemeinsame Wirtschafts- und Währungspolitik, gemeinsame Außen- und Sicherheitspolitik (GASP).

1992, Porto: EU und EWR schließen sich zum Europäischen Wirtschaftsraum zusammen.
1995: Das Schengen-Abkommen regelt den Wegfall der Grenzkontrollen im europäischen Binnenraum und die Kontrolle der Außengrenzen.
1999 Währungsunion: seit 1.1.2002 ist der Euro Zahlungsmittel in (heute) 19 EU-Staaten.

Die Verträge von Amsterdam (1997), Nizza (2001), Lissabon (2007) und der „Vertrag über die Arbeitsweise der Europäischen Union" (AEUV, 2009) erweiterten und präzisierten die Zusammenarbeit der EU, deren verfassungsrechtliches System auf dem Vertrag von Amsterdam und dem AEUV basiert.

1.1.1994 in Kraft trat, umfasst heute 31 Mitgliedsstaaten und ist, gemessen an der Inlandsproduktion die größte gemeinsame Wirtschaftszone der Welt mit mehr als 50% des gesamten Welthandels. Das **Schengener Abkommen** (Tag des Inkrafttretens 26.3.1995), legte den Wegfall der Grenzkontrollen im europäischen Binnenraum fest sowie eine effizientere Kontrolle der Schengen-Außengrenzen und die starke Vernetzung der Polizeiarbeit.

1999 wurde der Maastrichter Vertrag durch die **Währungsunion** erweitert. Sie machte am 1.1.2002 den Euro zum Zahlungsmittel in (heute) 19 Mitgliedsstaaten. Der am 2.10.**1997** von den Staats- und Regierungschefs der EU unterzeichnete **Vertrag von Amsterdam** (Tag des Inkrafttretens am 1.5.1999) sowie die **Verträge von Nizza** (2001), **Lissabon** (2007) und der Amsterdamer **„Vertrag über die Arbeitsweise der Europäischen Union** (AEUV, 2009) erweiterten und präzisierten die Zusammenarbeit der EU-Staaten durch folgende Maßnahmen: Stärkung des Europa-Parlaments, Intensivierung der Zusammenarbeit in der Außen- und Einwanderungspolitik, Weiterentwicklung des Europäischen Polizeiamtes (Europol, verbesserte Zusammenarbeit in der Außen- und Sicherheitspolitik).

Das verfassungsrechtliche und politische **System** der EU, ihr Verfassungsrecht, basiert auf dem Vertrag vom Amsterdam (1992) und dem AEUV. Es hat folgende Institutionen und Kompetenzen:

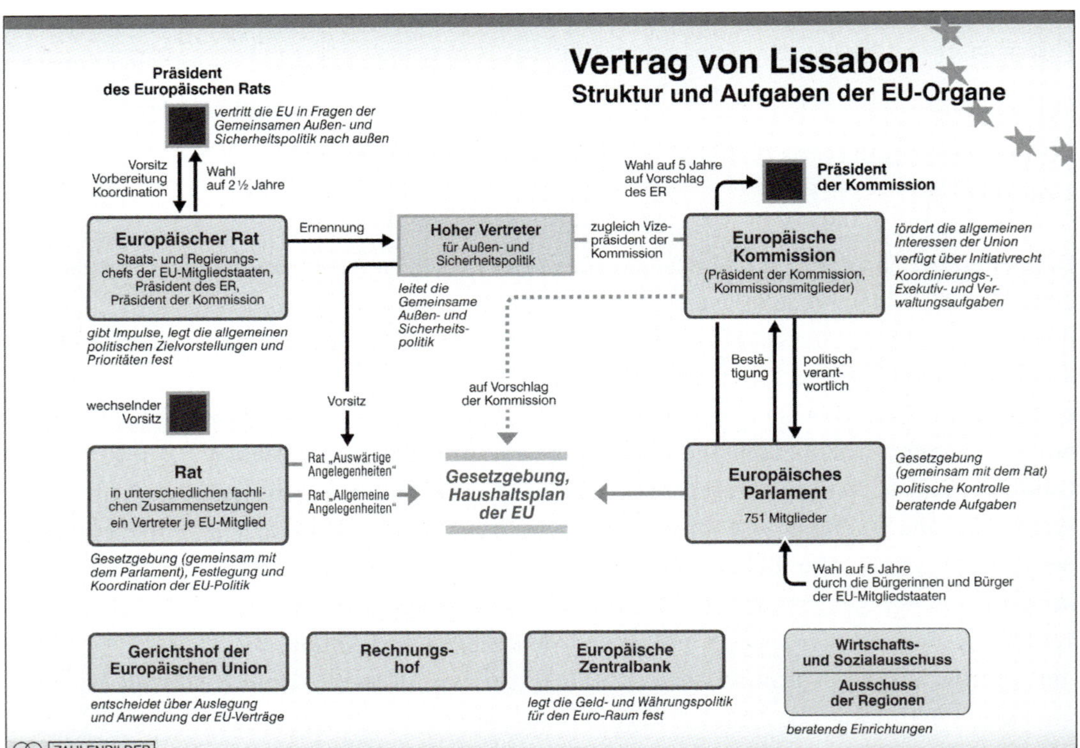

Probleme und Konflikte

Die **Jugoslawien-** oder **Balkankriege** (1991-1999) zeigten, dass die Hoffnung auf eine friedliche Entwicklung Europas trügerisch war. Nach dem Tode der Integrationsfigur Josip Broz Tito (1980) zerfiel die ehemalige Sozialistische Föderative Republik Jugoslawien aufgrund politischer, ethnischer, religiöser und wirtschaftlicher Probleme. Zwischen 1991 und 1999 erkämpften Slowenien (1991), Kroatien (1991-1995), Bosnien-Herzegowina (1992-1995), der Kosovo (1999) gegen die serbische Dominanz und die Albaner (in Mazedonien) gegen die mazedonische oder untereinander in oft brutal geführten, grausamen Auseinandersetzungen ihre Unabhängigkeit. Erst das militärische Eingreifen der NATO und der massive amerikanische Druck bewirkten am 21.11.**1995** das **Friedensabkommen von Dayton** (Ohio) zwischen Serbien, Kroatien und Bosnien-Herzegowina, an dem maßgeblich der US-Präsident Clinton beteiligt war und das Mitte Dezember 1995 in Paris unterzeichnet wurde. Es schuf die Voraussetzung für die mühsame und aufgrund der vielfältigen Probleme keineswegs konfliktfreie Befriedung des Balkans.

Nach dem Tod der Integrationsfigur Josip Broz Tito (1980) zerfiel Anfang der 90er-Jahre die Sozialistische Föderative Republik Jugoslawien.

In brutalen und grausamen Kriegen erkämpften Slowenien, Kroatien, Bosnien-Herzegowina, der Kosovo gegen Serbien sowie die Albaner gegen Mazedonien zwischen 1991 und 1999 ihre Unabhängigkeit.

Im Balkankonflikt war **auch** die **BRD involviert**. Sie erkannte z.B. in einem Alleingang 1991 Slowenien und Kroatien an, bevor die Europäische Gemeinschaft dies tat. Dadurch erschütterte sie die Glaubwürdigkeit der EG und nährte Befürchtungen, das vereinigte Deutschland strebe eine Führungsrolle in Europa an. Am Kosovo-Krieg (Kosovo – Serbien) nahm die BRD sogar militärisch teil, nachdem das Bundesverfassungsgericht 1994 entschieden hatte, dass ein derartiger militärischer Out-of-area-Einsatz, d.h. außerhalb des NATO-Gebiets, erlaubt sei, wenn der Bundestag ihm zustimme, was dieser tat. Auf dieser rechtlich umstrittenen Grundlage beteiligten sich erstmals seit dem Zweiten Weltkrieg deutsche Truppen an einem Krieg. Deutschlands militärische Beteiligung wurde mit humanitären Erwägungen gerechtfertigt, was im In- und Ausland als problematisch angesehen wurde, da es für ein derartig begründetes militärisches Eingreifen in einem souveränen Staat völkerrechtlich keine Legitimation gab.

Am Kosovo-Krieg beteiligte sich die BRD erstmals seit dem Zweiten Weltkrieg an einem Krieg, ohne dafür eine völkerrechtliche Legitimation zu haben.

Entstehung rechtsextremer nationalistischer Regierungen, Parteien und Bewegungen: Die EU, die als Hoffnungsträger gestartet war, geriet in den vergangenen Jahren in nahezu allen Mitgliedsländern immer stärker in die Kritik. Teilweise heftig wurden die zentralistische, mitunter überzogene Bürokratie kritisiert, ihr zentralistisches Machtgebaren und ihre „Regulierungswut“. Die Folge war die Entstehung rechtsextremer, nationalistischer und europadistanzierter Regierungen (Ungarn, Polen) sowie europafeindlicher Parteien und Bewegungen in nahezu allen europäischen Ländern. Sie missachten grundlegende europäische Werte (Demokratie, Menschenrechte, Pressefreiheit, Pluralismus), betrachten die EU als Knebelungsinstrument der wirtschaftlich und politisch starken Länder und gehen propagandistisch gegen sie vor.

Als Folge der zunehmenden Kritik am Zentralismus und der Bürokratie der EU entstanden rechtsextreme, nationalistische, europadistanzierte Regierungen (Ungarn, Polen) und europafeindliche Parteien und Bewegungen in fast allen EU-Ländern. Sie lehnen die EU als „Knebelungsinstrument“ der politisch und wirtschaftlich starken Länder ab.

Die Finanzkrise von 2008, entstanden aus der US-Immobilienkrise, hatte starke finanzielle und wirtschaftliche Auswirkungen auf Europa und machte die desolate finanzielle und wirtschaftliche Situation einiger Länder deutlich.

Italien, Spanien, Portugal, Irland, Rumänien, Bulgarien, Zypern und vor allem Griechenland benötigten sehr hohe Unterstützungskredite, die das „Europäische Stabilitätsmanagement" (EMS = Rettungsschirm zur Stabilisierung des Euro) zur Verfügung stellte.
Die hohen Milliardenkredite und die damit verbundenen Auflagen verschlechterten die Einstellung zur EU in den Geber- wie in den Empfängerländern.

Der Austritt Großbritanniens aus der EU, für den am 23.6.2016 51,86 % stimmten, ist ein Rückschlag für die Entwicklung Europas, dessen konkrete Folgen für beide Seiten noch nicht absehbar sind.
Als Hauptargumente nannten die Brexitbefürworter die Benachteiligung Großbritanniens durch die EU und die Rückkehr zur vollen Souveränität, z.B. in der Flüchtlingsfrage.
Die Flüchtlingsproblematik ergab sich aus dem Arabischen Frühling, der zum Sturz autokratischer Herrscher und Regime führte, aber auch zu blutigen Bürgerkriegen.

Überlagert und verschärft wurde diese Entwicklung durch die **Finanzkrise 2008**. Sie begann 2007 in den USA, als der spekulativ aufgeblähte Immobilienmarkt zusammenbrach. Folgen waren hohe Verluste amerikanischer bzw. europäischer Banken oder gar deren Ruin, z.B. der US-Großbank Lehman Brothers (September 2008). Diese Finanzkrise hatte **starke finanzielle und wirtschaftliche Auswirkungen auf Europa**. Aufgrund staatlicher Unterstützungsmaßnahmen und spezifischer Defizite stieg die Staatsverschuldung von Italien, Spanien, Portugal, Irland, Rumänien, Bulgarien und vor allem Griechenland sprunghaft an und hatte **gravierende negative wirtschaftliche und gesellschaftliche Auswirkungen**. Die Volkswirtschaften dieser Länder entwickelten sich rückläufig, sodass sie bald massive finanzielle Unterstützung der EU benötigten, die dafür Rettungsmechanismen entwickelte, so z.B. den „Europäischen Stabilitätsmechanismus" (ESM = dauerhafter Rettungsschirm zur Stabilisierung des Euro) oder die „Europäische Finanzstabilisierungsfazilität" (EFSF, Aktiengesellschaft mit Sitz in Luxemburg), die als Institution des Rettungsschirms verschuldete Staaten mit günstigen Krediten versorgt. Die hohen und innenpolitisch heftig umstrittenen finanziellen Unterstützungszahlungen an die wirtschaftlich schwachen Staaten, teilweise, wie bei Griechenland, mit harten Reformauflagen verbunden, stießen sowohl in den Nehmerländern („Unterdrückung", „Maßregelung") als auch in den Geberländern („Geldverschwendung", „Fass ohne Boden" etc.) weitgehend auf Ablehnung. Eine negative Folge war die Entstehung nationaler und europafeindlicher Parteien in vielen europäischen Ländern und die Drohung einzelner Länder, z.B. Griechenlands, mit dem Austritt aus der Eurozone.

Einen deutlichen Rückschlag erlitt das europäische Einigungsbestreben im Juni 2016, als eine knappe Mehrheit der britischen Staatsbürger (51,89 %) für den **„Brexit"**, den Austritt Großbritanniens aus der EU votierte, der auch in Teilen des Vereinigten Königreichs (Schottland, Nordirland) sehr umstritten ist und dessen Folgen für Großbritannien und die EU sich in den kommenden Jahren zeigen werden. Als entscheidende Gründe nannten die Brexitbefürworter die Benachteiligung Großbritannien durch die EU und die Rückkehr zur vollen politischen Souveränität Großbritanniens, z.B. in der Flüchtlingsfrage. Am 29. 3. 2017 beantragte die britische Premierministerin Theresa May offiziell den Austritt Großbritanniens aus der EU. Bis Ende März 2019 müssen demzufolge die Austrittsverhandlungen abgeschlossen sein. Im Jahr 2017 besteht die EU noch aus 28 Mitgliedsstaaten mit mehr als 500 Millionen Bürgern.

Die Zerrissenheit und die mangelnde Solidarität der EU zeigten sich am deutlichsten in der **Flüchtlingsproblematik**, die ihren Ursprung großenteils im Arabischen Frühling hat. Er begann Ende 2010 in Tunesien und erfasste rasch zahlreiche Länder Nordafrikas und des Nahen Ostens. Aufstände und Revolutionen erschütterten die autokratischen Regime dieser Länder. In Ägypten und Tunesien wurden Regierungen gestürzt, Libyen zerfiel in einem erbittert geführten Bürgerkrieg, den die NATO, vor allem die USA, entscheidend beeinflussten. Die extremste Auswirkung des Arabischen Frühlings ist der seit 2011 andauernde **Bürgerkrieg in Syrien**, in dem verschiedene Staaten (Türkei, Saudi-Arabien, Iran, Irak, USA, Russland) sowie politische, ethnische und religiöse Gruppen (Präsident Baschar al-Assad, oppositionelle Kampfverbände, Freiwillige, Söldner, Kurden, Sunniten, Schiiten, Jesiden, Christen) unterschiedlichste Ziele verfolgen.

Deshalb flohen Millionen von Menschen aus Syrien, Nordafrika, Afghanistan vor Bürgerkrieg, Gewalt, Hunger, Menschenrechtsverletzungen, politischer, ethnischer oder religiöser Diskriminierung und Verfolgung.

Diese Situation in Nordafrika und dem Nahen Osten hatte starke Auswirkungen auf Europa. Millionen Menschen, die meisten unter ihnen Syrer, flohen vor Krieg und Gewalt, Hunger, Menschenrechtsverletzungen sowie vor politischer, ethnischer und religiöser Diskriminierung oder Verfolgung ins sichere Europa, das auf diese Problematik nicht vorbereitet war. Der Flüchtlingszustrom führte in vielen europäischen Ländern zu starken innenpolitischen Spannungen. Während Italien und Griechenland als erste Aufnahmeländer die Hauptlast zu tragen hatten, einige Staaten vergleichsweise viele Flüchtlinge aufnahmen (z.B. die Bundesrepublik und Schweden), schotteten sich andere völlig ab (Ungarn, Polen, Kroatien), was zu erheblichen Differenzen in der EU führte. Das **Flüchtlingsabkommen** der EU **mit der Türkei** vom 18.3.2016 (Rücknahme von Flüchtlingen, die über die Ägäis illegal nach Griechenland gekommen waren) drosselte zwar die Zahl der in Europa Asylsuchenden deutlich (von 890.000 im Jahre 2015 auf ca. 300.000 im Jahre 2016), machte aber die EU und vor allem das bevorzugte Asylland Deutschland abhängig von der Türkei bzw. deren Präsidenten Erdogan, dessen autoritäre Herrschaft in krassem Gegensatz zu europäischen Grundprinzipien (Meinungs- und Pressefreiheit, Gewaltenteilung, rechtsstaatliches Vorgehen gegen Kritiker und Dissidenten etc.) steht.

Viele suchten Zuflucht im sicheren Europa, das auf diese Problematik nicht vorbereitet war. Der Flüchtlingszustrom führte in vielen Ländern zu erheblichen innenpolitischen Spannungen und zeigte die Uneinigkeit und Zerrissenheit der EU. Das problematische Flüchtlingsabkommen von März 2016 mit der Türkei begrenzte den Flüchtlingszustrom deutlich.

Der Ukrainekonflikt wurde ausgelöst durch die Ausweitung der NATO nach Osteuropa (1999 Polen, Tschechien, Ungarn; 2004 Estland, Lettland, Litauen, Slowakei, Slowenien, Rumänien, Bulgarien; 2009 Albanien und Kroatien), die Annäherung der Ukraine an den Westen und das Großmachtstreben Russlands bzw. des Kremlchefs Wladimir Putin. Dieser sah die Ausweitung der NATO als „Bedrohung“ Russlands an, zumal die USA im Rahmen der Zwei-plus-vier-Gespräche Gorbatschow versprochen hatten, die NATO nicht nach Osten auszuweiten. Putin reagierte darauf mit der gezielten Ausweitung des russischen Machtbereichs. Er verschärfte z.B. innerukrainische Spannungen durch die propagandistische und militärische Unterstützung russlandfreundlicher Freiwilligenverbände im Osten der Ukraine. Daraus entstand Anfang 2014 der militärische Konflikt zwischen ukrainischen Truppen und Freiwilligenmilizen einerseits und von Russland (inoffiziell) massiv unterstützten prorussischen Freiwilligenverbänden andererseits, die die von ihnen ausgerufenen Volksrepubliken Luhansk und Donezk als russisch ansehen. Diesen bewaffneten Konflikt verschärfte Russland durch die völkerrechtswidrige **Annexion** der strategisch und militärisch wichtigen ukrainischen Halbinsel **Krim** im März 2014. Die EU

Der Ukrainekonflikt hatte zwei Ursachen: Die Ausweitung der NATO nach Osten und das Großmachtstreben Russlands bzw. Putins. Anfang 2014 besetzten prorussische Freiwilligenverbände mit massiver (inoffizieller) Unterstützung Russlands die Ostukraine und gründeten die russischen Volksrepubliken Luhansk und Donezk.

Im März 2014 annektierte Russland völkerrechtswidrig die Krim, worauf die EU mit (wirkungslosen) wirtschaftlichen Sanktionen reagierte.

verhängte wirtschaftliche Sanktionen gegen Russland, die jedoch nicht viel bewirkten. Seitdem wirft Russland dem Westen bzw. der EU immer wieder vor, sie seien nicht an der energischen Bekämpfung des Terrorismus interessiert, sondern vor allem an der „Eindämmung der Nachbarn". Unübersehbar ist jedoch trotz aller propagandistischen Rhetorik das Ziel Putins, Russland zu einer Weltmacht zu machen, was auch die massive Beteiligung im Syrien-Konflikt verdeutlicht.

In der Mitte der 80er-Jahre entstand der islamistische Terror, der drei Ziele hat: Vernichtung Israels, Bekriegung der der „Ungläubigen", Errichtung eines islamischen Gottesstaats.
Er wird ausgeübt von radikal-islamistischen Organisationen (Hamas, Hisbollah, Boko Haram) oder Terrornetzwerken wie Al-Quaida und Islamischer Staat.
Die Terroristen verübten zahlreiche grausamste terroristische Anschläge in den USA (11. September 2001, Flugzeugattentate auf das World Trade Center in New York und auf das Pentagon), in nahezu allen europäischen und in zahlreichen Ländern Afrikas und des Nahen Ostens.
Diese Probleme zeigen, dass Europa in wichtigen Angelegenheiten nicht einig und solidarisch ist.

Ein weiteres Problem, das Europa permanent bedroht, ist der in der Mitte der 80-erJahre des 20. Jahrhunderts entstandene und in erster Linie religiös motivierte und begründete **islamistische Terrorismus**. Er wird hauptsächlich ausgeübt von islamischen Sekten oder fundamentalistischen Bewegungen, die im Wesentlichen drei Ziel haben: Die Vernichtung Israels, die Bekriegung der „ungläubigen" moralisch verkommenen westlichen Welt und die Errichtung eines islamischen Gottesstaates für alle „Rechtgläubigen". Radikal-islamistische Organisationen wie die palästinensische Hamas, die libanesische Hisbollah, die nigerianische Boko Haram und vor allem die Terrornetzwerke Al-Quaida (Afghanistan) und der Islamische Staat (Naher Osten) sind extreme Beispiele dieses religiös motivierten Terrors. Vor allem die beiden letztgenannten Netzwerke bedrohen die Welt und besonders Europa durch terroristische Gewalttaten. Am 11. September 2001 entführten Terroristen der Al-Quaida in einer koordinierten Aktion vier US-Verkehrsflugzeuge und verübten mit ihnen Selbstmordattentate auf wichtige zivile und militärische Gebäude in den USA und ermordeten dabei nahezu 3000 Menschen. Zwei Flugzeuge lenkten sie in Türme des World Trade Centers in New York und zerstörten sie, ein weiteres in das US-Verteidigungsministerium Pentagon in Arlington (Virginia). Das vierte Flugzeug, dessen Ziel wohl das Regierungsgebäude (White House) in Washington D.C. war, stürzte aufgrund des Kampfes zwischen Passagieren und Entführern vorher ab. In den Jahren 2015 und 2016 verübten islamistisch orientierte Terroristen zahlreiche Anschläge in Deutschland (Würzburg, Ansbach, Berlin), in Europa (z.B. Frankreich, Belgien, England, Russland, Italien, Österreich und Dänemark) und in Nordamerika (USA, Kanada).

So zeigt sich **Europa politisch zerstritten**, in wichtigen Angelegenheiten **nicht solidarisch** und weiter denn je von wirklicher Einheit und Geschlossenheit entfernt.

Zusammenfassung

Die **Überführung der maroden sozialistischen DDR-Staatswirtschaft in die freie Marktwirtschaft** brachte **große wirtschaftliche und gesellschaftliche Probleme** mit sich: Die totale Umstrukturierung der Wirtschaft in den neuen Bundesländern, die Beseitigung der ökonomischen Altlasten, die Finanzierung der Wiedervereinigung und die Bewältigung erheblicher gesellschaftlicher Folgeprobleme. Diesen Transformationsprozess leistete von 1990 bis 1994 die Treuhandgesellschaft und seit 1995 die Folgeorganisationen „Bundesanstalt für vereinigungsbedingte Sonderaufgaben" und die „Kreditanstalt für Wiederaufbau" sowie Oberfinanzdirektorien.

Trotz des insgesamt sehr erfolgreichen Transformationsprozesses, der den Lebensstandard in den neuen Bundesländer deutlich verbessert hat, entstanden teilweise heftige Spannungen zwischen den West- und Ostdeutschen und **neue gesellschaftliche Folgeprobleme**: Die Parteienlandschaft veränderte sich, Parteien am linken und rechten Rand, Bewegungen und Gruppierungen entstanden (Die Linke; Alternative für Deutschland, Pegida). Die Rechtsextremen spalteten die Bundesrepublik mit ihren nationalistischen, antidemokratischen Zielen und Forderungen, mit ihren populistischen Parolen und ihrer extremen Ausländerfeindlichkeit.

Die **Europäische Union** (EU) wurde als Folgeorganisation der Europäischen Gemeinschaft (EG) am 7.2.**1992** von 12 Gründerstaaten durch den **Vertrag von Maastricht** geschaffen. Schwerpunkte des Vertrags sind die demokratischen Grundsätze der EU, ihre politische Struktur und Wirkungsweise, die gemeinsame Wirtschafts- und Währungspolitik sowie die gemeinsame Außen- und Sicherheitspolitik (GASP). Im Mai desselben Jahres schlossen sich die EU und die Europäische Freihandelsassoziation (EFTA), bestehend aus Island, Liechtenstein und Norwegen, zum **Europäischen Wirtschaftsraum** (EWR) zusammen. Der weitere Ausbau der EU vollzog sich bis 2007 in folgenden Schritten: Das **Schengen-Abkommen (1995)** legte den Wegfall der Grenzkontrollen im europäischen Binnenraum fest, die effiziente Kontrolle der Außengrenzen und eine stark vernetzte Polizeiarbeit. Im Vertrag von **Maastricht (1999)** wurde die **europäische Währungsunion** vereinbart und die **Verträge von Amsterdam (1999)**, **Nizza (2012)**, **Lissabon (2007)** und der **Amsterdamer „Vertrag** über die Arbeitsweise der Europäischen Union (AEUV, **2009**) erweiterten und präzisierten die Zusammenarbeit der (derzeit) 28 Staaten der EU. Bis heute wurde die EU mit zahlreichen Problemen und Konflikten konfrontiert. Dazu gehören der Balkankonflikt mit den Jugoslawienkriegen (1991-1999), die wachsende Kritik am Zentralismus und an der Bürokratie der EU, das Aufkommen rechtsextremer Parteien, Bewegungen und europakritischer Regierungen, die Finanzkrise von 2008, die problematische Flüchtlingsfrage, die die Uneinigkeit der EU verdeutlichte, das problematische Verhältnis zur Türkei, der seit 2014 schwelende Ukrainekonflikt und der islamistische Terror, der europäische (und außereuropäische Länder) mit Selbstmordattentaten und blutigen Gewaltakten bedroht.

Ein weiteres Problem ist die Wirtschafts-, Außen- und Sicherheitspolitik des exzentrischen US-Präsidenten Donald Trump (seit 20.1.2017), basierend auf seinem nationalistischen „America first"-Programm, da seine in vielen Bereichen populistische Politik die gewachsenen internationalen und europäischen Strukturen (NATO, UNO, Wirtschaftsabkommen, Menschenrechte etc.) gefährdet bzw. missachtet und rechtsextremen, nationalistischen europäischen Regierungen und politischen Bewegungen Auftrieb verschafft.

Anhang

Begriffsverzeichnis (erklärt alle im Text mit blauer Farbe markierten Begriffe)

A

ABKOMMEN
Vertragliche Vereinbarung zwischen zwei oder mehr Partnern. In der Regel verbunden mit einer feierlichen Erklärung der Vertragspartner (→ Vertrag).

ALLIIERTER KONTROLLRAT
Gemäß der Berliner Erklärung vom 5. 6. 1945 gebildetes Organ zur Ausübung der obersten Gewalt in Deutschland. Es bestand aus den vier Militärgouverneuren, die im Auftrag ihrer Regierungen die Besatzungs- bzw. alliierte Deutschlandpolitik bestimmten.

ANNEXION
(franz. annexion = Eingliederung): Erwerb eines fremden Staates oder eines fremden Gebietes durch gewaltsame Aktionen und dessen Eingliederung in den eigenen Staat.

APO
Außerparlamentarische, linksgerichtete Opposition. Studentische Protestbewegung 1966–1969 mit dem Ziel, Staat und Gesellschaft zu verändern.

AUTORITÄR
(lat. auctoritas = Ansehen): Ein autoritärer Staat (System, Regime) ist ein straff zentralistisch organisierter Staat, dessen Regierung unter formaler Beibehaltung parlamentarischer Institutionen und Verfahrensweisen weitgehend selbstständig und ohne echte Mitwirkung des Parlaments bzw. des Volkes die unkontrollierte Macht ausübt (parlamentarisch verbrämte Diktatur). Autoritarismus: Herrschaftssystem eines autoritären Staates (→ totalitär).

B

BIPOLARITÄT
(lat./griech.): Weltpolitische Lage zwischen 1945 und 1990, die von den beiden machtpolitischen Polen, den USA und der UdSSR bestimmt wurde. Bis zum Beginn der 60er Jahre geprägt von der politischen, wirtschaftlichen, militärischen und ideologischen Konfrontation. Danach zunehmend bestimmt von Kooperation und → Entspannung.

BIZONE
Zusammenschluss der amerikanischen und britischen Besatzungszone in Deutschland zum Vereinigten Wirtschaftsgebiet (1. 1. 1947).

BOLSCHEWISMUS
(russ. bolschinstwo = Mehrheit): a) Sammelbegriff für die Struktur, Organisationsform, Programmatik und Strategie der KPdSU. Die ideologisch-politische Grundlage ist der → Marxismus-Leninismus, das Endziel der → Kommunismus (= klassenlose Gesellschaft). b) Von Lenin begründetes Herrschaftssystem der UdSSR mit der KPdSU als alleiniger Trägerin der Macht.

BRÜSSELER PAKT

(auch: Brüsseler Vertrag): Abkommen, das am 17.3.1948 von Frankreich, Großbritannien und den Benelux-Staaten abgeschlossen wurde. 1955 wurden die Bundesrepublik und Italien Mitglieder; der Pakt wird 1954 zur → Westeuropäischen Union (WEU) umgewandelt.

BUNDESVERFASSUNGSGERICHT

Höchstes Rechtssprechungsorgan des Bundes mit Sitz in Karlsruhe, das allen anderen Verfassungsorganen gegenüber selbstständig und unabhängig ist. Die jeweils acht Richter der beiden Senate werden von je einem Wahlausschuss des Bundestages und des Bundesrates mit 2/3-Mehrheit auf Lebenszeit gewählt. Die Aufgabe des Bundesverfassungsgerichtes besteht darin, den Vorrang der Verfassung gegenüber staatlichem Handeln zu sichern.

C

CARE-PAKETE

Hilfssendungen der 1945 in den USA gegründeten „Cooperative for American Remittances [dt.: Sendungen, Geldsendungen] to Europe". Die BRD und Westberlin erhielten bis 1960 bzw. bis 1963 insgesamt 9,5 Mio. Pakete.

CHURCHILL, WINSTON

(1874–1965): Aus dem englischen Hochadel stammender Politiker und Schriftsteller (1953 Nobelpreis für Literatur). Als konservativer, später liberaler Politiker bekleidete er zwischen 1908 und 1955 zahlreiche hohe politische Ämter. Er war u.a. Premierminister von 1940–1945 und 1951–1955.

CONTAINMENT-DOKTRIN

(engl. = Eindämmung): Die von dem US-Diplomaten George Kennan entwickelte → Doktrin von der notwendigen Eindämmung des → Kommunismus.

D

DEMOKRATIE

(griech.: demos = Volk, kratein = herrschen): Regierungsform mit folgenden wesentlichen Charakteristika: 1. Direkte oder indirekte Wahl der Regierung für eine bestimmte Zeit durch das Volk (Volkssouveränität). 2. Kontrolle der Regierung durch das Volk bzw. von ihm beauftragte Organe. 3. Öffentliche Organe dürfen nur auf der Grundlage des Rechts (Verfassung, Gesetze) agieren (Rechtsstaatlichkeit). 4. Schutz und Beachtung der Grundrechte ist oberstes staatliches Gebot (Vorstaatlichkeit der Grundrechte).

DIREKTIVE

Richtlinie, Verhaltensmaßregel.

DISPLACED PERSONS

(DP, engl., „verschleppte Personen"): Bezeichnung für während des Zweiten Weltkriegs meist aus Osteuropa als Arbeitskräfte („Fremdarbeiter") nach Deutschland zwangsweise verschleppte oder vor der Roten Armee geflüchtete Ausländer.

DOKTRIN

(lat. doctrina = Lehrmeinung): Programmatische, von Staatsmännern oder Parteien als verbindlich verkündete Erklärung.

E

EAC

(European Advisory Commission): Von den Außenministern der USA, der UdSSR, Großbritanniens und Chinas gebildete Kommission, die von 1943 bis 1945 die Deutschlandpolitik der Alliierten beriet.

EINHEITSLISTE

Pseudodemokratischer Wahlzettel in → Volksdemokratien, auf dem alle Parteien und Massengewerkschaften vertreten sind. Das Ergebnis und die Sitzverteilung stehen bereits vor der Wahl fest.

EISENHOWER, DWIGHT

(1890–1969): Leitete als Oberbefehlshaber die alliierten Expeditionstruppen in Nordafrika und Westeuropa. Nach weiteren hohen militärischen Ämtern (z. B. 1950–1952 NATO-Oberbefehlshaber) wird er der 34. Präsident der USA (1953–1961).

ENTNAZIFIZIERUNG

In den einzelnen Besatzungszonen unterschiedlich strikt gehandhabte Maßnahmen der Besatzungsmächte Deutschlands (und Österreichs), mit denen nach Kriegsende alle aktiven Nationalsozialisten erfasst und bestraft werden sollten

ENTSPANNUNG

Politik der → Supermächte USA und der UdSSR zwischen 1963 und 1991, durch Verhandlungen, politische und militärische vertrauensbildende Maßnahmen, Abrüstung, Anerkennung des territorialen Status quo, wirtschaftliche und kulturelle Kooperation die Spannungen des → Ost-West-Konfliktes bzw. des → Kalten Krieges abzubauen.

F

FREIHEITLICH DEMOKRATISCHE GRUNDORDNUNG

(fdGO): Sammelbegriff für die besonders geschützten Strukturelemente der rechtsstaatlichen → Demokratie in Deutschland. Zur fdGO gehören: Grundrechtsgarantien, Volkssouveränität, Gewaltenteilung, Rechtsstaatlichkeit, richterliche Unabhängigkeit, Gesetzmäßigkeit der Verwaltung, Recht auf Opposition, Mehrparteienprinzip.

FRIEDLICHE KOEXISTENZ

Von Lenin entwickeltes Konzept für das friedliche Zusammenleben von Staaten mit unterschiedlicher politischer, gesellschaftlicher und wirtschaftlicher Ordnung. Seit 1956 offizielle Grundlage der sowjetischen Außenpolitik gegenüber kapitalistischen Ländern. Sie bedeutet jedoch nicht die Aufgabe der kommunistischen Weltrevolution, sondern ist eine spezielle Form des internationalen Klassenkampfes zwischen → Kommunismus und → Kapitalismus, da sie in einer bestimmten Situation bessere Voraussetzungen für einen weltweiten Sieg des Kommunismus schaffen soll.

G

GAULLE, CHARLES DE

(1890–1970): Französischer General und Staatsmann. Führte nach der Besetzung Frankreichs (Juni 1940) von London aus das „Komitee Freies Frankreich" bzw. das „Nationale Befreiungskomitee". Von September 1944 bis Januar 1946 provisorischer Ministerpräsident bzw. Staatspräsident der 4., 1959 bis 1969 Präsident der 5. Republik.

GI

(engl.: government issue = staatliche Lieferung von Bekleidung und Ausrüstung für Soldaten): Im übertragenen Sinne Bezeichnung für den amerikanischen Wehrpflichtsoldaten.

GLOBALSTEUERUNG

Politische Einwirkung und Steuerung ökonomischer Bereiche bzw. Prozesse (Volkseinkommen, Investitionen, Konsum, Beschäftigungsstand, Preisniveau, Wachstum) zur Schaffung bzw. Erhaltung des gesamtwirtschaftlichen Gleichgewichts.

H

HALLSTEIN-DOKTRIN

Nach dem Staatssekretär Walter Hallstein benannter politischer Grundsatz der Bundesrepublik, die diplomatischen Beziehungen mit Staaten zu beenden, die die DDR völkerrechtlich anerkennen (Ausnahme UdSSR). Sie wurde 1955–1966 strikt angewandt, dann modifiziert und 1969 aufgegeben.

HEGEMONIE

(griech. hegemonia = Führung): Politische, militärische und wirtschaftliche Vorherrschaft eines Staates in einem bestimmten Raum oder innerhalb eines Bündnisses.

I

IDEOLOGIE

(griech. = Ideenlehre): Gedankengebäude, das das Denken und die Wertevorstellungen eines Einzelnen oder einer gesellschaftlichen Gruppe zusammenfasst und Anspruch auf Allgemeingültigkeit stellt. Die Funktion der Ideologie ist es, die Interessen des Ideologen/einer Gruppe durchzusetzen und zu rechtfertigen.

J

JUNKTIM

(lat. = verbunden, vereint): Unabdingbare Verknüpfung mehrerer Dinge.

K

KADER

(franz. cadre = Rahmen): Im kommunistischen Sprachgebrauch das ideologisch geschulte und absolut linientreue Führungspersonal in Partei, Staat, Wirtschaft und Gesellschaft.

KALTER KRIEG

Verdichtung, Eskalation des → Ost-West-Konflikts. Der Kalte Krieg zwischen USA und UdSSR wurde auf allen Ebenen geführt (Ideologie, Machtpolitik, Propaganda, Agitation, Drohung, Aufrüstung, wirtschaftliche Maßnahmen) mit Ausnahme der direkten militärischen Auseinandersetzung.

KAPITALISMUS

(lat. capitalis = den Kopf betreffend). In Italien bezieht sich "capitale" im 16. Jh. auf die Kopfzahl (Stückzahl) des Viehbestands, also auf den Besitz. Wirtschafts- und Gesellschaftssystem, das durch die Anwendung und Verwertung von privatem Kapital bestimmt wird. Charakteristika: 1. Privateigentum an den Produktionsmitteln; 2. Marktwirtschaft; 3. wirtschaftlicher, politischer und gesellschaftlicher Gegensatz zwischen Arbeitgebern und Arbeitnehmern; 4. wirtschaftliche, politische und gesellschaftliche Macht bzw. Überlegenheit der Arbeitgeber; 5. rationale Wirtschaftsplanung.

KOMMUNISMUS

(lat. communis = gemeinsam): a) Alle Theorien und Lehren mit dem Ziel einer Wirtschafts- und Gesellschaftsordnung, in der das private Eigentum an Produktionsmitteln zugunsten des gemeinschaftlichen Eigentums abgeschafft wird und in der es keine rechtlichen, politischen, wirtschaftlichen und sozialen Unterschiede gibt. b) Endzustand dieser Entwicklung. c) Von Karl Marx entwickelte Lehre eines revolutionären → Sozialismus, dessen Ziel die klassenlose Gesellschaft ist.

KONSTRUKTIVES MISSTRAUENSVOTUM

Nach Art. 67 GG verfassungsrechtliche Bestimmung, die festlegt, dass der Bundestag dem Bundeskanzler nur dadurch das Misstrauen aussprechen kann, dass er mit Mehrheit seiner Mitglieder einen Nachfolger wählt. Bei dem negativen oder destruktiven Misstrauensvotum kann das Parlament die Regierung relativ leicht stürzen, da kein gemeinsamer Nachfolger bestimmt werden muss. Das k.M. kann häufige Regierungswechsel und Regierungskrisen (wie z. B. in der Weimarer Republik oder in Italien) verhindern.

KOREAKRIEG

Konflikt zwischen der Demokratischen Volksrepublik Korea (Nordkorea) und der Republik Korea (Südkorea), ausgelöst durch den Einmarsch nordkoreanischer Truppen in Südkorea am 25. 6. 1950. Durch das Eingreifen von UN-Truppen konnte die Front am 38. Breitengrad stabilisiert werden, der seit der Friedenskonferenz von Genf (26. 4. – 30. 7. 1954) die Grenze zwischen Nord- und Südkorea bildet.

L

LASTENAUSGLEICHSGESETZ

Dieses Gesetz vom 14. 8. 1952 und weitere Gesetze regelten den Lastenausgleich, d. h. den Ausgleich der Vermögensschäden in der Bundesrepublik zwischen den durch den Zweiten Weltkrieg geschädigten und nicht geschädigten Bevölkerungsteilen. Es beinhaltete Kriegsschadenrente (Unterhaltshilfe, Entschädigungsrente), Hausratentschädigung, Aufbaudarlehen und die Hauptentschädigung, die 1957 begann und den Verlust von Wertvermögen, Sparguthaben, Wertpapieren, Beteiligungen etc. ausglich.

M

MAASTRICHTER VERTRAG

Er wird 1992 unterzeichnet, tritt am 1.11.1993 in Kraft und regelt den politischen und wirtschaftlichen Zusammenschluss der Mitgliedstaaten der Europäischen Gemeinschaften (Europäische Wirtschaftsgemeinschaft, EWG; Europäische Gemeinschaft für Kohle und Stahl, EGKS; Europäische Atomgemeinschaft, EURATOM). Dadurch wird aus den Europäischen Gemeinschaften (EG) die Europäische Union (EU).

MARSHALL-PLAN

Bezeichnung für das auf Initiative des US-Außenministers George C. Marshall 1947 geschaffene, 1948 vom Kongress verabschiedete Hilfsprogramm zum Wiederaufbau Europas (European Recovery Program, ERP). Bis Mitte 1952 erhielten daraus die westeuropäischen Länder – die osteuropäischen Länder hatten das ERP auf Druck der UdSSR abgelehnt – Lebensmittel, Düngemittel, Rohstoffe, Treibstoffe, Maschinen und Medikamente im Wert von 15 Mrd. $. Die Bundesrepublik erhielt 1,5 Mrd. $ und aus dem GARIOA-Programm (Government and Relief in Occupied Areas) weitere 1,7 Mrd. $. Von diesen insgesamt 3,3 Mrd. $ musste bis 1978 vereinbarungsgemäß ein Drittel zurückgezahlt werden.

MARXISMUS-LENINISMUS

(ML): Die Weiterentwicklung des Marxismus durch Lenin (und später → Stalin) wurde die → Ideologie der kommunistischen Parteien und der kommunistisch regierten Staaten, wobei sich spezifische Unterschiede herausbildeten (→ Bolschewismus bzw. Stalinismus, Titoismus, Maoismus). Er diente als theoretische Anleitung zur revolutionären Veränderung der Welt (Übergang vom → Kapitalismus zum → Sozialismus und zum → Kommunismus) mit Hilfe der marxistisch-leninistischen Partei neuen Typs.

MASSENORGANISATIONEN

Mitgliederstarke, gesellschaftliche Organisationen (zum Teil mit Zwangsmitgliedschaft) in → autoritären oder → totalitären Diktaturen, die als Machtinstrumente („Transmissionsriemen") der → marxistisch-leninistischen Partei die Bevölkerung kontrollieren, beeinflussen und lenken. Im Gegensatz zu den Interessenverbänden in demokratisch regierten Staaten können sie sich nicht freiwillig bilden und keinen eigenen Kurs steuern. Aufgaben der M.: 1. Erfassung aller Bürger, speziell der Nicht-Parteimitglieder; 2. Deren Unterwerfung unter die politische Lenkung und Kontrolle der kommunistischen Partei; 3. Mobilisierung und Aktivierung der Bevölkerung für die von der Partei gesetzten Ziele; 4. Permanente ideologische Indoktrination; 5. Kaderbildung.

N

NATO (North Atlantic Treaty Organization, Nordatlantikpakt): Anfang April 1949 in Washington geschlossener kollektiver Sicherheitspakt zur Verteidigung von Frieden und Freiheit im atlantisch-westeuropäischen Gebiet. Mitgliedstaaten 2009: 28. 1949: Belgien, Dänemark, Frankreich, Großbritannien, Island, Italien, Kanada, Luxemburg, Niederlande, Norwegen, Portugal, USA. 1952: Griechenland, Türkei. 1955: Bundesrepublik. 1982: Spanien. 1999: Polen, Tschechische Republik, Ungarn. 2004: Estland, Lettland, Litauen, Slowakische Republik, Slowenien, Bulgarien, Rumänien. 2009: Albanien und Kroatien.

NATO-DOPPELBESCHLUSS Von Bundeskanzler Schmidt angeregter zweiteiliger Beschluss vom Dezember 1979: 1. Nachrüstung und Aufstellung atomarer Mittelstreckenraketen (Pershing II, Cruise Missiles = Marschflugkörper), wenn die UdSSR ihre SS-20-Raketen nicht abrüstet. 2. Angebot zur Rüstungskontrolle an den Warschauer Pakt.

NORD-SÜD-KONFLIKT Gesamtheit der politischen, wirtschaftlichen, sozialen, kulturellen und militärischen Gegensätze und Auseinandersetzungen zwischen den Ländern der Ersten und Zweiten Welt (westliche und östliche Industriestaaten) und den Entwicklungsländern der südlichen Welthälfte, der Dritten Welt (Afrika, Asien, Lateinamerika). Ursachen: Entkolonialisierung bzw. deren Folgen, politische Instabilität vieler Länder der Dritten Welt, Krisen und Kriege, in die Staaten der nördlichen Welthälfte hineingezogen werden.

NORMATIV Eine Regel, Richtschnur, Vorschrift setzend.

NOTSTANDSGESETZE Sammelbegriff für 1968 verabschiedete Gesetze, mit denen ein Notfall (Naturkatastrophe, Bedrohung der → fdGO, Verteidigungsfall) effektiv, aber mit rechtsstaatlichen Mitteln bekämpft wird. Der Notfall muss mit 2/3-Mehrheit des Bundestages festgestellt werden.

O

OEEC

(Organization for European Economic Cooperation): 1948 von 16 europäischen Staaten plus USA und Kanada gegründet für die Durchführung des → Marshall-Plans und der Annäherung der europäischen Volkswirtschaften. 1960 wurde daraus die OECD (Organization for European Cooperation and Development). Deren Ziele sind eine stabile internationale Wirtschaftsordnung, Ausweitung des Welthandels und Mehrung des Wohlstands der Mitgliedstaaten und der Länder der Dritten Welt.

OST-WEST-KONFLIKT

Gesamtheit der starken politischen, ideologischen, militärischen und wirtschaftlichen Gegensätze zwischen den → kommunistisch regierten Staaten Osteuropas und den → Demokratien Westeuropas und Nordamerikas. Mit dem Aufstieg der UdSSR zur Supermacht wurde er zum Rahmen und zum bestimmenden Faktor der europäischen und der globalen Politik. Er endete mit dem Zerfall der UdSSR, der Ausweitung der → NATO nach Osteuropa und der europäischen Integration der mittel- und osteuropäischen Staaten in den Neunzigerjahren.

P

PROKLAMATION

Amtliche Verkündigung einer Anordnung.

R

RAF

Rote-Armee-Fraktion: Aus der → APO hervorgegangene linksextremistische Gruppierung, die den Staat in den Siebzigerjahren massiv mit terroristischen Methoden bekämpfte. Ende der Neuzigerjahre löste sie sich auf.

RATIFIZIERUNG

(auch: Ratifikation; lat.: rechtskräftig machen): Völkerrechtlicher Begriff für die rechtsverbindliche Annahme eines → Vertrages durch die Legislative (Ratifikationsgesetz).

ROOSEVELT, FRANKLIN DELANO

(1882–1945): 32. Präsident der USA (1933–1945). Unterstützte früh die Westmächte. Nach dem Kriegseintritt der USA bestand sein Hauptziel in der bedingungslosen Kapitulation der Achsenmächte. Initiator der UNO.

S

SED (Sozialistische Einheitspartei Deutschlands): Im April 1946 durch die zwangsweise Vereinigung von SPD und KPD entstandene → marxistisch-leninistische „Partei neuen Typs“, die in der politischen Praxis der DDR die alleinige Macht (Suprematie) hatte und alle politischen, ideologischen, gesellschaftlichen und wirtschaftlichen Bereiche kontrollierte und bestimmte.

SMAD (Sowjetische Militär-Administration): 1945–1949 höchste sowjetische Besatzungsbehörde in der Sowjetischen Besatzungszone mit Sitz in Berlin-Karlshorst. Sie übte die Hoheitsgewalt aus und vertrat die UdSSR im → Alliierten Kontrollrat. Sie wurde nach der Gründung der DDR 1949 durch die SKK (Sowjetische Kontrollkommission) abgelöst.

SOZIALE MARKTWIRTSCHAFT Wirtschaftssystem, das die neoliberalen Grundlagen der Marktwirtschaft mit den Elementen des Sozialstaats verbindet. Der Staat greift in die Wirtschaft ein, um die beiden Bereiche zu verknüpfen. Wesentliche Lenkungselemente hierbei sind: 1. Förderung und Aufrechterhaltung des freien Wettbewerbs; 2. Eine Finanzpolitik, die die Wettbewerbsfähigkeit schwacher Wirtschaftszweige durch Subventionen oder steuerliche Begünstigung aufrecht erhält; 3. Die Steuerung der Konjunktur, um ein gesamtwirtschaftliches Gleichgewicht herzustellen oder zu erhalten (Globalsteuerung); 4. Eine Sozialpolitik zugunsten der wirtschaftlich und sozial Schwachen (soziale Sicherheit, soziales Netz).

SOZIALISMUS (lat. socius = Genosse): a) Aus dem 19. Jh. stammender Begriff für alle Theorien und Lehren, die die kapitalistische Gesellschaftsordnung durch eine andere ersetzen wollen, in der die Menschen frei, gleichberechtigt, friedlich, solidarisch und ohne wirtschaftliche Not zusammenleben. b) Von Karl Marx konzipierte Übergangsgesellschaft vom → Kapitalismus zum → Kommunismus, die bestimmt ist von der Vergesellschaftung der Produktionsmittel und der Diktatur des Proletariats.

STALIN

(russ. = der Stählerne; eigentlicher Name: Jossif Wissarionowitsch Dschugaschwili): 1879–1953. Nach Ausschluss aus dem Priesterseminar in Tiflis wegen revolutionärer Aktivitäten (1899) schließt sich Stalin den Bolschewiki an. Verbannung nach Sibirien (1903/04, 1914–1916). 1912 Aufnahme in das ZK der Bolschewiki. Maßgeblich an der Organisation der russischen Oktoberrevolution 1917 beteiligt. 1922 Generalsekretär der Kommunistischen Partei Russlands (Bolschewiki). Schaltet nach Lenins Tod zwischen 1924 und 1929 seine politischen Konkurrenten durch Schauprozesse und „Säuberungen" aus. Danach unangefochtener Führer („Woschd") von Partei (inzwischen: KPdSU) und Staat. Verantwortlich für den Tod von ca. 20 Mio. Sowjetbürgern.

SUPERMACHT

Weltpolitische Führungsmacht mit folgenden Eigenschaften: 1. Weltweite Ausübung von Macht und Beeinflussung; 2. Weltweit vertretene ideologische, politische und gesellschaftliche Wertevorstellungen; 3. Zahlenmäßig klare militärische Überlegenheit im eigenen Lager; 4. Wirtschaftlich-technisch-wissenschaftliche Gesamtüberlegenheit über alle Partnerstaaten; 5. Militärisch-strategische Zweitschlagfähigkeit; 6. Anerkannte Führungsmacht eines regionalen Paktsystems; 7. Reichtum an Rohstoffen, der zumindest in wichtigen Bereichen zur wirtschaftlichen Autarkie führt; 8. Anerkennung als Supermacht durch eine konkurrierende Supermacht oder durch andere Supermächte.

T

TOTALITÄR, TOTALITÄRER STAAT

(lat. totaliter = gänzlich, völlig): Ein totalitärer Staat hat als Herrschaftsform die Diktatur, die alle gesellschaftlichen und politischen Bereiche erfasst, reglementiert, lenkt und kontrolliert; sie erlaubt keinen staatsfreien Lebensbereich und unterdrückt jegliche freie Willensäußerung. Charakteristika: 1. Totalitäre Ideologie; 2. Völlige Politisierung und Uniformierung der Gesellschaft; 3. Gleichschaltung aller gesellschaftlicher und politischer Kräfte, Gruppen und Organisationen; 4. Einparteiensystem; 5. Führerprinzip. Der Totalitarismus (= Herrschaftssystem eines totalitären Staates) war die Grundlage des Faschismus, des Nationalsozialismus und des → Bolschewismus.

TRIZONE

Erweiterung der Bizone durch Beitritt der französischen Besatzungszone (April 1949).

TRÜMMERFRAUEN

Frauen, die nach Ende des Zweiten Weltkrieges in den zerbombten Städten die Trümmer- und Schuttberge beseitigten. Viele waren gezwungen, diese Schwerstarbeit zu verrichten, um in die Klasse II des fünfstufigen Berechtigungssystems der Lebensmittelzuteilung zu kommen (nicht berufstätige Frauen kamen in Klasse V) und so ihren Familien das Überleben zu sichern. Die Trümmerfrauen wurden zum Symbol des Aufbauwillens und der Überlebenskraft der Deutschen nach 1945.

TRUMAN-DOKTRIN

Das vom US-Präsidenten Harry S. Truman am 12.3.1947 in einer Rede vor dem US-Kongress vorgestellte Programm einer Militär- und Wirtschaftshilfe für Griechenland und die Türkei, die beide von Bürgerkriegen mit Beteiligung kommunistischer Gruppen erschüttert wurden. Außerdem betonte er die Verpflichtung der USA, alle freien Völker zu unterstützen, „die sich der Unterwerfung durch bewaffnete Minderheiten oder durch Druck von außen widersetzen."

U

UNO

(auch: UN, United Nations Organization): Im April 1945 gegründete Organisation mit Sitz in New York, die an die Stelle des Völkerbundes trat. Organisation zur Aufrechterhaltung des Weltfriedens und zur Förderung der internationalen Zusammenarbeit auf allen Gebieten.

V

VERFASSUNG

Gesamtheit aller (meist schriftlich fixierter) Regeln, nach denen politische Macht in einem bestimmten Gebiet (Staat) ausgeübt wird.

VERFASSUNGSSCHUTZ

Sammelbegriff für alle Maßnahmen zur Verteidigung der → Verfassung bzw. der verfassungsmäßigen Ordnung. Er wird gewährleistet von Verfassungsschutz-Ämtern des Bundes (Bundesamt für Verfassungsschutz) und der Länder. Sie sammeln Material über verfassungsfeindliche Personen und Organisationen, überprüfen Geheimhaltungsträger und sicherheitsrelevante Personen und Institutionen.

VERTRAG

a) Rechtsverbindliche Einigung zwischen zwei oder mehreren Partnern; b) völkerrechtlich verbindliches → Abkommen zwischen Staaten, in dem Regeln ihres künftigen Verhaltens vereinbart werden (Staatsvertrag).

VOLKSDEMOKRATIE

Bezeichnung für die kommunistisch regierten Staaten mit Ausnahme der UdSSR, die sich seit 1961 als „Volksstaat" bezeichnet. Sie ist die „Staatsform der politischen Herrschaft der Arbeiterklasse in der Übergangsperiode des → Sozialismus". Kennzeichen: 1. Einparteiensystem oder von der marxistisch-leninistischen Partei bestimmtes Mehrparteiensystem; 2. Wirtschaftssystem mit verstaatlichten Produktionsmitteln sowie zentraler und gelenkter Planwirtschaft. De facto ist die Volksdemokratie eine durch pseudodemokratische Einrichtungen verbrämte Parteidiktatur, die → totalitäre Herrschaft der kommunistischen Partei.

W

WARSCHAUER PAKT

Am 14. 5. 1955 von Albanien, Bulgarien, der DDR, Polen, Rumänien, CSSR, UdSSR und Ungarn abgeschlossener „Vertrag über Freundschaft, Zusammenarbeit und gegenseitigen Beistand". Nach dem Zerfall der UdSSR von den verbliebenen Mitgliedern (Bulgarien, CSFR [Tschechische und Slowakische Föderative Republik, Dez. 1990 – Jan. 1993], Polen, Rumänien, UdSSR und Ungarn) am 31. 3. 1991 aufgelöst.

WEHRHAFTE DEMOKRATIE

Sie hat drei Elemente: 1. Die Möglichkeit, zu ihrem Schutz Grundrechte bei Gegnern der Demokratie einzuschränken; 2. Möglichkeit, verfassungswidrige Parteien zu verbieten; 3. Verbot der Änderung der Art. 1 und 20 GG (Unantastbarkeit der Würde des Menschen, der Demokratie, des Föderalismus, der Sozialstaatlichkeit, der Rechtsstaatlichkeit).

WEU

Westeuropäische Union: 1954 gegründeter militärischer Beistandspakt im Rahmen der → NATO.

Z

ZWEI-LAGER-THESE

Von Andrej A. Schdanow 1947 als Reaktion auf die Truman-Doktrin verkündete Theorie von der Spaltung der Welt in ein revanchistisch-kapitalistisches Kriegstreiberlager, angeführt von den USA, und ein friedliebendes, sozialistisches Lager um die UdSSR.

Zitat- und Literaturnachweis

Kapitel 1

1 Zit. nach: Weber, Hermann: Kleine Geschichte der DDR. Köln, 1989, S. 25.
2 Steininger, Rolf: Deutsche Geschichte. Darstellung und Dokumente in vier Bänden. Bd. 1: 1945–1947. Frankfurt a. M., 2002, S. 19.
3 Ebenda, S. 19.
4 Zit. nach: Binder, Gerhart: Geschichte im Zeitalter der Weltkriege. Bd. II. Stuttgart, 1977, S. 830.
5 Zit. nach: Bodensieck, Heinrich: Die Deutsche Frage seit dem Zweiten Weltkrieg. Stuttgart, 1979, Nr. 7, S. 11.
6 Steininger, Bd. 1, S. 36.
7 Ebenda, S. 36 f.

Kapitel 2

1 Zit. nach: Geschichte für Gymnasien, 13. München, 1980, S. 83.

Kapitel 3

1 Zit. nach Steininger, Bd. 1, S. 56.
2 Zit. nach: Berg, Rudolf/Selbmann, Rolf: Grundkurs Deutsche Geschichte , Bd. 2. Frankfurt a. M., 1987, S. 265.
3 Zit. nach: Steininger, Bd. 1, S. 58.
4 Zit. nach: Steininger, Bd. 1, S. 65.
5 Hartl, Hans/Marx: Werner: 50 Jahre sowjetische Deutschlandpolitik. Boppard, 1967, S. 178.
6 Zit. nach: Bodensieck, Heinrich: Geschichtsbewusste Erneuerung Deutschlands. Stuttgart, 1970, Nr. 8, S. 34.
7 Zit. nach Göbel, Walter: Arbeitsblätter Geschichte. Deutschland – Von der Kapitulation bis zum Mauerbau. Stuttgart, 1994, S. 7, M 3.
8 Zit. nach: Salzmann, Rainer: Das Deutschlandproblem in der Politik der Nachkriegszeit. Düsseldorf, 1992, S. 57.

Kapitel 4

1 Zit. nach: Bodensieck, Heinrich: Der Kalte Krieg. Weltpolitik 1945-1962. Stuttgart, 1971, S. 51. Frankfurt a. M., [6] 1983, S. 110, Q. 24.
2 Zit. nach: Steininger 2, S. 97.

Kapitel 5

1 Zit. nach: Bodensieck, Deutsche Frage, Nr. 45 a, S. 42.
2 Morsey, Rudolf: Die Deutschlandpolitik Adenauers. Alte Thesen und neue Fakten. Opladen, 1991, S. 148.
3 Zit. nach: Göbel, Von der Kapitulation bis zum Mauerbau. Stuttgart, 2004, S. 30, M 3.
4 Hillgruber, Andreas: Deutsche Geschichte 1945–1975. Frankfurt/M. 1974, S. 68 f.

Kapitel 6

1 Zit. nach: Bodensieck, Deutsche Frage, Nr. 80.
2 Zit. nach: Salzmann, S. 139.
3 Zit. nach: Göbel, Walter/Hug, Wolfgang (Hrsg.): Unsere Geschichte, Jahrgangsstufe 10. Frankfurt, 1992, S. 91.
4 Zit. nach: Baerns, Barbara (Hrsg.): Die DDR in Deutschland. Köln, 1986, S. 7.

Kapitel 7

1 Knopp, Guido: Wink des Schichsals. In: HÖR ZU, Nr. 35, 2004, S. 18.
2 Zit. nach: Steininger 3, S. 261

Kapitel 8

1 Eppelmann, Rainer/Grünbaum, Robert: Sind wir die Fans von Egon Krenz? Die Revolution von 1989 war keine „Wende“, in: Deutschland-Archiv 5/2004, S. 865.
2 Gorbatschow, Michail: Perestroika. Die zweite russische Revolution. München, 1987, S. 259 f.

Abbildungsverzeichnis

Cover iStockphoto (Nikada), Calgary, Alberta; **9** akg-images (Album), Berlin; **14** René Gilsi; **25.1** Shutterstock (Everett Historical), New York; **25.2** Klaus Mangold (Klaus Mangold), Margretshöchheim; **29** akg-images (akg-images), Berlin; **31** Achim Norweg Kartografie, München; **34** Shutterstock (Mikhail Pogosov), New York; **40** Bergmoser & Höller Verlag AG, Aachen; **50** Bergmoser & Höller Verlag AG, Aachen; **51** Haus der Geschichte der Bundesrepublik Deutschland, Bonn; **59.1** Von Unbekannt - Diese Datei wurde Wikimedia Commons freundlicherweise von der Konrad-Adenauer-Stiftung im Rahmen eines Kooperationsprojektes zur Verfügung gestellt. **59.2** Stadtarchiv Bochum, Bochum; **63** Shutterstock (Benny Thaibert), New York; **79** Bergmoser & Höller Verlag AG, Aachen; **80** Klett-Archiv, Stuttgart; **82** Bundesarchiv, B 145 Bild-F078072-0004 / Katherine Young; **88** New York Times, 1955; **103** Bergmoser & Höller Verlag AG, Aachen; **120.1** Wolfgang Hicks; **120.2** Wolfgang Speer; **123** ullstein bild - ADN-Bildarchiv; **124.1** Bergmoser & Höller Verlag AG, Aachen; **124.2** Fritz Behrendt; **130** Hans Joachim Gerboth; **131** Bundesarchiv, B 145 Bild-F057884-0009 / Engelbert Reineke; **144** Wikimedia Commons (KAS/ACDP 10-001: 1111 CC-BY-SA 3.0 DE), San Francisco; **145** von Bundesarchiv, Bild 183-T0220-0307 / CC-BY-SA 3.0, CC BY-SA 3.0 de; **153** Wikimedia Commons (W. Hermann (Fotostab am IfP - Institut für Publizistik FU Berlin)), San Francisco; **160.1** von Bundeswehr-Fotos Wir.Dienen.Deutschland. © Bundeswehr/ Archiv (Verteidigungsminister Helmut Schmidt) [CC BY 2.0 (http://creativecommons.org/licenses/by/2.0)], via Wikimedia Commons; **160.2** Bundesarchiv, B 145 Bild-F074398-0021 / Engelbert Reineke / CC-BY-SA 3.0; **168** bpk - Bildagentur für Kunst, Kultur und Geschichte (Helmut Schaefer), Berlin; **169** Bundesarchiv, Bild 183-1989-1222-016 / Grimm, Peer / CC-BY-SA 3.0; **179** PONS Archiv,; **185** Shutterstock (3000ad), New York; **192** Bergmoser & Höller Verlag AG, Aachen

Nicht in allen Fällen war es uns möglich, den Rechteinhaber ausfindig zu machen. Berechtigte Ansprüche werden selbstverständlich im Rahmen der üblichen Vereinbarungen abgegolten.

Stichwortverzeichnis

Dr. Walter Göbel ist Gymnasiallehrer für die Fächer Geschichte und Englisch in Bayern und war langjähriger Referent an der Akademie in Dillingen a. d. Donau und bei der Konrad-Adenauer-Stiftung. An der Universität Würzburg hat er einen Lehrauftrag für das Fach „Didaktik der Geschichte".

Bibliografische Information der Deutschen Nationalbibliothek
Die Deutsche Nationalbibliothek verzeichnet diese Publikation in der Deutschen Nationalbibliografie; detaillierte bibliografische Daten sind im Internet über http://dnb.dnb.de abrufbar.

Dieses Werk folgt der neuesten Rechtschreibung und Zeichensetzung. Ausnahmen bilden Texte, bei denen künstlerische, philologische oder lizenzrechtliche oder andere Gründe einer Änderung entgegenstehen.

2. Auflage 2019

www.klett-lerntraining.de
Innenlayout: Annette Siegel, Stuttgart
Umschlagfoto: iStockphoto, Calgary, Alberta (Alex Nikada)
Satz: Klaus Bauer, Bondorf; Digraf.pl - dtp services
Druck: Gebr. Geiselberger GmbH, Altötting
Printed in Germany
ISBN 978-3-12-949474-5